Sprache & Sprechen, Band 43:

hören – lesen – sprechen

Sprache und Sprechen
Beiträge zur Sprechwissenschaft und Sprecherziehung

Herausgegeben von der
Deutschen Gesellschaft für Sprechwissenschaft
und Sprecherziehung e. V. (DGSS)
Marita Pabst-Weinschenk, 1. Vorsitzende

Redaktion:

Lutz Christian Anders
Henner Barthel
Thomas von Fragstein
Norbert Gutenberg
Ursula Hirschfeld

Die Reihe wurde 1968 von Prof. Dr. W. L. Höffe und Prof. Dr. H. Geißner begründet. Die Bände 1–7 wurden in Verbindung mit der DGSS von W. L. Höffe und H. Geißner, die Bände 8–25 im Namen der DGSS von H. Geißner herausgegeben.

Roland W. Wagner • Andrea Brunner
Susanne Voigt-Zimmermann (Hg.)

hören – lesen – sprechen

Mit Beiträgen von

Henner Barthel – Hartwig Eckert – Reinold Funke – Hellmut K. Geißner –
Joachim Grabowski – Eduard Haueis – Christa M. Heilmann – Sylvia Heudecker –
Ursula Hirschfeld – Uwe Hollmach – Siegrun Lemke – Baldur Neuber –
Marita Pabst-Weinschenk – Christopher Sappok – Carmen Spiegel –
Eberhard Stock – Bertram Thiel – Michael Thiele – Michael Wolfart

Ernst Reinhardt Verlag München Basel

Die Herausgeber:
Andrea Brunner und *Roland W. Wagner* vertreten das Fachgebiet „Sprechpädagogik" an der Pädagogischen Hochschule Heidelberg; *Dr. Susanne Voigt-Zimmermann* ist Lektorin am Fachbereich Sprechwissenschaft und Sprecherziehung des Zentralen Sprachlabors der Universität Heidelberg.

Bibliografische Information der Deutschen Bibliothek

Die Deutsche Bibliothek verzeichnet diese Publikation in der Deutschen Nationalbibliografie; detaillierte bibliografische Daten sind im Internet über <http://dnb.ddb.de> abrufbar.
ISBN 10: 3-497-01871-6
ISBN 13: 978-3-497-01871-0
ISSN 0944-2898

Printed in Germany
Reihenkonzeption Umschlag: Oliver Linke, Augsburg
Satz: ew print & medien service gmbh, Würzburg
Druck und Bindung: Friedrich Pustet, Regensburg

Ernst Reinhardt Verlag, Kemnatenstr. 46, D-80639 München
Net: www.reinhardt-verlag.de   E-Mail: info@reinhardt-verlag.de

Inhalt

ANDREA BRUNNER, SUSANNE VOIGT-ZIMMERMANN,
ROLAND W. WAGNER

Vorwort

Vom 6. bis zum 9. Oktober 2005 trafen sich über 300 Fachleute für mündliche Kommunikation an der Pädagogischen Hochschule Heidelberg. Insgesamt 67 Referierende aus Deutschland, Belgien, Italien, Österreich und der Schweiz stellten vier Tage lang in einem vielfältigen Programm ihre wissenschaftlichen Ergebnisse, Erfahrungsberichte und Einblicke in ihre tägliche praktische Arbeit vor und zur Diskussion.

Der Tagungsort, die Pädagogische Hochschule Heidelberg, bot sich an, neben dem genuinen Fachgebiet der Sprecherziehung auch die dort seit vielen Jahren praktizierten Lehr- und Forschungsschwerpunkte zum Hören (in der Sonderpädagogik), zum Lesen (im Fach Deutsch) und zur pädagogischen Kommunikation (in der Psychologie) zu berücksichtigen. Unter dem Motto „hören – lesen – sprechen" sollten vor allem Ansätze präsentiert werden, die sich mit den Zusammenhängen dieser Basiskompetenzen beschäftigten.

Das Fach Sprechwissenschaft und Sprecherziehung hat nicht nur im Rahmen veränderter bzw. bewussterer Kommunikationsstrukturen in der Wirtschaft und Verwaltung einen neuen Stellenwert erhalten. Infolge des „Bologna"-Prozesses und der damit einsetzenden Umstrukturierung in Bachelor- und Masterstudiengänge hat die Sprechwissenschaft und Sprecherziehung als Lehrgebiet für interdisziplinäre Schlüsselqualifikationen und als Bestandteil der berufsvorbereitenden Ausbildung eine größere Beachtung gefunden. Dieses neue Selbstbewusstsein des Faches spiegelte sich u. a. in der Heidelberger Tagung wieder.

Die Vielfalt der sprechwissenschaftlichen und sprecherzieherischen Arbeit und Forschung sowie die mannigfaltigen interdisziplinären Verknüpfungen und Arbeitsweisen zeigten sich in einem nicht nur umfangreichen, sondern auch höchst abwechslungsreichen Vortrags- und Workshopangebot.

Wir bedauern es in diesem Zusammenhang sehr, dass aus Platzgründen und wegen der fachwissenschaftlichen bzw. thematischen Schwerpunktsetzung der Reihe „sprache und sprechen" zahlreiche interessante Tagungsbeiträge nicht in diesem Band abgedruckt werden konnten. Zum Glück können die meisten dieser sehr lesenswerten Aufsätze demnächst nachgelesen werden in „sprechen", der Zeitschrift für Sprechwissenschaft, Sprechpädagogik, Sprechtherapie und Sprechkunst.

Die Beiträge des vorliegenden Bandes beschreiben zahlreiche potentielle Anknüpfungspunkte an das Tagungsthema. Von komplexen wissenschaftlichen Betrachtungsweisen bis hin zu konkreten Anregungen zur verbesserten Lehre spiegeln sie das breite Spektrum der Tagung wieder. Zum „Hören" liegen z.B. Beiträge vor, die sich mit Hörbüchern, Zuhören und Nicht-Zuhören in Gesprächen und der Sinnhaftigkeit beim

Perzipieren auseinander setzen. Gleichzeitig finden diese und viele andere Artikel sich unter „Lesen" wieder. So wird die Betrachtung der „Wiederherstellung der Rede" unter verschiedenen Aspekten beleuchtet. Dabei begegnen uns diverse Theorien zur Leselehre, zur Zeichensetzung und zur Orthoepie. Das „Sprechen" ist vertreten durch Studien zur Stimme, zum Sprechausdruck, zum Kommunizieren im Allgemeinen und im Besonderen, und wie „Bücher sprechen lernen", womit wir wieder beim „Hören" wären. Viele Beiträge passen zu allen drei Überbegriffen, da Übergänge und Affinitäten fließend und reziprok erscheinen.

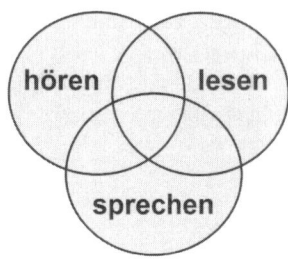

Abbildung 1: Das Emblem der Tagung in Heidelberg

Diese Vielfalt stellte uns vor die schwierige Aufgabe, eine sinnvolle Lösung zur Anordnung der Beiträge zu finden. Wegen der beschriebenen interdisziplinären, „trichotomischen" Betrachtungsweise wählten wir die alphabetische Folge nach den Autoren- und Autorinnennamen.

Möge das Lesen viel Freude und Genuss bereiten!

Heidelberg, im Juli 2006   Andrea Brunner
Susanne Voigt-Zimmermann
Roland W. Wagner

HENNER BARTHEL

Russische Vortragskunst:
Vladimir Majakovskij lesen und sprechen hören

1 Problemlage

Um die Geschichte der Sprechkunst weiter zu erforschen, sollte die Bedeutung des ethnopoetischen Vergleichs wieder stärker berücksichtigt werden. In jüngerer und jüngster Zeit hat dazu leider wenig stattgefunden (etwa Kühn 1986, Klawitter/ Schmidt 1998 u. Ptok 2005). In früherer Zeit war das anders (s. dazu etwa Brang 1986, 1988a u. 1988b, 56ff). Die genauere Untersuchung der Wechselwirkung wäre heute sowohl im Hinblick auf das interkulturelle Nehmen und Geben von Interesse, als auch im Hinblick auf die wechselseitige Kenntnis von Traditionen und Konventionen der Sprechkunst, so wie sie sich in Lehrbüchern, aber auch im reproduzierenden Sprechen literarischer Texte widerspiegeln (Brang 1988b, 58f).

Der vorliegende Beitrag knüpft an den wenigen ethnopoetischen Forschungstraditionen an, indem er sich nur einem einzigen „Punkt" aus dem wichtigen, noch ungeschriebenen Kapitel europäischer Sprechkunst, nämlich der russischen Vortragskunst in der Moderne (1910–34) zuwendet. Stellvertretend soll dazu ein Gedicht Vladimir Majakovskijs interpretierend gelesen (2), das gleiche Gedicht – von dem Autor selbst (dort und damals) gesprochen – (hier und heute) medienvermittelt gehört und verstanden (3) und noch von einem russischen Zeitgenossen besprochen werden (4). Dabei ist Einiges von den Schwierigkeiten beim Beschreiten der intra- und interkulturellen, direkten und medienvermittelten Kommunikationsebene zu erfahren. Im Anschluss an eigene Vorarbeiten (Barthel 2004, 2005a u. 2005b) mag dies als weiterer Versuch gelten, „[...] die ethnozentristische Abkapselung zu überwinden, die im Bereich der aesthetischen Kommunikation noch stärker ist als in dem der rhetorischen Kommunikation" (Geißner 1988, 189).

2 Majakovskij lesen

Vladimir Majakovskij wurde am 07.(19.)07.1893 in Bagdadi bei Kutaissi (Georgien) geboren; er wählte den Freitod in Moskau am 14.04.1930. Der Dichter gehörte den Kubofuturisten an, einem selbstständigen (!) Kreis innerhalb der europäischen Kunstrevolution, der alle frühere Kunst provokatorisch ablehnte und nach Neuem, Unbürgerlichem um jeden Preis suchte. In den Futuristen sah Majakovskij die Avantgarde einer atheistischen, kommunistischen Kultur, in sich selbst den „Trommler" der Revolution (Kasack 1992, 716f). Obwohl J. Stalin (zit. nach Kasack, 717) ihn für den „besten und begabtesten Lyriker der Sowjetepoche" hielt, blieben des Dichters kritische Werke (insbesondere „Die Wanze" und „Das Schwitzbad") bis nach Stalins Tod gesperrt, und noch bis in die heutigen Tage sind fast der gesamte Briefwechsel und eine unbekannte Zahl an Werken nicht zugänglich.

Für die Auswahl des 1913 entstandenen Gedichts Majakovskijs – „A vy mogli by?" (translit.); „Würden Sie denn?" (dt.) – spielte der Tatbestand eine ausschlaggebende Rolle, dass es zu einem der wenigen erhaltenen Klangbeispiele gehört. Als erster Text innerhalb der zehnbändigen Werkausgabe Majakovskijs (1913/1980, WA Bd. 1, 25) hält das Gedicht den Spitzenplatz inne.

„A vy mogl*i* by?

Ja sr*a*zu sm*a*zal k*a*rtu b*u*dnja,
plesn*u*vši kr*a*sku iz stak*a*na;
ja pokaz*a*l na blj*u*de st*u*dnja
kos*y*e sk*u*ly oke*a*na.
Na češ*u*e žest*j*anoj r*y*by
proč*e*l ja z*o*vy n*o*vych gub.
A vy
noktj*u*rn sygr*a*t'
mogl*i* by
na fl*e*jte vodost*o*čnych trub?"

(Wortakzente sind kursiv gehalten.)

„Würden Sie denn?

Mit Farbe spritzte aus dem Glas ich,
daß gleich des Alltags Plan verwischte;
auf einem Teller Sülze las ich
das schiefe Maul der Meeresgischte.
Ein neuer Mund hat mich beschworen,
am Blechfisch konnte ich es spürn.
Ach
würden Sie
auf Leitungsrohren
mir bitte flöten ein Nocturne?"

(Majakovskij zit. nach Nitzberg 2003, 43)

Dem (lauten) Lesen, genauer der mündlichen Reproduktion des Textes (und ihrer Rezeption) sollte eine „,wissende' Subjektivität" (Geißner 1986, 164) des Sprechenden voraus gehen, die wenigstens zu binden ist an:

Sprache (Bedeutung)

Schon im Entstehungsjahr 1913 entspricht Majakovskijs Gedicht nicht mehr der „alten" russischen Standardsprache eines Alexandr Blok oder Boris Pasternak, meint der Majakovskij-Übersetzer Huppert (1980b, 403). „Echte epochale Empfänglichkeit, Zeitgehör und Teilhabe" hätten M.s Sprache und Formenwelt „‚Mitteilsamkeit', kommunikative Funktion und argumentative Potenz" (Huppert 1980a, 5f) verliehen. Tatsächlich treten im Gedicht neuartige sprachliche Elemente, nie zuvor gehörte lexikalische Neu- und Umbildungen, frisch aufgekommene Wendungen als sprachbildende Faktoren, Umgangssprachliches und „bildhafte Beweismittel" (wie „Blechfisch", „Teller Sülze", das „schiefe Maul") auf.

Struktur (Form)

Bei dem Gedicht handelt es sich um einen (im Russ. reinen) Jambischen Zehnzeiler. Er beginnt mit der beliebten, flüssigen Kreuzreimstrophe abab; doch im zweiten Teil (Z. 5–10) bricht die Bewegung, wechselt der Rhythmus zu gar nicht mehr eingängig wiegenden Ein- bzw. Zweiheberpaaren (besonders Z. 7–9) – geeignet für Ausrufe, Anrufe, Klagen, Bitten und kurze Antithesen (Frank 1993, 695f) – bis hin zum (im Russ.) männlich schließenden Dreiheber. (Nitzbergs Übersetzung ist übrigens durchaus um Treue in Versbau, Rhythmus und Druckform bemüht.)

Die unregelmäßigen ein- bis vierhebigen Verszeilen mögen an das Begehren des damals noch jungen Dichters erinnern, sich von aller bisherigen Kunst loszusagen (Rühle 1988, 44), indessen wollten diese Zeilen nicht gezählt, sondern sollten gesehen, später auch mit sprecherischen Mitteln umgesetzt, gehört und verstanden werden. Zu den äußeren Besonderheiten rechnet die Zeilenbrechung, welche später – gemeinsam mit der „Treppen-Struktur" der Versglieder (vgl. auch Geißners „Treppe"!) – die typische Majakovskij-Zeile ausmachen wird. Nach Auffassung Hupperts (o. J., 305) sei diese Zeile nicht so sehr dem Auge wie dem Ohr zugedacht, sie bilde einen Behelf für den Sprecher, deute gleichsam Sinnpausen an und würde die Zeile damit den „gestischen", rednerischen Grundzug der Majakovskijschen Dichtung unterstützen.

Sinn (Auslegung des Gemeinten)

Auch das scheinbar Verborgene bleibt transparent und handhabbar und damit sprechbar, weil es zurückzuführen wäre auf eine ansprechende Bilderfolge zwischen Ernst und Unernst, ohne lyrischen Zierrat, ohne Gewissheit, und weil die konjunktivische Titelfrage in der rhythmisch gebrochenen Wiederholung „aufgehoben" wird: Es gibt keine Auflösung, keine Erlösung, es bleibt offen, ob der/die Angesprochene/n „würden", d. h. sie kann/können auch nicht wollen – auch eine Art der Dialektik. Im Duktus erinnerte es an deutsche Frühexpressionisten. (H. Geißner in einer persönlichen Mitteilung v. 07.09.05 an den Verf.)

Grundklang

Es ist wohl deutlich geworden, dass es sich bei dem Text um kein sonderlich „sinnge-
ladenes" Lesegedicht handelt, sondern um ein *Sprech*gedicht: „Es will hörbar werden
und durchs Ohr wirken" (Huppert 1980a, 14).

Nitzbergs (medienvermittelter) Grundklang (CD 2003) vermittelt doch eher nur
den Höreindruck dürftiger Verständlichkeit, unverbindlicher Freundlichkeit und
kühler „Streuung"?

Sprecherische Ausdrucksmittel

Die Struktur des Gedichts bedingt die Wahl der sprecherischen Ausdrucksmittel, d. h.,
a) große Vielfalt im Verhältnis von Hebungen und Senkungen innerhalb der Verszeile,
b) unterschiedliche Verstypen (auch) im Hinblick auf die Zeilenlänge (Silbenanzahl),
c) Ausstattung der Verszeilen mit vielen Enjambements und d) Wechsel des „Gemüt-
kolorits" (Huppert 1980b, 413f) in den Zeilen 1–6 gegenüber 7–10; all dies lässt sicherlich eine große Variabilität im Einsatz der Klangfarben, der Dynamik, der Tempo-
und („inneren") Pausengestaltung zu.

3   Majakovskij hören

Selbst wenn das Werk (und nicht der Autor) als entscheidender Bezugspunkt für Interpretation und Kritik erscheint (Geißner 1965, 26f), gelten dennoch seine Sprech-
fassungen in vielen Fällen als sehr aufschlussreich. Das Gleiche ist auch von Majakovskijs Sprechfassung „Würden Sie denn?" anzunehmen.

Wie andere Futuristen (V. Chlebnikov, D. u. N. Burljuk, E. Guro sowie A. Kručenych)
erkennt auch Majakovskij seinen größten Wirkungsbereich in der öffentlichen Deklamation. Der Aspekt der *Sprechbarkeit* wird so zu einem wesentlichen Qualitätsmerk-
mal des lyrischen Textes erhoben. Selbst die zu Beginn des 20. Jahrhunderts in höchst
unvollkommener Walzentechnik aufgenommenen und von der Platten-Gesellschaft
Melodija überlieferten Texte vermitteln noch heute Majakovskijs bewussten Einsatz
verschiedener sprecherischer Ausdrucksmittel: auffällige Kadenzen, emphatische Deh-
nungen und „psychologische Pausen" nach K. S. Stanislavskij. Ohrenfällig wird auch
der Wechsel in der „Tonart" zwischen den beiden Teilen des Gedichts (Z. 6/7) wahrgenommen – wie es Majakovskij oft empfiehlt (z. B. Majakovskij 1926/1980, WA Bd.
9, 171–216).

Auf *heutige* Hörer wirkt die bis zur Perfektion ausgearbeitete Deklamation wahrscheinlich übertrieben. Ihnen würde das Pathos, das für Majakovskij untrennbar zum
Gedichtvortrag gehörte, den Zugang zum Gedicht wohl eher versperren (ähnlich auch
Klawitter/Schmidt 1998, 202). (Wie Majakovskij auf die *damaligen* russischen Hörer
gewirkt hat, ist am besten der Memoiren-Literatur zu entnehmen; beispielsweise Tomaševskij 1938/2001.) In allen Annäherungen an eine Sprechfassung des Majakovs-

kijschen Gedichts spielt die zeitliche Dimension zweifelsohne eine wichtige Rolle. Aus sprechwissenschaftlichen Untersuchungen (z. B. Y. Anders 2001, 46ff) ist bekannt, in welchem starken Maße eigene Hörmuster „zeitstilistisch" andersartige Interpretationen als fremdartig erscheinen und als kaum „gelungen" abgelehnt werden können. Neben diese „zeitstilistische" oder historische Differenz treten mindestens genau so gut auch kulturelle, sozialpolitische (gesellschaftliche), textuelle, situative und dialogische Differenzen (s. dazu vor allem Geißner 1988, 174ff; 2000a, 141ff u. Slembek 2000, 271ff), welche in ihrer Gesamtheit (nicht nur) die ästhetische Textreproduktion und -rezeption erschweren können, wie im vorliegenden Beitrag deutlich geworden sein mag.

4 Majakovskij sprechen (lehren)

In seinem Lehrbuch „Vortragkunst" zitiert der russische Kunsttheoretiker und Regisseur Georgij V. Artobolevskij (1898–1943) die Beobachtungen eines Zeitzeugen Majakovskijs:

„Er (Majakovskij; Verf.) kam zu seinen Abenden wie zur Arbeit, er kam auf die Bühne, nahm Haltung an, manchmal zog er seinen Sakko aus, um ihn auf die Stuhllehne zu hängen, danach erfaßte er mit seinem aufflammenden Blick Tausende von Leuten und begann seine neuen Gedichte vorzutragen" (Artobolevskij 1978, 224; übers.).

Artobolevskij war selbst als Vortragskünstler (russ.: „čtec") tätig und galt in Russland als „Stimme der Literatur". Vertraut mit den wissenschaftlichen Arbeiten des Formalisten S. I. Bernštejns und Sprachwissenschaftlers L. V. Ščerbas, bekannt mit Dichtern wie V. Majakovskij und Theaterleuten wie A. I. Švarc und K. S. Stanislavskij begann Artobolevskij schon früh damit, Artikel und Materialien zur Vortragskunst zu verfassen. Seine letzten Untersuchungsergebnisse versuchten zu erhellen, wie Majakovskijs Dichtungen zu sprechen wären (Artobolevskij 1978, 224ff).

Ein Gedankenexperiment

Wie lehrte wohl Artobolevskij seine eigenen Schüler, Majakovskijs Gedicht „Würden Sie denn?" zu sprechen?
• Inhalt und Form des Zehnzeilers sollten von den Schülern vollkommen (!?) verstanden werden.
• Die Bilder („Farbe", „Meeresgischte", „Leitungsrohr" usw.) wären von ihnen sprecherisch völlig "auszuschöpfen".
• „Verstehen, verstehen, verstehen – das ist die Grundlage für den sicheren (treuen?) Vortrag der Gedichte Majakovskijs" (Artobolevskij 1978, 231).
• Die Schüler hätten sich in die Eigenheit des Gedichts (mit den unterschiedlichen Zeilenlängen) und in dessen Aufbau genau hineinzudenken.

- Dazu könnten sie die beiden Teile des Gedichts (Z. 1–6 u. Z. 7–10) lexikalisch, syntaktisch und rhythmisch zerlegen.
- Die Wörter erhielten gerade über den Gedichtaufbau eine besondere Bedeutung.
- Der veränderte Rhythmus markierte den Schülern auch den Wechsel der Betonung (Z. 6/7 u. Z. 8/9).
- Die Betonung sollte dem ausdrucksstarken Sprechen gleich kommen.
- Versmaß und Rhythmus wären wichtiger als Interpunktion.
- Die Schüler sollten der Orthoepie und nicht der Orthographie folgen; die unterschiedlichen Zeilenlängen (Z. 6/7) zeigten ihnen schon, wie das Gedicht „klingen" müsste. (Zur Bedeutung der „klingenden künsterischen Sprache" und ihrer Erforschung in der russischen Vortragskunst s. insbesondere S. I. Bernštejn 1926/1999.)
- Majakovskij zufolge könnten zwei Darstellungen desselben Gedichts nebeneinander gesetzt werden (mit Zeilentrennung vs. ohne Zeilentrennung), um Funktion von Rhythmus und Intonation im (gesprochenen) Gedicht zu klären.
- Die Schüler sollten die („inner-dichterischen") Pausen (nach den Z. 3 u. Z. 7–9) ausfüllen und nicht mechanisch vollziehen, weil diese hier nicht allein einen formallogischen, sondern auch einen emotionalen Zweck erfüllten.
- Majakovskijs Werke hätten immer ein konkretes Ziel; *diesem* sollte der vortragende Schüler alle Details unterstellen.

Trotz mancher Einwände gegenüber Artobolevskijs Überlegungen steht sein Beitrag als eine besondere Ausnahme für russische Vortragskunst.

5 Ausblick

Wenn Slembek (2001, 37) noch „[…] für die Öffnung auf europäisches Denken und für den fachbezogenen Blick ‚über den großen Teich'" plädierte, dann ergänzt dies der vorliegende Beitrag, indem er auf den *Osten* mit viel Altem (und wenig Neuem) neugierig machen will, insbesondere auf die russische Vortragskunst, die der dringenden Aufarbeitung bedarf. Im Sinne der Kenntnisnahme anderer „nationaler" Sprechkunsttraditionen und -probleme wäre es dazu äußerst wünschbar, wenn grundlegende Lehrbücher in die eigene Sprache (übersetzt) gelangten (Brang 1988a, 60). Unter angemessener Adaption der russischen Beispiele soll das Lehrbuch G. V. Artobolevskijs (1978) demnächst in einer deutschen Sinnübertragung erscheinen. Im Anschluss an die Rezeption solcher Lehrbücher könnte mit Majakovskij (1926/1980, WA Bd. 9, 216) dann immer noch geschlussfolgert werden:

> „Es tut vielmehr not, daß die Stellen, denen die Aufklärung der Massen obliegt, den altväterisch rückständigen Unterricht in ästhetischen Fächern sehr gründlich überprüfen."

Literatur

Anders, Y. (2001): Merkmale der Melodisierung und des Sprechausdrucks ausgewählter Dichtungsinterpretationen im Urteil von Hörern. HSSP 4. Lang, Frankfurt/M. u. a.

Artobolevskij, G. V. (1978): Chudožestvennoe čtenie (dt.: Vortragskunst). Prosveščenie, Moskva

Barthel, H. (2004): Die russische Moderne in Konflikten. In: Pimenov, E. A., Pimenova, M. V. (Hrsg.): Ethnohermeneutik und Anthropologie. EuE 10. VEP, Landau/Pf., 602–611

– (2005a): Zur Deklamationskunst der russischen Moderne. In: Merten, St., Pohl, I. (Hrsg.): Texte. Knecht, Landau/Pf., 291–303

– (2005b): Russische Dichter sprechen. In: Heilmann, Chr. (Hrsg.): Kommunikationskultur – intra- und interkulturell. FS für E. Slembek. SuV 23. Röhrig, St. Ingbert, 183–190

Bernštejn, S. I. (1999): Die klingende künstlerische Sprache und ihre Erforschung. BALAGAN 5.1, 61–75

Brang, P. (1986): Westeuropäische Deklamationskunst in Rußland. In: Medaković, D., Jaksche, H., Prunč, E. (Hrsg.): Pontes Slavici. FS für St. Hafner. Akad. Druck- u. Verlagsanstalt, Graz-Austria, 71–81

– (1988a): Das klingende Wort. Österreichische Akademie der Wissenschaften, Wien

– (1988b): Russische Deklamationsprobleme in soziolinguistischer Sicht. In: Brang, P. (Hrsg.): Schweizerische Beiträge zum X. Internationalen Slavistenkongress in Sofia 1988. Lang, Bern u. a., 47–74

Frank, H. J. (1993): Handbuch der deutschen Strophenformen. 2. Aufl. Francke, Tübingen/Basel

Geißner, H. K. (1965): Schallplattenanalysen: Gesprochene Dichtung. Minerva/Thinnes & Nolte, Saarbrücken

– (1986): Sprecherziehung. 2. Aufl. Scriptor, Königstein/Ts.

– (1988): Sprechwissenschaft. 2. Aufl. Scriptor, Königstein/Ts.

– (2000a): Kommunikationspädagogik. SuV 17 Röhrig, St. Ingbert

– (2000b) (Hrsg.): Stimmen hören. Röhrig, St. Ingbert

Huppert, H. (1980a): Vorwort. In: Majakovskij, V.: Werke. WA Bd. 1. a. a. O., 5–21

– (1980b): Zur sprachlichen Reproduktion der Werke Majakowskis. a. a. O. WA Bd. 10. a. a. O. 391–419

– (o. J.): Wie ist Majakowski zu lesen. In: Majakowskij, V.: Wage den Streit. a. a. O., 303–305

Jonach, I. (1998) (Hrsg.): Interkulturelle Kommunikation. SuS 34. Reinhardt, München/Basel

Kasack, W. (1992): Lexikon der russischen Literatur des 20. Jahrhunderts. 2. Aufl. Sagner, München

Klawitter, K., Schmidt, V. (1998): Erfahrungen mit ausländischen Schauspielstudenten bei der Arbeit am Text. In: Jonach, I. (1998) (Hrsg.): a. a. O., 202–205

Kühn, R. (1986): Prolegomena zu einer Theorie und Geschichte der Sprechkunst im 20. Jahrhundert. In: Slembek, E. (1986) (Hrsg.): a. a. O., 189–202

Lemke, S. (2001) (Hrsg.): Sprechwissenschaftler/in und Sprecherzieher/in. SuS 39. Reinhardt, München/Basel

Majakovskij, V. (Majakowski, W.) (1980): Wie macht man Verse? In: Majakovskij, V.: Werke. WA Bd. 9. a. a. O., 171–216

– Werke (WA) (1980). 10 Bde. Hrsg. v. L. Kossuth. Suhrkamp, Stuttgart

– (o. J.): Wage den Streit: Ausgewählte Dichtungen. Hrsg. v. H. Huppert. Reclam, Leipzig

Nitzberg, A. (2003) (Hrsg.): Sprechende Stimmen. CD u. Begleitheft. DuMont, Köln

(Eine) Ohrfeige dem öffentlichen Geschmack: Russische Futuristen. Schulenburg, Hamburg

Ptok, G. (2005): Ästhetische und therapeutische Kommunikation mit Lautgedichten: Konzepte des Schreibens, Sprechens und Hörens parasemantischer Texte. (Masch.-schr.) Diss. Landau/Pf.

Rühle, J. (1988): Literatur und Revolution. Kiepenheuer & Witsch, Köln
Slembek, E. (1986) (Hrsg.): Miteinander sprechen und handeln. FS für H. Geißner. Scriptor, Frankfurt/M.
–   (2000): Frauenstimmen hören – Ein Vergleich zwischen verschiedenen Kulturen. In: Geißner, H. K. (2000b) (Hrsg.): a. a. O., 271–277
–   (2001): Deutsch – europäisch – global. In: Lemke, S. (2001) (Hrsg.): a. a. O., 32–36
Tomaševskij K. (Tomaschewski, K.) (2001): Wladimir Majakowski. In: (Eine) Ohrfeige dem öffentlichen Geschmack. a. a. O., 7–40

HARTWIG ECKERT

Wenn Bücher sprechen lernen:
Gattungsspezifische Probleme bei Hörbüchern

1 Ausdrucksform und Gattungsbegriff

Die Formulierung *„die Verfilmung eines Romans"* erweckt den Anschein, ein künstlerisches Produkt könne in zwei Gestalten auftreten. Nur zu leicht gerät man in die semantische Denkfalle, wenn Formulierungen wie „Das Buch habe ich nicht gelesen, ich habe aber den Film gesehen" suggerieren, auch ein verfilmter Roman sei ein Roman. Die allgemein übliche Formulierung *„originalgetreue Verfilmung"* impliziert die Aufhebung der Kunst, denn sie ist eine *reductio ad absurdum*, die einen Roman mit seiner Handlung gleichsetzt. In dem Film *The French Lieutenant's Woman* sitzen die beiden Protagonisten alleine im Wald und man hört in der Ferne symbolträchtig einen Kuckuck rufen. Warum lassen wir uns im Kino gefallen, was wir in Büchern weit von uns weisen würden? Unter anderem weil die Linearität des geschriebenen Textes (dem Nacheinander der Worte) das Synchrone der vielen Informationskanäle des Films gegenübersteht. Wenn dem Gehirn wegen der Konzentration auf die Handlung, wegen des visuellen Eindrucks und der Hintergrundmusik nur noch 10% für den symbolträchtigen Ruf des Kuckucks zur Verfügung stehen, dann lässt der Hüter an den Pforten unseres guten Geschmacks dieses Klischee noch passieren. Wenn das Bewusstsein ihm hingegen 100% der Aufmerksamkeit widmen kann, weil dem Kuckucksruf in einem geschriebenen Kunstwerk eine Zeile gewidmet werden müsste, so wird es Kitsch. Wenn wir die Gattung und das Medium als Konstituenten der Kunst ernst nehmen, dann können wir nicht von *einem* Kunstwerk sprechen, das einmal in der Gestalt eines Romans und zum anderen in der Gestalt eines Films daher kommt.

Ähnlich verhält es sich bei der Formulierung „die Vertonung eines Gedichtes", denn die Gattung, die dabei entsteht, ist ein Lied, wie an dem Beispiel von Wilhelm Müllers Gedicht und Schuberts Lied illustriert werden soll. Das Versmaß der Zeilen 3 bis 6 legt folgende Skandierung nahe:

der 'Mai war 'mir ge 'wogen	3
mit 'manchem 'Blumen 'strauß.	4
Das 'Mädchen 'sprach von 'Liebe,	5
die 'Mutter 'gar von 'Eh',	6

Wenn wir sie zum Maßstab nehmen, müssten wir den Anfang des Gedichtes so skandieren:

Fremd 'bin ich 'einge 'zogen,   1
fremd 'zieh ich ' wieder 'aus,   2

Aus Gründen der kommunikativen Dynamik hingegen müsste jeweils *fremd* betont werden:

'Fremd bin ich 'einge 'zogen,
'fremd zieh ich ' wieder 'aus,

In Schuberts Lied liegen die Verhältnisse völlig anders: *fremd* liegt jeweils auf dem vierten Achtel des Zweivierteltaktes, ist also vom Takt her unbetont. Die ersten fünf Silben werden vom Rhythmus her völlig gleich behandelt, eine Möglichkeit, die sich der Lyrik nicht bietet. Dadurch assoziiert das Lied von Anfang an Wandern, und darüber hinaus könnte Schubert andeuten wollen, dass sich der Wanderer ebenso fremd einschlich wie er sich jetzt unbemerkt in der Nacht wieder davonschleicht. *fremd* ist zwar kurz (nur eine Achtelnote) und steht im unbetonten Taktteil, aber dennoch deutet Schubert seine Wichtigkeit an, indem er dieser Silbe jeweils die höchste Note in der Zeile gibt. Was will uns der Komponist sagen, wenn er dem wichtigsten Wort am Anfang des Zyklus „Die Winterreise" die Betonung versagt, ihm aber die höchste Note zugesteht? Wir können darüber nachdenken, ob damit ein romantischer Widerstreit in der Seele des Wanderers zwischen Resignation und Sehnsucht zum Ausdruck kommt. Es handelt sich hier um die künstlerische Ausdrucksform des Liedes, und nicht um die des Gedichtes. Wir müssen daher das Kunstwerk als Ausdruck seiner Gattung ernst nehmen.

Eine weitere Begriffsklärung ist wichtig: Der Terminus *Interpretation* hat zwei polysemantische Varianten:

„*Interpretation* (1)" heißt „Auslegung, Deutung", indem man über das Kunstwerk schreibt.

„*Interpretation* (2)" bezieht sich auf die Darbietung eines Kunstwerkes, z. B. die Übertragung von der schriftlichen Form in ein anderes Medium, also z. B. von der fixierten Choreographie in ein getanztes Ballett, von der Partitur zur gespielten Sonate. Es handelt sich hier um die zeitliche Realisierung eines zeitlosen Kunstwerkes, also schlicht um eine Aufführung. Dies ist bei einem Romantext in zweifacher Weise möglich: Er kann stumm gelesen werden in einer Zweierbeziehung zwischen Autorin und Leserin. Oder er kann laut für ein Publikum gelesen werden. Ich behaupte, dass auch hier zwei verschiedene Kunstwerke vorliegen, wenn wir die Gattung und das Medium in der Hörkunst als konstituierende Elemente des Kunstwerkes ernst nehmen.

2 Rollenspiel und Simulation

In der Fremdsprachendidaktik unterscheidet man bei „drama activities" zwischen Rollenspiel und Simulation: Beim Rollenspiel ist die Akteurin die Hexe oder die Bundeskanzlerin. Bei der Simulation akzeptiert sie lediglich eine vorgegebene Situation, bleibt aber sie selber. Die Simulation verlangt nur, sich vorzustellen, man wäre z. B. in der Rezeption eines vornehmen Hotels und hätte seine Papiere vergessen, aber man agiert als der, der man ist.

Bei der Analyse deutscher und englischer Hörbücher ergibt ein interkultureller Vergleich der Hörkunsttraditionen folgenden Unterschied: Die britischen Hörbücher haben die Tendenz zum Rollenspiel, die deutschen die Tendenz zur Simulation. Es ist nicht zufällig, dass die englische Rollenspiel-Tradition des Vorlesens in Deutschland ihre Popularisierung zunächst über die angelsächsische Literatur erfuhr, wie z. B. in den deutschen Versionen von *Winnie the Pooh* und *Harry Potter*.

Die Vorlesetradition im Stile der Simulation kann durch die sprechwissenschaftliche Unterscheidung zwischen extralinguistisch und paralinguistisch beschrieben werden. **Extralinguistisch** sind alle stimmlichen Eigenschaften, die eine Sprecherin ständig als ihre Persönlichkeitsmerkmale aufweist. **Paralinguistisch** hingegen sind die von der jeweiligen Situation abhängigen, zeitlich begrenzten vokalen Elemente zum Ausdruck des Erstaunens, der Langeweile, besonderer Höflichkeit und anderer situativ bedingter Merkmale. In der deutschen Roman-Hörbuchtradition behält der Sprecher auch in der direkten Rede immer seine extralinguistische, ihn selbst charakterisierende Stimmeigenschaft. Was er verändert sind lediglich die paralinguistisch bedingten stimmlichen Ausdrucksformen.

Das rollenspielartige Lesen ist gekennzeichnet durch:	***Das Lesen als Simulation*** ist gekennzeichnet durch:
– die Sprechmaske, mit der eine literarische Figur dargestellt wird	– die Rezitierform: mit Ausdruck und Betonung lesen
– Charakterisierung der Personen durch Stimmgebung	
– Verwandlung des Erzählers zum Akteur: darstellende Haltung	– Erzählstil/erzählende Haltung
– Es gibt so viele extralinguistische Stimmeigenschaften wie Romanfiguren plus Erzähler	– Es gibt nur eine extralinguistische Stimmeigenschaft: die des Erzählers

Die Titelseite des Romans „*Seide*" zeigt eine schemenhafte Gestalt einer vermutlich asiatischen Frau, aber sie bildet kein Individuum ab und lässt daher Spielraum für Phantasie.

Das Titelblatt des Romans „*Das Spinnennetz*" hingegen verwendet ein Foto aus dem gleichnamigen Film. Dadurch werden die Charaktere personalisiert und dem Leser wird ein Teil der eigenen Ausgestaltung durch Phantasie genommen. Ein analoger Prozess vollzieht sich durch den Medienwandel vom gelesenen zum gehörten Roman. Durch die Stimme des Sprechers und durch seine Auswahl unter tausenden von vokalen Möglichkeiten erfolgt mit der sinnlichen Wahrnehmung im Leser eine Individualisierung und Konkretisierung, nahezu ein Übergang von Type zu Token, in einer Interpretation, auf die der Autor wenig, und der Leser keinen Einfluss hat.

Die „Vertonung eines Romans" ist ein eigenständiges Kunstwerk und darf nicht lediglich als Leseersatz desselben Kunstwerkes für lange Autofahrten verstanden werden.

3   Genderspezifische Aspekte

Unter genderspezifischem Aspekt ergeben sich zwei Konstellationen, die in Abb. 1 dargestellt sind.

Bei von einem Mann rollenspielartig vorgelesenen direkten Reden der literarischen weiblichen Figuren, also der Romanheldinnen, hat sich in der Reaktion der Versuchspersonen eine deutliche Tendenz ergeben: 1. Oft kam es zu spontaner Heiterkeit, als hätte der Vorleser einen humoristischen Effekt erzielen wollen (was aber nicht der Fall war). 2. Die Romanheldinnen wurden von den Hörern und Hörerinnen, die nur das Hörbuch kannten, von der Persönlichkeit als weniger eindrucksvoll und bewunderungswürdiger eingestuft als von jenen, die nur das Buch kannten. Diese Herabstufung ergab sich nicht bei dem stimmlichen Geschlechterrollentausch, wenn Frauen männlichen literarischen Figuren ihre Stimme verliehen. Man kann jetzt darüber nachdenken, ob es der ähnliche Effekt ist, der Männer in Frauenkleidern in der Regel belustigender erscheinen lässt als Frauen in früher sogenannten „Hosenrollen", oder aber ob eine zu hohe, weit über der mittleren Sprechlage des Sprechers angesiedelte Stimmlage

Sprecher		Sprecherin	
lit. Fig.:	lit. Fig.:	lit. Fig.:	lit. Fig.:
männl.	weiblich	männl.	weiblich

Abbildung 1: Konstellationen unter genderspezifischem Aspekt

lächerlicher wirkt als eine, die weit unter der mittleren Sprechstimmlage gewählt wird. In jedem Fall handelt es sich hier um ein Problem, das weder die rezitierende Vorlesung noch die geschriebene Romanfassung belastet.

4 Direkte Rede

Bei der direkten Rede muss der Erzähler im rollenspielartigen Vortrag – wie z. B. Harry Rowohlt in der folgenden Passage aus „Winnie der Pooh" – häufig und schnell von der Stimme der handelnden Personen zu der des Erzählers wechseln.

> *(Christopher Robin) ... sagte beiläufig: „Heute habe ich einen Heffalump gesehen, Ferkel."*
> *„Was hat es gemacht?", fragte Ferkel.*
> *„Einfach so vor sich hingelumpt", sagte Christopher Robin. „Ich glaube nicht, dass es mich gesehen hat."*
> *„Ich habe auch mal eins gesehen", sagte Ferkel, „jedenfalls glaube ich, dass ich eins gesehen habe.", sagte es. „Aber vielleicht war es gar keins."*
> *„Ich auch", sagte Pooh und fragte sich, wie ein Heffalump wohl aussehen mochte.*
> *„Man sieht sie nicht oft", sagte Christopher Robin beiläufig.*
> *„Im Augenblick nicht," sagte Ferkel.*
> *„Nicht in dieser Jahreszeit," sagte Pooh.*

Dieser Wechsel wirkte auf die meisten Testpersonen ermüdend und – insbesondere, wenn die Stimmeigenschaften dabei weit auseinander gingen – störend. Das mag u. a. daran liegen, dass bei starker stimmlicher Charakterisierung die jeweilige Nennung des Namens redundant ist. Von der Hörbuchversion aus betrachtet wäre es besser, diese Passage zu dramatisieren, indem man jedes „*sagte X*" wie in einer Hörspielfassung unterdrückte.

„Cat in the Rain" von Hemingway soll als weiteres Beispiel dafür herangezogen werden, dass Lesen und Sprechen/Hören zwei verschiedene Kunstwerke schaffen. Bei den zwei Frauengestalten dieser Kurzgeschichte verwendet Hemingway nach der direkten Rede der „American wife" neunmal „she said", einmal das nach einem Fragezeichen redundante und farblose „she asked" und dreimal die direkte Rede ohne Zusatz. Bei dem italienischen Zimmermädchen wählt Hemingway einmal nach direkter Rede „she smiled", einmal „she laughed", (also zwei emotional getönte Verben, die er der amerikanischen Ehefrau versagt), dreimal die unmodifizierte direkte Rede und nur zweimal „she said".

Nehmen wir an, Hemingway hätte uns mit diesem sprachlichen Mittel sagen wollen, dass die in ihrem Heimatland lebenden und arbeitenden Italiener Menschen aus Fleisch und Blut sind, im Gegensatz zu den sich langweilenden amerikanischen Touristen, die er namenlos und ohne jegliche individuelle Eigenschaften in ihrer Austauschbarkeit als zweidimensionale Prototypen repräsentieren will. Nehmen wir weiter an, der Nobelpreisträger hätte die Ausdrucksmöglichkeiten des Erzählens bis an seine Grenzen treiben wollen und die all ihrer individuellen Züge Beraubten im wahrsten Sinne des Wortes als Abstrakta dargestellt. Es kommt nicht darauf an, ob man diese Deutung für „die richtige" hält. Es geht vielmehr um eine gattungstheoretische Begriffsklärung: Die geschriebene Form von „Cat in the Rain" ist mit dieser Deutung in Einklang zu bringen; die existierenden Hörfassungen stehen hier vor unüberwindlichen Schwierigkeiten. Analog zu Watzlawicks Diktum „Man kann nicht nicht kommunizieren" lässt sich sagen „Die Stimme kann nicht nicht verstimmlichen". Eine „tonlos" vorgetragene direkte Rede der „American wife" würde sie als langweilige, farblose Frau präsentieren, aber immer doch als sinnlich wahrgenommenes Individuum. Die Formulierungen „Er verkörpert X" und „Er leiht ihm seine Stimme" implizieren in der Dramatisierung eine Individualisierung und Konkretisierung. Insbesondere das rollenspielartige Hörbuch lässt die oben vorgestellte Auslegung nicht zu. Dieses Phänomen kann man am treffendsten in Anlehnung an den Titel der Schrift von Tilla Raabe beschreiben: Es ist genau der Sinnlichkeitsgewinn des Hörbuchs, der seinen Literaturverlust bewirken kann.

Literatur

Imhof, Margarete (2003): Zuhören. Psychologische Aspekte auditiver Informationsverarbeitung. Göttingen

Ockel, Eberhard (2000): Vorlesen als Aufgabe und Gegenstand des Deutschunterrichts. Hohengehren

Raabe, Tilla M. (2001): Sinnlichkeitsgewinn oder Literaturverlust? Eine literaturwissenschaftliche Untersuchung des Hörbuchs, seiner Relevanz in der Literaturlandschaft und seiner ästhetischen Wirkungsweisen. Magisterarbeit Universität Erlangen-Nürnberg

REINOLD FUNKE

Lesen – Wiederherstellen der Rede?

1

Die Formel vom Lesen als Wiederherstellen der Rede stammt von Christian Winkler (1962, 121). Sie steht für eine These, auf die er sein Programm einer „höheren Lese-lehre" aufbaut: Verstehendes oder, wie Winkler es nennt, *sinnfassendes* Lesen liegt dann und nur dann vor, wenn die dem Geschriebenen zugrunde liegende „Rede" wie-der hergestellt worden ist.

Winkler begründet diese These anhand eines Beispielsatzes, der ihm zusätzlich da-zu dient, eine zentrale terminologische Unterscheidung von *Text* und *Wortlaut* einzu-führen (1962, 13; vgl. 1969, 352f). Der Beispielsatz, in Anlehnung an Jespersen kon-struiert, lautet *Doch würde die Gesellschaft der Dame lästig gewesen sein* (Jespersen 1925, 326. Bei ihm, der das Beispiel seinerseits auf Arwid Johannson zurückführt, heißt es *Doch würde die Gesellschaft der Indierin lästig gewesen sein*). Hier kann der Ausdruck *der Dame* sowohl als Genitiv wie als Dativ interpretiert werden, was beim Lesen des Satzes in einem Sinnzusammenhang in die eine oder andere Richtung ent-schieden wird. Winkler beschreibt das in seiner Terminologie so: Der Text selbst ist doppeldeutig, der Wortlaut aber, der beim Lesen erzeugt wird, ist eindeutig. Jedenfalls nimmt Winkler das an – die beiden jeweils vereindeutigten Lesarten notiert er wie folgt:

Doch würde die Gesellschaft der Dame / lästig gewesen sein (Genitiv)
Doch würde die Gesellschaft / der Dame lästig gewesen sein (Dativ)

Der geschriebene Text ist also, wenn man so will, unterbestimmt. Wenn er aber in ge-sprochenen Wortlaut überführt wird, so nimmt er prosodische Merkmale an (im Bei-spiel Grenzmarkierungen) und damit zugleich auch eine syntaktische Gliederung (im Beispiel Konstituenz und, in Zusammenhang damit, Kasus). So gewinnt der Text durch die Erzeugung des Wortlautes Eigenschaften, die ihn zu einem sprachlichen Ge-bilde werden lassen, welches Sinn trägt.

Die Unterscheidung von *Text* und *Wortlaut* mag, je nach Ausprägung des philoso-phischen Temperaments, Anlass zu Grübeleien geben. Was ist eigentlich der Text – ein Gebilde aus Druckerschwärze? Das ist jedenfalls nicht Winklers Auffassung. Er ent-scheidet vielmehr beiläufig, dass es sich um deutlich mehr, nämlich um einen *Zusam-menschluss von Wortbedeutungen* handele (1962, 11. Die Formulierung lehnt sich, wie Winkler angibt, an eine Satzdefinition von F. Neumann an). Ein *Zusammenschluss von Wortbedeutungen*, aber kein *Wortlaut* – an dieser Stelle könnten die philosophischen

Grübeleien unmittelbar in ein flaues Gefühl im Magen umschlagen, wie es sich einstellt, wenn man sich eingestehen muss, eigentlich gar keinen Boden mehr unter den Füßen zu haben. Jedoch wäre es schade, wenn uns das zum Anlass würde, aus Winklers Gedankengang auszusteigen. Steigen wir stattdessen ein, so können wir uns an der Aussicht auf eine bevorstehende gedankliche Achterbahnfahrt wieder aufrichten. Darin mag uns bestärken zu registrieren, dass Winkler uns im Fall des Begriffs *Wortlaut* mit einem Wortspiel aufmuntert: *Wortlaut* heißt eigentlich, wie das Deutsche Universalwörterbuch (2001) definiert, *wörtlicher Text von etwas*, Winkler verwendet den Ausdruck hier aber im Sinne von *laut gesprochener Text*.

Die Grundthese, auf die Winkler mit seiner Unterscheidung von *Text* und *Wortlaut* abzielt, ist, dass Lesen darin bestehe, „den Sinn dadurch zu erfassen, dass man den Wortlaut zum überlieferten Text hinzufügt" (1969, 504).

An anderer Stelle (1962, 15) formuliert er seine Grundthese wie folgt: „Sinnfassend lesen heißt demnach, die Folge bloß bedeutender Wörter, das nur Sprachliche, wieder in erlebten Sinn zu verwandeln. Und das Mittel dazu ist der Versuch, den Text neu zu sprechen, das laute Lesen."

Die zweite Formulierung ist in mancher Hinsicht weitergehend als die erste und dadurch auch deutlicher. Was in dem ersten Zitat *Text* hieß, wird hier als *Folge bloß bedeutender Wörter* (gemeint ist: Bedeutung tragender Wörter) umschrieben und als *nur Sprachliches* bezeichnet. Statt einfach von *Sinn* ist von *erlebtem Sinn* die Rede. Und schließlich wird die vielsinnige Wendung *den Wortlaut hinzufügen* ersetzt durch das unmissverständliche *den Text neu sprechen* bzw. *laut vorlesen*. Auf dieser Grundlage wird nachvollziehbar, wie das didaktische Programm aussieht, das Winkler entwirft: Im Mittelpunkt des Leseunterrichts soll das laute Vorlesen durch Schülerinnen und Schüler stehen, sowohl in seiner Ausprägung als *Vorlesen* für eine Zuhörerschaft, die den Text nicht kennt, wie in seiner Ausprägung als *nachgestaltendes Sprechen*, bei dem gemeinsam an einem allen vorliegenden Text gearbeitet wird. Die Schlüsselrolle in diesem Leseunterricht soll der Ausgestaltung der Prosodie zukommen. Dabei geht es Winkler keineswegs nur um das Einüben einer kulturellen Praxis lauten Lesens. Lautes Lesen ist für ihn vielmehr deshalb von Interesse, weil es unmittelbar zum Sinnerfassen führt und sogar unabdingbar vorliegen muss, damit dieses möglich wird, zumindest – bei fortgeschrittenen Lesern – „im Ansatz" (1962, 15). Das ist die Perspektive, unter der Winkler eine Methodik der „höheren Leselehre", von ihm als *Leseordnung* bezeichnet, entwickelt (1962, 98–107).

2

Ich weiß nicht, ob ich Winkler gerecht werde, wenn ich seine Grundthese in Form von zwei zugespitzten Teilthesen wiedergebe. Trotzdem möchte ich das im Folgenden tun, denn Zuspitzungen können, berechtigt oder nicht, ihren eigenen Erkenntniswert haben. Die beiden Teilthesen lauten:

- Wenn Lesende einen Text sinnerfassend lesen sollen, dann müssen sie ihn prosodisch angemessen und (zu irgendeinem Grad) laut lesen.
- Wenn Lesende einen Text prosodisch angemessen laut lesen, so erfassen sie seinen Sinn.

Lautes, prosodisch angemessenes Lesen ist nach der ersten Teilthese eine notwendige, nach der zweiten Teilthese eine hinreichende Bedingung dafür, dass der Sinn des Gelesenen erfasst wird. Beide Teilthesen sind logisch voneinander unabhängig. Man kann also daraus, dass die eine von ihnen zutrifft oder nicht, nicht darauf schließen, ob auch die andere zutrifft oder nicht.

Empirische Belege für die erste Teilthese sind nicht leicht zu finden, jedenfalls nicht bei einem Vorgehen, bei dem Daten im Schleppnetzverfahren großflächig gesammelt und anschließend zueinander in Beziehung gesetzt werden. In amerikanischen Untersuchungen von Karlin (1985) mit College-Schülern und von Schwanenflugel u. a. (2004) mit Primarstufenschülern zeigte sich keine Beziehung zwischen Prosodie beim lauten Lesen und Leseverstehen.

Die zweite Teilthese hat Geißner „unbestritten" genannt (2004, 148). Das ist überraschend, denn man kann gerade sie als nachgerade verwegen bezeichnen. Jedenfalls lassen sich entgegenstehende Voten in der Literatur ohne weiteres finden. Kühn/Reding (2004,15) etwa scheinen sie regelrecht umdrehen zu wollen, wenn sie schreiben: „Adäquates Vorlesen ist erst möglich, wenn man den Text verstanden hat."

Man kann hinzufügen, dass sich weitere, stärker spezifische Bedenken gegen die zweite Teilthese aus der Sicht unterrichtspraktischer Erfahrungen vorbringen lassen. Das gilt dann, wenn diese These so verstanden wird, dass Leseübungen, die auf eine angemessene Prosodie abzielen, als unterrichtsmethodisches Mittel einsetzbar sind, um Schülerinnen und Schülern einen Zugang zum Textverstehen zu eröffnen. Solche Leseübungen müssten nämlich zusätzlich zu dem prosodisch ausgestaltenden Lesen selbst noch reflexive Phasen einschließen, in denen die Angemessenheit prosodischer Ausgestaltungen beurteilt wird. Ein bewusstes Umgehen mit prosodischen Varianten kann nun aber erfahrungsgemäß zu heilloser Verwirrung führen. Redder (1982) dokumentiert eine Deutschstunde, in der Schülerinnen und Schüler einer sechsten Klasse über verschiedene Möglichkeiten diskutieren, die Aussage *Du machst dir Sorgen* zu betonen. Es gelingt ihnen nicht, zu einer Schlussfolgerung zu gelangen. Selbst wenn die zweite Teilthese Winklers richtig ist, so heißt das also immer noch nicht, dass diese Tatsache genutzt werden kann, um Schülerinnen und Schülern eine Hilfe beim Erschließen von Texten zu geben.

Es bedarf allerdings nur schwach ausgeprägter positivistischer Neigungen, um aus solchen harmlos bis treuherzig daherkommenden unterrichtspraktischen Bedenken weitergehende Konsequenzen zu ziehen. Was ist ein genereller „wenn-dann"-Satz wert, bei dem das Vorliegen der im „wenn"-Teil genannten Bedingung nicht zuverlässig durch immer die gleichen Maßnahmen herbeigeführt werden kann? Was bedeutet eine Bedingung, bei der nicht sicherzustellen ist, ob eine gezielt ausgeübte Tätigkeit zu ihrem Erfülltsein führt oder nicht?

Die angeführten empirischen Befunde und unterrichtspraktischen Erfahrungen sind, wenn man sie im Detail analysiert – was wir uns an dieser Stelle sparen können –, kaum hinreichend, um Winklers Thesen für erledigt zu erklären. Sie machen aber deutlich, dass diese Thesen ein begriffliches Problem aufwerfen: Wenn Lesen ein Wiederherstellen der Rede ist – was heißt dann *Rede*?

3

Wenn Winkler von *Wortlaut* spricht, so spielt er, wie angesprochen, mit einer Doppeldeutigkeit: *Wortlaut* im Sinne von *wörtlicher Text von etwas* und im Sinne von *laut gesprochener Text*. Eine ähnliche Doppeldeutigkeit ist auch in dem Ausdruck *Rede* angelegt. Winklers Überlegungen laufen aber im Endeffekt darauf hinaus, dass Rede nur da vorliegt, wo auch tatsächlich gesprochen wird. *Wiederherstellen der Rede* heißt bei ihm *Wiederherstellen des gesprochenen Wortes*.

Nun ist *Wortlaut* bei Winkler ein Gegenbegriff zu *Text*. Mit *Text* meint er, wie erörtert, nicht nur eine physische Entität, sondern etwas durchaus Sprachliches, allerdings auch *nur Sprachliches*. Das Begriffspaar *Text – Wortlaut* steht in einer Linie mit weiteren, mittels derer Winkler den Unterschied von *nur Sprachlichem* einerseits und *Rede* andererseits zu umschreiben sucht, so etwa *Satz – Ausspruch* (1962, 29; vgl. 1969, 93–97), *Bedeutung – Sinn* (1962, 27) und schließlich auch *langue – parole* (1962, 89). Es ist nicht eindeutig entscheidbar, ob Winkler in der Tat der Auffassung war, mit den genannten Begriffspaaren der Opposition von *langue* und *parole* im Sinne Saussures Rechnung zu tragen, da er sich in diesem Punkt nicht festlegt. Allerdings findet sich bei ihm, wenn auch beiläufig, die Gegenüberstellung *Sprache – Rede* (1962, 15). Ich halte mich weiterhin an das erstgenannte Begriffspaar *Text – Wortlaut*.

Der Text, so Winkler, gibt dem Leser „allenfalls die Lautreihe, die Wörter und Sätze" (1969, 352). Diese Aussage bringt einerseits zum Ausdruck, dass dem Text etwas abgeht – das Zugänglichwerden von Sinn, welches nur in der Rede möglich ist. Sie formuliert andererseits aber in positiver Weise, welche sprachlichen Einheiten auf Textebene bereits festgelegt sind: Lautfolge, Wörter und Sätze. Das eingangs wiedergegebene Beispiel macht deutlich, wie das gemeint ist: *Doch würde die Gesellschaft der Dame lästig gewesen sein* ist *ein* Satz, wenn auch ein doppeldeutiger, mit festgelegtem Laut- und Wortbestand. Offenbar betrachtet Winkler genau das als zu einem Satz zugehörig, was mit dessen schriftlicher Fixierung festgelegt wird, den Rest nicht. Ein solches schriftgeprägtes Verständnis ist wenig überzeugend, weil offensichtlich nicht bedacht wurde, dass dann ein- und derselbe Satz je nachdem, in welchem Schriftsystem er wiedergegeben wird, zu einer gänzlich anderen Entität werden könnte. Sätze in diesem Sinn – bei denen also beispielsweise festgelegt ist, welche Wörter zu ihnen gehören, da diese ja aus der schriftlichen Fixierung eindeutig hervorzugehen scheinen, aber nicht, welchen Kasus die Wörter haben, jedenfalls soweit dieser nicht graphemisch gekennzeichnet ist – sind reine Fiktionen. Bevor man Sätze als Einheiten der *langue* mit solchen Gebilden gleichsetzt, wäre es einleuchtender, die *langue-*

Ebene ganz zu streichen (was kaum die schlechteste Konsequenz wäre, aber eben nicht die von Winkler ist).

Es sei kurz angedeutet, welche Konsequenzen es hätte, wenn man sich einen solchen Satzbegriff tatsächlich zu eigen macht. Bei *Doch würde die Gesellschaft des Fräuleins lästig gewesen sein* und *Doch würde die Gesellschaft dem Fräulein lästig gewesen sein* müsste es sich um zwei verschiedene Sätze handeln, einer davon mit Genitiv-, der andere mit Dativ-Konstruktion. Bei *Doch würde die Gesellschaft der Dame lästig gewesen sein* dagegen lägen nicht zwei, wenn auch gleich verschriftete, Sätze vor, sondern nur einer. Man könnte von einem Satz mit doppeldeutiger (Genitiv-/Dativ-)Konstruktion sprechen. Es würde sich eine Grammatik ergeben, die außer mit Genitiv- und Dativ-Konstruktionen auch noch mit doppeldeutigen Konstruktionen operiert. Eine solche Grammatik könnte keine Beziehungen zwischen Konstruktionen und („Konstruktions"-)Bedeutungen herstellen, die sich durchhalten. Sie könnte aber auch keine („Transformations"-)Beziehungen zwischen Sätzen herstellen, jedenfalls nicht systematisch, denn *Doch würde die Gesellschaft der Dame lästig gewesen sein* würde mal zu *Doch würde der Dame die Gesellschaft lästig gewesen sein* gleichwertig sein, mal nicht, ohne dass sich angeben ließe, woraus sich das jeweils ergibt. Schließlich würde die Grammatik auch nicht erklären können, warum man *der Dame* unterschiedlich pronominalisieren kann: *Doch würde ihre Gesellschaft lästig gewesen sein* und *Doch würde ihr die Gesellschaft lästig gewesen sein*. Es wäre nicht abzusehen, in wessen Kopf oder wessen Sprachgebrauch eine solche Grammatik eine Rolle spielen sollte.

Die Vorstellung, dass die Eigenschaften von Sätzen als Einheiten *des Sprachlichen* in dem aufgehen, was schriftlich fixiert ist, hat aber eine Funktion in Winklers Argumentation. Auf sie stützt er sich nämlich, wenn er annimmt, dass das *Sprachliche*, also das Geschriebene, des tatsächlichen *Sprechens* bedarf, um Sinn vermitteln zu können. Seine Argumentation lautet ja, wiederum zugespitzt formuliert: Das leise Lesen erfasst nur das, was im Geschriebenen fixiert ist, also „bloße" Sätze. Um den Sätzen Sinn zu verleihen, ist dagegen lautes Lesen erforderlich. Diese Argumentation verliert ihren Halt, wenn es die angenommenen „bloßen" Sätze gar nicht gibt. Mit anderen Worten: Die These, dass *Rede* im Kern *Sprechen* bedeute, wird begründet unter Rückgriff auf eine kaum haltbare Vorstellung darüber, worin das Gegenstück von *Rede*, welches Winkler das *nur Sprachliche* nennt, besteht.

Das Fazit ist: Wenn die These, Lesen schließe ein Wiederherstellen der Rede ein, begründbar sein soll, so muss *Rede* vermutlich anders als im Sinne von *Sprechen* interpretiert werden. Es wäre interessant, sich von dieser Überlegung ausgehend mit dem in der Leseforschung verbreiteten Terminus *phonologisches Recodieren* auseinander zu setzen. Auch hier stellt sich die Frage, was er eigentlich bedeutet und welche Eigenschaften man dem damit bezeichneten Vorgang zuschreibt. Im Folgenden möchte ich stattdessen aber versuchen, mich der Formel vom Lesen als einem Wiederherstellen der Rede unter einem stärker didaktischen Aspekt zu nähern.

4

Im Mittelpunkt des Leseunterrichts, wie Winkler ihn konzipiert, steht das Arbeiten an der Prosodie. Im Fall des diskutierten Beispiels – *Doch würde die Gesellschaft der Dame lästig gewesen sein* – nimmt Winkler an, dass die prosodische Gliederung mit einer syntaktischen Strukturierung einhergeht. Ob das im gegebenen Fall zutrifft, mag dahingestellt bleiben. Nach Winklers Darstellung wird der Satz je nach Lesart durch prosodische Grenzmarkierungen unterschiedlich gegliedert. Dabei scheint mir unklar, ob er das für eine deskriptiv zutreffende Feststellung hält oder eher an eine prosodische Norm denkt. Es ist möglicherweise auch für den Typ von Theorie, den Winkler ins Auge fasst, wesentlich, dass zwischen deskriptiven und normativen Aussagen nicht mit Konsequenz unterschieden wird. Unbestreitbar ist, dass prosodische und syntaktische Struktur grundsätzlich in Abhängigkeit voneinander stehen.

Wie weit syntaktische Kontraste beim Lesen erfasst werden – und zwar implizit, ohne besondere Ausrichtung der Aufmerksamkeit auf Grammatisches und ohne explizite grammatische Analysen –, lässt sich mit Hilfe eines empirischen Verfahrens überprüfen, das auf Aufgabenstellungen des Typs *Suche das Ausreißer-Element!* beruht. Ich selber habe mit Aufgaben dieses Typs im Rahmen einer quantitativen empirischen Untersuchung mit Probanden der Klassenstufen 5–7 gearbeitet (Funke 2005). Den Schülerinnen und Schülern wurden 20 „Geschichten" vorgelegt, auf die jeweils vier Sätze folgten, die beschreiben, wie die „Geschichte" weitergehen könnte. Alle vier Sätze besagten inhaltlich im Wesentlichen dasselbe, jedoch unterschied sich einer von den anderen drei dadurch, dass eine sprachliche Einheit, die in den anderen Sätzen als Nomen enthalten war, in ihm als finites Verb fungierte. Den Probanden wurde nur gesagt, dass sie den Satz heraussuchen sollten, der *anders als die anderen* ist. Das folgende Beispiel illustriert den Aufgabentyp:

Kleine Seehunde geben ab und zu heulende Töne von sich.
a Mit diesen RUFEN locken sie die Mutter heran.
b Mit diesen RUFEN sie die Mutter wieder zu sich.
c Mit diesen RUFEN holen sie die Mutter herbei.
d Mit diesen RUFEN bringen sie die Mutter zu sich.

In diesem Fall ist b anzukreuzen, weil die Einheit *RUFEN* in b als Verb fungiert, in den anderen Sätzen dagegen als Nomen. Der Satz b ist somit *anders als die anderen*. Die Probanden erhielten insgesamt 20 Aufgaben dieses Typs vorgelegt, in denen stets der gleiche syntaktische Kontrast – ein finites Verb gegenüber drei determinierten Nomen – enthalten war. Dabei zeigte sich, dass es keineswegs allen Schülerinnen und Schülern der genannten Altersstufe gelingt, diesen stets gleichen syntaktischen Strukturkontrast in mehreren aufeinander folgenden Aufgaben zu erkennen. Wenn man so will, bestätigt das Winklers Annahmen insoweit, als das Ausmaß syntaktischer Strukturerfassung beim Lesen interindividueller Variation unterliegt – wobei allerdings die

Frage offen bleibt, ob diese interindividuelle Variation zu Recht, wie bei Winkler geschehen, als eine solche des Leseverstehens zu beschreiben ist.

In jüngster Zeit hat nun Cornelia Simmel die gleichen Aufgabenstellungen im Rahmen einer qualitativen empirischen Studie eingesetzt (Simmel 2005). Sie gab die Aufgaben Schülerinnen und Schülern der Klassenstufen 5 und 8 jeweils zu zweit auf einem Computerbildschirm vor und verwickelte diese in ein Gespräch darüber. Der im gegebenen Zusammenhang interessante Befund, auf den sie dabei stieß, war, dass es wiederholt vorkam, dass Probanden, die eine Aufgabe nicht zu lösen vermochten, die richtige Antwort spontan fanden, wenn sie die Anregung befolgten, den Text laut vorzulesen. Das folgende Transkript zeigt einen solchen Fall (zur Erinnerung: die richtige Lösung ist b):

„080	S2:	Ist der letzte, äh also d. [...]
081	S1:	(–) Ja. (–) Weil die können ja die Mutter schlecht zu sich *hertragen*, (oder?) .
082	S2:	*Nein*, aber da oben steht ja *locken sie die Mutter heran.*
083	S1+2:	[...]
084	S1:	*Ja ja, ich weiß* [...]
085	S2:	(ach so, ne)
086	S1:	Doch, die *locken* damit *die Mutter heran.* (–) Weil, wenn sie, du has ja schon mal so Seelöwen, wenn sie auf so nem Felsen sitzen, da is ja Ge/Gewimmel (–) und dann rufen sie [...]
087	S2:	Ja, ja, *nein* [...]
088	S1:	*und dann* kommt die Mutter her.
089	S2:	*Mit diesen RUFEN bringen sie die Mutter zu sich.* Und mit [...]
090	S1:	Ich bin für c, äh d.
091	S2:	(–) Sie *locken* ja nicht die Mutter zu sich, oder?
092	S1:	Doch, eigentlich schon. Weil s heißt, sie *RUFEN* ja und dann *holen* [...], dann kommt sie ja her (–), damit *locken* sie sie her.
093	L:	Denkt ihr noch dran, dass in der Einleitung stand, dass es *nicht* in erster Linie um den *Inhalt* der Sätze geht, dass der *Inhalt* immer recht *ähnlich* (–) isch?
094	S2:	*Ja.*
095	L:	Ja? (6 Sek.)
096	S1:	Oder c. Weil *holen*, weil sie können sie ja nich zu sich *hertragen*, oder?
097	S2:	(Ja, aber [...]) (12 Sek.)
098	S1:	Also b kann ich ausschließen, (–) da *RUFEN sie die Mutter zu sich.* (–) Und a kann ich auch ausschließen. Also des (is m), na ich glaub, zwischen c und d (–) irgendetwas.
099	L:	Würds mal einer von euch bitte *laut* lesen. Des kann ma manchmal (–) *hören*, (welcher *Satz* es isch) [...]
100	S1:	*Mit diesen RUFEN locken sie die Mutter* (zu äh) *Mutter heran. Mit diesen RUFEN* (–) *sie die Mutter wieder zu sich. Mit diesen RUFEN holen* sich, äh, *holen sie die Mutter herbei. Mit diesen RUFEN bringen sie die Mutter zu sich* [...]
101	S2:	[spontan]: Ich wär eher für b, oder?“

(Simmel 2005, 178f. Die Notationsweise wurde gegenüber der Simmels in Details verändert. Weitere Beispiele ähnlicher Art finden sich bei Simmel 2005 auf den Seiten 172f, 193f, 219, 253, 274 und 283f.) Simmel kommentiert ihre Beobachtungen mit den Vorsicht anzeigenden Worten, „dass weitere Tests auf diesem Gebiet aufschlussreich sein könnten" (Simmel 2005, 331). Vorsicht mögen sie auch nahe legen gegenüber der Versuchung, die winklerschen Thesen ohne Federlesens zum alten Eisen zu werfen. Das gilt gerade im Blick auf die zweite, oben als *verwegen* bezeichnete These. Die Beobachtungen Simmels sprechen dafür, dass es ein nützliches Element des methodischen Repertoires des Leseunterrichts sein könnte, Schülerinnen und Schüler zum lauten Lesen von Textpassagen anzuregen, deren syntaktische Struktur sie nicht erfasst haben.

Das heißt allerdings nicht, dass diese Beobachtungen Winklers Gleichsetzung von *Rede* und *Sprechen* bestätigen. Das Transkript zeigt ja, dass die Schüler bereits vor der Intervention der Versuchsleiterin laut lesen, ohne dass das zu einem vergleichbaren Erfolg führt (Zeile 82, 86, 89, 92). Sie lesen dabei allerdings stets nur das, was ihnen ohnehin gerade im Kopf herumgeht. Insbesondere bewegen sie sich offensichtlich im Kreis. Das wird sehr deutlich, als die Versuchsleiterin sich einschaltet und sie aus ihren eingetretenen Denkbahnen herausbewegen will (Zeile 93). Ein Proband bestätigt mit „Ja" (Zeile 94). Gleich darauf (Zeile 96) bringt der andere jedoch eine Überlegung vor, die wörtlich etwas wiederholt, was er vorher (Zeile 81) schon einmal gesagt hatte. Man kann daher in Frage stellen, dass es das laute Lesen als solches war, welches zu dem plötzlichen Erfassen der Lösung durch einen der Probanden führte. Der Erfolg der Aufforderung zum lauten Lesen könnte eher darin begründet liegen, dass eine bis dahin von den Schülern geübte Praxis des Lesens, die darauf hinauslief, immer die gleichen Sätze in immer der gleichen Weise „anzugucken", unterbrochen wird. In dieser Situation könnte die Aufforderung zum lauten Lesen eine Art von Neuansatz darstellen, der einen Leseprozess in Gang setzt, welcher nicht wieder in eingetretene Pfade gerät. Für diese Annahme spricht auch, dass, wie aus dem Fortgang des Gesprächs deutlich wird, nur einer der beiden Probanden von dem Vorlesen der Aufgabe profitiert. Der andere bleibt bei einer fehlerhaften Antwort (Simmel 2005, 179).

Das Fazit ist, dass die Beobachtungen Simmels für die potentielle Nützlichkeit lauten Lesens als eines methodischen Hilfsmittels beim Lesen in manchen Fällen sprechen, nicht aber als Beleg dafür betrachtet werden können, dass das *Wiederherstellen der Rede* grundsätzlich ein tatsächliches *Wiederherstellen des gesprochenen Wortes* einschließen muss. Das gilt im Übrigen auch aus methodischen Gründen, unter anderem dem, dass überprüft werden müsste, ob es auch den umgekehrten Effekt geben kann – den Effekt also, dass Schülerinnen und Schüler, die einen Text laut lesen und nicht verstehen, davon profitieren, wenn man sie auffordert, das Gleiche leise zu lesen. Die Analyse des Transkripts legt eher Folgendes nahe: Das *Wiederherstellen der Rede* beim Lesen zeigt sich darin, dass neben den im Aufmerksamkeitsfocus des Lesenden stehenden Aspekten spontan weitere Aspekte auftreten, die in Beziehung zu strukturellen Merkmalen des gelesenen Textes stehen. Ein solches spontanes Auftreten wurde im gegebenen Fall durch lautes Lesen ermöglicht, wobei sich der Lesende gleichsam (von ihm selbst unbemerkt) mit einer prosodischen Kennzeichnung überraschte. Daraus folgt aber nicht, dass das tatsächliche Verlautenlassen des Texts eine notwendige Bedingung dafür war. *Rede* bedeutet im gegebenen Beispiel nicht *Sprechen*, sondern eine Art der Teilnahme am Lesen, die das Aufleben und Wirksamwerden struktureller Aspekte des Gelesenen einschließt, ohne dass diese thematisch sind. Diese Aspekte – im Fall des Transkripts waren es syntaktische – zeichnen sich dadurch aus, dass sie konstitutiv für den sprachlichen Charakter des Gelesenen sind. Es ist denkbar, dass das Wirksamwerden gerade syntaktischer Aspekte für das *Wiederherstellen der Rede* beim Lesen mit ausschlaggebend ist, da es weitgehend auf Automatismen der Sprachverarbeitung zurückgeht und somit regelmäßig außerhalb des Aufmerksamkeitsfocus des Lesenden stattfindet.

Winkler war der Überzeugung, dass das Wiederherstellen der Rede für ein „sinnfassendes", verstehendes Lesen unabdingbar sei. Bei dem in dem Transkript vorgestellten Beispiel wäre es eher angebracht, von einem „strukturfassenden" Lesen zu sprechen. Für die Annahme, dass diese Art des Lesens in einer sehr ausgeprägten Beziehung zum Leseverstehen steht, spricht zumindest auf den ersten Blick kaum viel. Dennoch ist zu vermuten, dass es einen Unterschied macht, ob sie Lesenden zugänglich ist oder nicht, und zwar aus zwei Gründen.

Erstens: Wenn *Wiederherstellen der Rede* bedeutet, dass neben den im eigentlichen Aufmerksamkeitsfocus stehenden Aspekten des Gelesenen weitere auftauchen, so könnte das dazu beitragen, dass Lesen als Ganzes zu einem Prozess wird, der eine *unspezifisch ausgerichtete Aufmerksamkeitsbereitschaft* einschließt. Leseverstehenstests überprüfen in der Regel, wie gut Probanden zu einem Text Fragen beantworten können, die ihnen vorgegeben werden. Es gibt aber zumindest eine Art „gekonnten" Lesens, die darauf beruht, dass das Lesen eines Texts auch ohne den Anstoß solcher Fragen weiterführende interpretatorische Vorgänge auszulösen vermag. Dafür könnte eine unspezifisch ausgerichtete Aufmerksamkeitsbereitschaft ausschlaggebend sein. Das scheint mir unzureichend berücksichtigt zu werden, wenn ohne weitere Erörterung Lesestrategietrainings großflächig propagiert werden, jedenfalls soweit dabei als Idealbild „gekonnten" Lesens gerade ein gezieltes, das heißt die Aufmerksamkeit focussierendes Entnehmen von Information betrachtet wird.

Zweitens: Wenn ein Lesen, das ein *Wiederherstellen der Rede* einschließt, gerade durch die Aktualisierung sprachstruktureller – prosodischer und syntaktischer – Merkmale gekennzeichnet ist, so kann man es beschreiben als *spezifizierendes Lesen*. Das heißt, ihm ist ein Trend zur Konturierung und Ausformung des Gelesenen hinsichtlich sprachlicher Merkmale zu eigen. Nahe liegt die Hypothese, dass strukturell damit verbunden auch ein Trend zur Spezifizierung weiterer sprachlicher Merkmale, insbesondere lexikalischer und damit möglicherweise auch phonologischer, wirksam wird. Jedenfalls gibt es empirische Befunde der Leseforschung, die sich auf Grund einer solchen Annahme erklären lassen (Funke 2003). Der wesentliche Punkt an dieser Hypothese ist, dass sie annimmt, dass phonologische Merkmale in Abhängigkeit von syntaktischen und lexikalischen, vielleicht aber auch einfach in fester Verbindung mit diesen aktualisiert werden, und dass damit das Lesen zu einem „ausformulierenden" Lesen wird. Es ist nicht das Auftreten phonologischen Recodierens als solches, welches dazu beiträgt. Lesen als *Wiederherstellen der Rede* könnte in diesem Fall auch beschrieben werden als ein *ausformulierendes* oder *ausbuchstabierendes* Lesen. In der Terminologie Winklers gesagt: Ein Lesen, das den *Wortlaut* wieder herstellt. *Wortlaut* ist dabei allerdings etwas Abstrakteres als es *laut gesprochene Wörter* sind – eine Abstraktion, die Winkler, wie sein Spiel mit der Doppeldeutigkeit des Begriffs vermuten lässt, möglicherweise von vornherein mit im Auge hatte.

Die beiden dargestellten Hypothesen besagen, dass das Ausmaß, in dem Lesen bei einem Menschen ein *Wiederherstellen der Rede* einschließt, nicht ohne Folgen dafür bleibt, wie er liest. Insoweit stehen sie in Übereinstimmung mit den Vorstellungen Winklers. Sie bedeuten allerdings nicht, dass das Wiederherstellen der Rede, wie Winkler es annahm, mehr oder weniger mit verstehendem Lesen gleichgesetzt werden kann. Ich möchte deshalb im Blick auf die in den Hypothesen beschriebene Art des Lesens nicht von *verstehendem Lesen*, wohl aber von einer spezifischen *Qualität des Lesens* sprechen.

5

In der derzeit gegebenen Situation wird der Frage, wie man Lesefähigkeiten auch in der Orientierungs- und Sekundarstufe fördern könne, eine hohe Aktualität zugebilligt. Gelegentlich wird darauf verwiesen, dass es genau diese Frage war, welche die zwischenzeitlich vergessenen "höheren Leselehren", wie sie noch in den 60er Jahren des letzten Jahrhunderts konzipiert wurden (außer Winkler 1962 vgl. vor allem Glinz 1963), beschäftigt hatte. Was lässt sich aus Winklers didaktischem Ansatz heute lernen?

Lautes, gestaltendes Lesen ist zunächst einmal eine kulturelle Praxis, das heißt eine Praxis, die Menschen als Form der Ausgestaltung ihres Lebens mit anderen gemeinsam teilen und bei der sie die Erfahrung gemacht haben, dass sie dann, wenn sie darauf zurückkommen, etwas tun, was sie und andere als sinnvoll einzuordnen vermögen. Das hat Winkler nur unzureichend in Rechnung gestellt, vielleicht weil ihm selber diese kulturelle Praxis zu selbstverständlich war. Neuere didaktische Arbeiten (Ockel 2000; Bose 2003, 2004) arbeiten dagegen deutlich heraus, dass die Stellung des lauten Lesens im schulischen Curriculum entscheidend davon abhängig ist, wie weitgehend es überzeugend als kulturelle Praxis vermittelt werden kann.

Im Mittelpunkt des Interesses von Winkler stand etwas anderes, nämlich lautes Lesen als einen Weg zur Texterschließung zu nutzen. Ich denke, dass nun nicht noch einmal begründet werden muss, warum gegenüber der auf dieser Grundlage entwickelten

Methodik der Leselehre Skepsis angebracht ist. Das nicht deshalb, weil lautes Lesen grundsätzlich untauglich als Zugang zum Textverstehen wäre. Es scheint vielmehr Situationen zu geben, in denen es als „Methode" des Umgangs mit Texten durchaus dienlich ist – eine Option, die sich möglicherweise auch Schülerinnen und Schüler als Bestandteil ihrer eigenen Methodenkompetenz zu eigen machen können. Das Problem an der winklerschen *Leseordnung* ist vielmehr das darin wirksame Gießkannenprinzip, das heißt die Vorstellung, dass man an beliebige Texte ohne Ansehen der spezifischen Schwierigkeiten, die sie enthalten, mit dem Verfahren lauten, gestaltenden Vorlesens herangehen könne. Wenn Schülerinnen und Schüler sich aber lautes Lesen als einen Bestandteil ihrer eigenen methodischen Kompetenz aneignen sollen, so ist das vermutlich eher dadurch zu erreichen, dass sie in einzelnen, wirklich passenden Fällen die Wirksamkeit dieser Methode erfahren, das heißt beim Umgang mit Texten, die spezifische Schwierigkeiten enthalten, denen die Lesenden mit lautem Lesen beizukommen vermögen. In der Herausarbeitung von Kriterien und Erfahrungswerten dafür, welche Texte dafür geeignet sind, könnte eine Aufgabe der Didaktik liegen.

Die Achterbahnfahrt mit Winklers Überlegungen ist an dieser Stelle zu Ende. Ich muss sagen, dass ich nicht anzugeben vermöchte, ob seine Leselehre nun unten am Boden zerschellt liegt oder hoch in die Lüfte erhoben dasteht. Vielleicht bleibt ihr Kennenlernen einfach ein anregendes Abenteuer.

Literatur

Bose, I. (2003): Wissenschaftliche Grundlagen der Leselehre. Aktuelle Überlegungen zu einem traditionellen sprechwissenschaftlichen Teilfach. In: Anders, L. C., Hirschfeld, U. (Hrsg.): Sprechsprachliche Kommunikation. Probleme, Konflikte, Störungen. P. Lang, Frankfurt/M., 3–64
– (2004): Sprechwissenschaftliche Leselehre und Schule. In: Gutenberg, N. (Hrsg.): Sprechwissenschaft und Schule. Sprecherziehung, Lehrerbildung, Unterricht. Reinhardt, München/Basel, 54–61
Deutsches Universalwörterbuch (2001). Herausgegeben von der Dudenredaktion. 4. Aufl. Dudenverlag, Mannheim
Funke, R. (2003): Paradoxien des Lesens. Antrittsvorlesung, Universität Flensburg
– (2005): Sprachliches im Blickfeld des Wissens. Grammatische Kenntnisse von Schülerinnen und Schülern. Niemeyer, Tübingen
Geißner, H. (2004): PISA fordert kommunikationspädagogische Konsequenzen. In: Gutenberg, N. (Hrsg.): Sprechwissenschaft und Schule. Sprecherziehung, Lehrerbildung, Unterricht. Reinhardt, München/Basel, 145–154
Glinz, H. (1963): Der Sprachunterricht im engeren Sinne oder Sprachlehre und Sprachkunde. In: Beinlich, A. (Hrsg.): Handbuch des Deutschunterrichts im ersten bis zehnten Schuljahr. 3. Aufl. Lechte, Emsdetten, 225–323
Jespersen, O. (1925): Die Sprache. Ihre Natur, Entwicklung und Entstehung. Carl Winter, Heidelberg
Karlin, A. (1985): Intonation in oral reading and reading comprehension. In: Reading Horizons 25, 169–175
Kühn, P., Reding, P. (2004): Lesekompetenz-Tests für die Klassen 5 und 6. Auer, Donauwörth
Ockel, E. (2000): Vorlesen als Aufgabe und Gegenstand des Deutschunterrichts. Schneider, Baltmannsweiler

Redder, A. (1982) (Hrsg.): Schulstunden. Narr, Tübingen

Schwanenflugel, P. J., Hamilton, A. M., Kuhn, M. R., Wisenbacker, J. M., Stahl, S. A. (2004): Becoming a fluent reader. Reading skill and prosodic features in the oral reading of young readers. In: Journal of Educational Psychology 96, 119–129

Simmel, C. (2005): Wie erklären sich Schülerinnen und Schüler gegenseitig grammatische Phänomene? Eine empirische Untersuchung in 5. und 8. Klassen am Beispiel der Wortarten. Wissenschaftliche Hausarbeit zur Ersten Staatsprüfung für das Lehramt an Realschulen, Pädagogische Hochschule Heidelberg

Winkler, C. (1962): Lesen als Sprachunterricht. 3. Aufl. Henn, Ratingen

– (1969): Deutsche Sprechkunde und Sprecherziehung. 2. Aufl. Schwann, Düsseldorf

HELLMUT K. GEISSNER

„Sprechen – Hören – Lesen"

Das Tagungsthema schlägt mit drei Grundbegriffen unseres Faches den Bogen zur Tagung im Oktober 1965 in Saarbrücken mit einem allerdings nicht unwesentlichen Unterschied; damals hieß es nämlich „Sprechen – Hören und Verstehen" (vgl. Geißner/Höffe: Sprache und Sprechen (SuS) Bd. 1 1968). Insofern ist es sinnvoll, das anschauliche Logo der Heidelberger Tagung in jedem der drei Kreise um die Funktion „Verstehen" zu ergänzen; *denn ich höre, um zu verstehen, ich spreche, um verstanden zu werden, ich lese, um zu verstehen.* Da Lesen im sprachlichen Kontext aber voraussetzt, dass es Geschriebenes (oder Gedrucktes) gibt, ist ein vierter Kreis hinzuzufügen „Schreiben", und da diese beiden Tätigkeiten visuelle Wahrnehmung voraussetzen, ein fünfter Kreis „Sehen". Auch in diesen Kreisen gilt die Grundfunktion des Verstehens: *Ich schreibe, um verstanden zu werden, ich sehe, um zu verstehen.*

Erst jetzt ist – zumindest grafisch – die Blume der sprachlichen Leistungen mit ihren fünf Blütenblättern vollständig. Es geht eben nicht um drei, sondern – wie schon 1997 ein „Lehrplan Grundschule Deutsch" für vier Schuljahre ausgearbeitet hat – um fünf **Basistätigkeiten: zuhören, sprechen, lesen, schreiben, sehen** (Schleswig-Holstein 1997); bzw. mit dem Einschluss der elektronischen Sehmedien um *media literacy* und *viewing* (vgl. Communication Education Vol. 47 1998, 175–194).

So schön eine Blume auch ist, sie lebt nur weiter aus ihrem fruchtbringenden Zentrum. Das gilt auch für diese Blume. Deshalb ist es gut, nicht zu vergessen, dass in allen fünf Dimensionen sogar das erschließende Verstehen (in der Grafik dargestellt

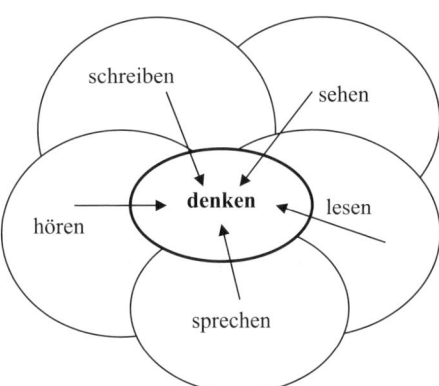

Abbildung 1:
Die Blume der
sprachlichen
Leistungen

durch Pfeile zum Denk-Zentrum) misslingt, wenn es nicht rückgebunden ist an die alles entscheidende Grundleistung **„Denken".**

Bezogen auf das „Hören" meinte Goethe einmal: „Niemand hört als was er weiß, niemand vernimmt als was er empfinden, imaginieren und denken kann" (zit. Hacke/ Sowa 2004, 40).

Dies alles ist auch, aber gewiss keine ausschließlich schulpädagogische Problematik. Deshalb scheint es angebracht, die fünf Grundtätigkeiten noch einmal in ihren Funktionen und ihren Bedeutungen zu überdenken.

Hören, genauer: Zuhören
(vgl. Imhof 2003 und Janusik 2005)

„Das Ohr ist kein Hörapparat", sagte Eberhard Zwirner (Zwirner 1960, 136). Das merkt spätestens der, der „Hörapparate" tragen muss; das sind keine Zuhörapparate, geschweige Hörverstehensmaschinen. Die Apparatur schafft die erforderlichen physikalischen Voraussetzungen, aber Zuhören muss ich schon selber wollen und Hörverstehen verlangt noch intensiveres Wollen. Zuhören ist „zweistellig" und keineswegs vorrangig sprachbezogen. Ich höre Lärm, Motoren, Reifenquietschen, Rauschen des Meeres, ich kann mich auf die Hörwahrnehmungen konzentrieren: ich höre dem Vogelgezwitscher zu, lausche der Musik, ich höre, dass jemand spricht, auch: ich höre dir zu. Was geschieht dabei?

Gehört wird nicht „linear" nur die Kette der Laute und Wörter in Äußerungen, sondern zugleich eine Stimme mit ihrer Prosodie und Mimik, Gestik, Haltung, Zu- oder Abwendung. Sie werden gleichzeitig wahrgenommen, aus ihnen konstituiert sich das Gemeinte, das „Sinnangebot", für diejenigen die zuhörend verstehen wollen; d. h. für diejenigen, die sich der grundlegenden sozialen Verpflichtung nicht entziehen. Dabei ist die „Sprecherwahrnehmung", sind „Partnerhypothesen" eingeschlossen, die Vorerfahrung mit diesem Sprechenden, Erwartungen und Enttäuschungen, seine/ihre Befindlichkeit beim Sprechen, face-to-face „nur mit mir" sprechen, anders, wenn andere zuhören, wieder anders in einer öffentlichen Situation vor Publikum „zu uns", zu Freunden, zu Fremden. Wieder anderes geschieht beim nicht-dialogischen Zuhören eines Hörspiels, eines Hörbuches.

Es zeigt sich, dass der **multimodale** Prozess des Zuhörens unterbestimmt bleibt, wenn er – oralistisches Vorurteil – einfach als „intentional" eingestuft wird. Vielmehr geht es gleichzeitig um mehrere Intentionalitäten, sofern die Kapazität ausreicht, die Komplexität der verschiedenen Wahrnehmungen zu integrieren. Es gibt eben in menschlicher Kommunikation keine simple „Übergabe eines Stoffes" (ob Humboldt oder Luhmann; zur Kritik des Transportmodells der Kommunikation vgl. Geißner 1982, 9f). Das verhindert schon das verschiedene Weltwissen, verhindern die verschiedenen mentalen Lexika. Gelingen kann im jeweiligen Kontext nur der Versuch, „gemeinsam Sinn" zu erzeugen. Ob und in welcher Intensität der Versuch gelingt ist ungewiss. Das Ergebnis muss nicht notwendigerweise eintreten, ist nicht vorhersehbar, nicht sicher. In der philosophischen Begriffssprache wird das als *kontingent* bezeichnet, als *zufällig*. Es geht hier also um den *Versuch der kontingenten Koproduktion von Sinn*.

Freilich können wir uns Gehörtes zurechthören, können weghören, uns sogar verhören, also keinen, einen anderen, auch Unsinn produzieren. Zuhörend kann ich mich auf ganz Verschiedenes konzentrieren, auf syntaktische Planungsgeschicklichkeit, auf semantische Variationen, auf „Ähs" und Satzbrüche, auf Abweichungen von der Hochlautung, kann therapeutisch, pädagogisch, analytisch zuhören, freundlich, neugierig, gelangweilt oder feindselig. Doch grundsätzlich gilt: **WIE wir hören ist die Voraussetzung dafür WAS wir verstehen**. Diese lebensgeschichtlich bedingten *Hörmuster* (vgl. Geißner 1984), also kontingenten Selektionen des Wie bestimmen je situativ WAS verstanden wird, folglich ob und wie wichtige Voraussetzungen geschaffen wurden für gemeinsames Handeln. (Insofern ist es grotesk, dass Pabst-Weinschenk 2004, 271 einen Ansatz für „umfassender" hält, der in dem von mir entwickelten Situationsmodell auf der Hörerseite das WIE amputiert.)

Sprechen

Im Unterschied zum Zuhören ist Sprechen dreistellig, prinzipiell sprachlich und hörerbezogen: *„Ich spreche mit dir über etwas."* Ohne Hörerbezug ist sprechen sinnlos. (Das gilt auch für Sprechen im Traum, mit sich selbst, mit Tieren, mit Pflanzen, mit Geräten, auch für das Gebet.) Hier liegt ein wesentlicher Unterschied zum Hören.

Während das dreistellige Sprechen prinzipiell hörerbezogen ist, ist das zweistellige Hören nicht prinzipiell sprecherbezogen (Geißner 1981, 39).

Anders gesagt: Sprechen ist als sprachgebunden und hörerbezogen prinzipiell kommunikativ. Diese Kommunikativität wird exemplarisch vollzogen in Gesprächen. Dies ist das Grundmodell menschlicher Kommunikation, die sprechend-hörende, hörend-sprechende Interaktion. Doch Gespräch als Prozess interaktiver Sinnproduktion ist kein Selbstzweck. Es ist sinnlos, wenn es nicht umschlägt in soziales Handeln.

Was auf der Sprecherseite der mündlichen Kommunikation geschieht, ist wie beim Zuhören nur zu beschreiben als ein **multimodaler** Prozess, ein Prozess komplexer Sprechhandlungen, die vielfach modalisiert sind. Auch hier ist es ein oralistisches Vorurteil von einer alles steuernden Intentionalität auszugehen. Wie intentional ist diese Komplexqualität? Was an ihr ist „absichtlich geäußert"? Diese Wörter in dieser Ordnung? Gleichzeitig diese Intonation? Ist diese Klangfarbe absichtlich gewählt, dann müsste die Phonomimik absichtlich, gewählt sein, die Mimik absichtlich „eingestellt" sein? Ist es diese Handbewegung, diese Zeigegeste, sind es diese Rumpfbewegungen? Die gesamte Haltung? Selbst wenn dies alles gleichzeitig „intentional" kontrolliert werden könnte, was aber kommt gleichzeitig „unabsichtlich zum Ausdruck"? An Selbstkundgabe? An Beziehung zu dieser einen „kopräsenten" Person, den zufällig Mithörenden, zu diesem Publikum? Wie bestimmend ist die Erinnerung an nur heute Abwesende, an für immer Verlorene? Löst das Intentionale oder das Nicht-Intendierte die stärkeren Wirkungen aus? Wie auch immer: Im Sprechen kann durch das Geäußerte wie im Mitgeäußerten nur ein Sinn**angebot** gemacht werden über dessen Akzeptanz die Zuhörenden entscheiden, indem sie abwägen, ob das Gesprochene für sie selbst sinnvoll ist. Es ist ihr Sinn, den sie sich erhören.

Statt sich hinter der einen Intentionalität zu verschanzen, gilt es sich klar zu werden über die je situativen kontingenten Selektionen und deren Kombinationen. Es ist immer eine modalisierte Mischung aus Intentionalität und Nicht-Intentionalität. Während ich z. B. die Wortwahl „intendiere", also absichtlich wähle und kontrolliere, baue ich sie gleichzeitig in nicht-intendierte „Satzpläne" ein, mache gleichzeitig nicht-intentional ein Gesicht, mache Gesten, wähle aus dem sozial erworbenen Mustervorrat „sprecherischer Ausdrucksmittel" Aussprache, Intonation, Klangfarben, Tempo und Pausen oder umgekehrt, d. h. die Wortwahl ist zufällig. Alle Elemente, die ich nicht intendieren kann, werden „à la carte" kommuniziert. Es wirken immer zugleich Intentionalität und Nicht-Intentionalität zusammen (Geißner 2000, 85). Wer alle Modalitäten gleichzeitig „intendieren" wollte, müsste auch ihr Gelingen gleichzeitig kontrollieren und inszenierte sich damit, einmal unterstellt dieser Unsinn könnte gelingen, „unimodal" zumindest den berüchtigten Tausendfüßlereffekt, wenn nicht gar die Einlieferung in die Psychiatrie.

Allgemein gilt es sich darüber klar zu werden, dass die Vorgänge der „speech production" vielfältig sind (Herrmann/Grabowski 1994), die der „speech perception" nicht minder. Doch in allem ist nicht zu übersehen, dass das Gemeinte nie vollständig ins Gesagte zu übersetzen ist. „Das Nichtgesagte ist der Konstitutionsgrund des Gesagten" (Iser 1976, 348). Es ist der Antrieb, das movens der Kommunikation. **Sprechen ist nicht der Inhalt der Kommunikation;** es kann mitwirken an der Konstruktion der Wirklichkeit durch Empfinden, durch Imaginieren, vor allem durch Denken.

Wäre es anders, würde Sprechen zum Selbstzweck, dann wäre es nicht nur sinnlos, sondern der Spontispruch im Recht: *„Sie sprechen so schön, wo lassen Sie denken?"* Bei genauerer Überlegung verliert dieser Spruch seinen ironisierenden Unterton, weil er viele pädagogische Bemühungen um „Schönsprechen" als Signal sozialer Anpassung (Bourdieu 1982, 18–40) demaskiert. Bourdieu spricht von der *„Überkorrektheit einer allzu gepflegten Sprechweise (als) Kennzeichen der aufgestiegenen Kleinbürger"* (ebd. 42), jener also, die das selbstständige, kritische Denken nicht lernen sollen, weil sie nichts zu sagen haben. Fast 200 Jahre zuvor sagte Goethe:

> „Reinigung ohne Bereicherung erweist sich öfter als geistlos, denn es ist nichts bequemer als von dem Inhalt absehen und auf den Ausdruck zu passen. Der geistreiche Mensch knetet seinen Wortstoff, ohne sich zu kümmern, aus was für Elementen er besteht, *der Geistlose hat gut rein sprechen, da er nichts zu sagen hat"* (zit. Wittich 1910, 30f; Hervorheb. H. G.).

Ohne Verbindung zum Geistigen, zum Denken läuft Sprechen leer, wird es leerer Schall. Diese Einsicht ist nicht neu. Schon Cicero erlebte die Folgen einer Erziehung zum Sprechen ohne Erziehung zum Denken; denn er beklagte

„jene so unsinnige, nutzlose und tadelnswerte Trennung gleichsam zwischen Zunge und Gehirn, die dazu führte, dass uns die einen denken, die andern reden lehrten" (Cicero de or. III, 61).

Es ist unverständlich, warum seine Einsichten und Quintilians Methodenvorschläge in der Neuzeit allenfalls für die Ausbildung von Führungseliten aufgegriffen wurden. Allerdings gibt es in der Aufklärungszeit verschiedene Ansätze, *Sprechen und Denken* schon in der Volksschule zu unterrichten. So fragt beispielsweise Matthäus Zeheter:

„Können und sollen die Sprechübungen auch zugleich unmittelbare Denkübungen seyn? [...] Ich sage gerade zu: Ja, insofern das richtige Denken im richtigen Sprechen, und das richtige Sprechen im richtigen Denken gemeint ist" (Zeheter 1821, 12).

Und er fordert: „Der Lehrer [...] lehre [...] richtig denken und richtig sprechen und zwar beydes zugleich" (ebd. 7).

Was ist aus diesen Vormärz-Einsichten und Ansätzen geworden? Wie wurden sie von der Restauration, in der Gründerzeit, noch von der kunstbewegten Reformpädagogik „entrationalisiert", bis sie im braunen Biologismus endgültig das Denken verlernten, weil es nur ums Gehorchen ging. Was ist das für ein „gedankenloses" Sprechen, das dann erzogen wurde? Und heute?

Lesen

Auch Lesen ist zweistellig und nicht prinzipiell sprachgebunden. Lesbar sind alle sichtbaren Zeichen: Fährten, Noten, Gesichter, Gelände, Bilder (Berger 2005), Bauwerke (Uhl 2003), Lebenslinien, die Zukunft, metaphorisch auch das „Buch der Natur". Wie zuvor gibt es auch hier immer nur ein Sinnangebot, ein Sin**nangebot** für mich, wenn ich will eine Sinnproduktion durch mich. Semiotisch ist das Entscheidende nicht die Konstellation der Zeichen (Fußspuren, Linien, Farben, Noten, Buchstaben ...) im pragmatischen Kontext, d. h. in ihrer Differenz zu Nicht-Zeichenhaften (Figur : Grund, Linie : Fläche, Farbe : Farblosigkeit, Bild : Rahmen ...), sondern die **Semiose** durch die Verstehenden. So sinnlos das "Transportmodell" der Kommunikation ist, so töricht ist die Rede von der „Sinnentnahme" beim Lesen. „Sinn" ist nicht aus einem – und sei es ein goldener – Topf zu löffeln, er ist je selbst zu erzeugen oder die Zeichengestalt bleibt sinnlos.

Daran ändert sich prinzipiell nichts, wenn es um die *Kulturtechnik Lesen* von Sprachlichem geht. Kinder, die (im Allgemeinen) hören und sprechen können, lernen in der Schule etwas Neues. Im „Erstlesen" lernen sie – parallel zum „Erstschreiben" – zunächst Buchstaben oder Wortbilder zu ent"ziffern"; wenn sie einigermaßen „zusammenlesen" können, allmählich auch Gedrucktes zu lesen; eher Gebrauchstexte als Fiktionales. Denn sie müssen später einen Fahrplan lesen können, Formulare, Straßenkarten, Beipackzettel, Zeitungen, Zeitschriften, jetzt schon Verkehrszeichen, Straßenschilder, (Gewichts-)Tabellen, Filme und Fernsehsendungen. Sie lernen, ihr „kommunikatives Gedächtnis" (Welzer 2002) zu erweitern und durch das Gelesene teilzunehmen am „kulturellen Gedächtnis" (Assmann 1997).

Dabei geht es zugleich darum, das Gelesene aus dem konkreten „Hier und Jetzt" zu lösen und das Verstandene zu übertragen in andere Lebenssituationen. Das verlangt die allmählich sich entwickelnde Fähigkeit, auch fiktionale Texte als Äußerungen fiktiver Gesprächspartner zu verstehen, als Texte, die Fragen stellen, aber keine Antworten geben. Meine Antworten muss ich mir aus dem Kontext selbst suchen, aus dem, was nicht gesagt, sondern nur mitgeäußert ist. Während bei funktionalen Texten stilistische und semantische Hilfen gegeben werden, um die relative Eindeutigkeit für den Gebrauch zu garantieren, bleiben die fiktionalen Texte letztlich „offen" (vgl. z. B. Eco 1977), sogar wenn versucht wird, Text mit Autor gleichzusetzen. Auch beim Lesen handelt es sich folglich um keine notwendigen, sondern um kontingente Selektionen. Folglich gibt es keine eindeutigen, überall gültigen Interpretationen.

In Ansätzen hat sich zwar – seit Diesterweg (1790–1866) – eine sog. „höhere Leselehre" entwickelt, aber keine *„hohe Leselehre"*. Die „höhere" bleibt oft auf dem Niveau der Sekundarstufe I; sie dient dem differenzierten Sprachunterricht (Winkler 1952; vgl. Heilmann in ds. Bd.), es sei denn sie werde missverstanden als Anleitung zum „Vorlesen", speziell „schöner Literatur". Aber was soll diese höhere Leselehre, wenn sie wenig taugt bei Tabellen, Karten, Bauplänen, Formeln ... Auch die Tatsache, dass Schriftliches oft „mündlich geprägt" ist, wie umgekehrt Mündliches oft „schriftlich" (vgl. Geißner 1988/2, 25), lässt sich im Lesevorgang grundsätzlich nicht durch „(lautes) sprechen" außer Kraft setzen, so hilfreich es bei einigen Textsorten auch sein mag (vgl. Kopfermann 2004).

Die *hohe* Leselehre konzentriert sich auf das *stille* Lesen. Dabei geht es darum, die Fragen zu finden auf die der Text keine Antwort gibt. Es gilt kritisch zu unterscheiden, was der Text sagt, was er ausspart. Zum *kritischen Lesen* kann Unterricht bestenfalls Ansätze vermitteln, zur Gänze ist das *hohe* Lesen schulisch nicht lehrbar. Die Leerstellen im Text sind *nicht phonisch* zu füllen. Still für sich Lesende versuchen, die Leerstellen, das Ungesagte, *mental* zu füllen. Das ist kein literarisches Puzzle, sondern eine selbstreflexive Tätigkeit mit ungewissem Ausgang. Dabei kann den Lesenden ihr Wissen, auch das um die Intertextualität helfen, mehr jedoch ihre Lebenserfahrung, ihr Umgang mit ihren existenziellen, personalen und sozialen Problemen, ihrer fragilen Identität. Es zeigt sich ein unmittelbarer, wenn auch gebrochener Zusammenhang zwischen „silent reading" und „silent thinking". Mit Goethe wäre zu sagen:

> „Die guten Leutchen wissen nicht, was es einen für Zeit und Mühe gekostet, um lesen zu lernen. Ich habe achtzig Jahre dazu gebraucht und kann noch jetzt nicht sagen, daß ich am Ziele wäre [...]" (zit. in Wittich 1910, 61).

Bei allem Respekt vor den Möglichkeiten des Sprechdenkens für Hörverstehende in Gespräch und Rede, der Bedeutung des *thinking by speaking*, einen übersituativen Sinn kann es bei polyvalenten Texten nur *silent* geben; er bleibt letztlich Sinn „für mich", ist nicht allgemeingültig, bleibt also kontingent.

Schreiben

Auch Schreiben ist nicht prinzipiell sprachgebunden. In Rudolf Labans Choreografien (vgl. Goodman 1998, 200–203) wie in ihren tänzerischen Realisationen werden Geschichten geschrieben. Lesbar sind auch Computergrafiken, Graffiti, indianische Sandbilder oder indische Mandalas (Yantras) – geschrieben in Erde, Farbe, Wasser oder Blut. Wenn Sprache in Schrift fixiert wird, dann kann sprachgebunden geschrieben werden. Dann kann man Wichtiges „in Marmor meißeln", anderes in „Ringe gravieren", einiges „sich hinter die Ohren schreiben". Auf jeden Fall haben sich Schrift und Schreiben auch in den Schriftkulturen ungeheuer verändert vom Pergament, zum Buchdruck bis zu Schreibmaschine, Fax und Internet (vgl. Innis 1951, 1972 und Kittler 1995).

Als schulisch vermittelbare „Kulturtechnik" ist Schreiben von Anfang an sprachgebunden. Im *Erstschreiben* werden die (im Allgemeinen) hörenden und sprechenden Kinder „alphabetisiert". Sie lernen gebrauchsbezogen zu schreiben, Buchstaben, aber auch Ziffern, seltener Noten. „Schönschreiben" wird kaum noch gepflegt, denn besondere kalligrafische Fähigkeiten für bestimmte Berufe – z. B. Urkundenmaler, Grafiker, Schildermaler oder Layouter – können längst maschinell besorgt werden. Doch noch immer werden Handschriften charakterologisch gedeutet; noch immer gilt nur wer nicht schreiben und lesen kann als analphabetisch, obwohl es auch Fernseh- und Internet-Analphabeten gibt.

In einer Beschränktheit besonderer Art stigmatisierten die Oralisten (auch Euphoniker genannt, oder Orthoepisten) alles Geschriebene als „tote Buchstaben", weil sie an den Vorrang des „lebendigen Sprechens" glaubten, auf dem sie ihr Fach zu gründen hofften, gelegentlich noch immer hoffen. Dabei gab es z. B. in der US-amerikanischen „speech education" von Anfang an *speaking and writing* (QJS 1922, 271–285. QJS hieß von 1918–1927: Quarterly Journal of Speech Education!), genauso wie es dort heutzutage im Fach *communication* Professuren gibt spezialisiert auf *play writing* (für Hörspiel und Theater), *media writing* sowohl für die Informationsvermittlung als auch für die *media literacy* (für Fernsehen und die anderen elektronischen Medien; vgl. Berko, Goulden, Rubin in: communication education 1998).

Eine *höhere Schreiblehre* hat sich schulisch nicht entwickelt, es sei denn die Aufsatzlehre werde als solche eingeschätzt. Erfahrungsgemäß bleiben gerade diese schulischen Schreibübungen – abgesehen von Tabellen, Formeln und geometrischen Zeichnungen – weithin folgenlos für den Alltag. Dort werden mehr SMS-Botschaften geschickt und E-Mails ausgetauscht. Freilich gibt es auch Kurse „argumentatives Schreiben" – eher für die künftigen Angehörigen der schriftelitären „redenden" Berufe – und „kreatives Schreiben", Übungen im Entwerfen fiktionaler Texte.

Dies könnte vielleicht als Übergang zu einer *hohen Schreiblehre* verstanden werden. Doch die dazu erforderlichen Lebenserfahrungen, die Vielfalt des Gelesenen, eine subtile Weltkenntnis sind schulisch nicht lehrbar. Selbst eine 24-stündige „Autoethnografie" öffnet keinen Weg zu den 24 Stunden des „Ulysses" von James Joyce. Es ist schwierig zu verstehen, dass die Wirklichkeitsmodelle der Fiktionen nur die Fiktionalität der Wirklichkeit vermitteln. Erst wenn im handlungsentlasteten Schreiben die Zeit angehalten wird, damit neue Erlebnis- und Denkwelten entworfen, neue Sinnentwürfe gedacht werden können, könnte es „hohes" Schreiben werden. Doch auch diese erschriebene Wirklichkeit bleibt ein Konstrukt aus kontingenten Selektionen.

Sehen

Hier erreichen unsere Überlegungen die nur mit Mühe auf Lautsprachliches beziehbare menschliche Grundausstattung. Schon die alten Griechen verstanden die Beziehung von Sehen und Wissen als fundamental. Nur aus ihr habe sich das „Augentier" zum Menschen entwickelt.

Menschen können „still" lesen, schreiben und denken, auch wenn sie nie hören konnten. Damit sie nicht isoliert bleiben (und für dumm gehalten werden), damit sie kommunizieren können, haben sie in ihren Gemeinschaften *Seh*sprachen (vgl. Rée 1999) als Gebärden*sprachen* entwickelt. Diese können für Gebärdende unterschiedlicher „National"sprachen und für Hörende übersetzt werden. Gebärdendolmetscher ist ein lernbarer Beruf. Gebärdensprachen sind entwickelte Sprachen, die zwar kein Phonemsystem, aber analog ein System bedeutungsunterscheidender Chereme (Handzeichen, von griechisch *cheir* Hand) haben. Als Sprachen mit eigener Cheremik, Semantik und Syntax sind diese Gebärdensysteme etwas fundamental anderes als die alltäglichen, allgemein sprachfreien (extraverbalen) Gestikulationen, Gesten und Gebärden (vgl. Stokoe für die American Sign Language [ASL] 1960; für die Deutsche Gebärdensprache [DGS] Leuninger/Happ 2005).

Unabhängig von der Hörfähigkeit können Menschen „im Licht", hell und dunkel unterscheiden, im Laufe der Evolution: Farben, Bewegungen von ihresgleichen, von freundlichen und feindlichen Tieren, von Maschinen, Autos, Zügen, Flugzeugen und ebenso Formen, ob Landschaften, Bäume, Berge und Flüsse, „Wolkengesichter", Gezeichnetes (Höhlenmalerei) bis hin zu Geschriebenem und Gedrucktem. Erst diese relativ späten Ausdrucksformen sind sprachgebunden. Dabei sind noch immer Gesten und Gebärden nicht nur „vermeidbare" Begleiterscheinungen beim Sprechen, sondern notwendige Verweisungen im Sehfeld (Deixis), Geburtshelfer bei der Wortsuche und Planung der Äußerungen und wichtige Hilfen beim verstehenden Umsetzen der grafischen Formen von Gedicht und Prosa, rhythmischem Raum und zeitgliederndem Verlauf.

Für die Begegnung untereinander ist der Blickkontakt wichtig. Vielleicht lässt sich die Beziehung *Hören : Zuhören* „visualisieren" als *Sehen : Blicken*, was im Gespräch die *Antwort*, ist im „Gesicht" das *Antlitz*. Hier kommt die Möglichkeit einer Verbindung von Sehen und Zuhören zum Vorschein, die gerade in der Zeit der gesellschaftlichen und technischen Übermacht des Visuellen notwendig ist (vgl. Slembek 1988). Im Unterschied zum Tag und Nacht (wenn auch verschieden) funktionierenden Rundumsinn Hören funktioniert der Frontalsinn Sehen nur bei Licht. Deshalb kann Zuhören die Fokussierung, den Ausschnitt, die Perspektive, im Gesichtskreis steuern; denn wir können, abhängig von der eingeschränkten Rotation unseres Kopfes, immer nur einen Ausschnitt dessen sehen, was vor uns ist, nie was gleichzeitig seitlich von uns und „hinter" uns geschieht. Das *Vor*handene ist immer nur Ausschnitt, ist immer umstellt von nicht Wahrgenommenem. Das bietet zugleich nicht nur Möglichkeiten, sondern auch die Notwendigkeit, das Wahrgenommene situativ auszudeuten aus der materialen Konstellation, dem personalen und sozialen Kontext.

Folgerungen

Ob mündlich, ob schriftlich, ob gebärdet – wir äußern niemals das Ganze. Es ist mit Hans Lipps immer nur *peras* (Begrenztes) über dem *apeiron* (dem Unendlichen), „das, woraus man nicht herauskommen kann" (Lipps 1938, 59 – vgl. dazu Geißner 1955). Um diesen (mir seit 50 Jahren wichtigen) Gedanken noch einmal zu präzisieren: das Gesprochene, Gehörte, Geschriebene, Gelesene, Gesehene ist niemals vollständig, es hat immer Aussparungen, Leerstellen, d. h. das Ungesprochene, Ungehörte, Ungeschriebene, Ungelesene, Ungesehene ist oft wichtiger. Das, was in den Sprechpausen geschieht, in den Hörpausen, zwischen den Zeilen, zwischen den Texten, zwischen den Bildern. Das, was wir gerade jetzt nicht sagen, meist ohne es zu wissen, bestimmt dennoch wie wir jetzt wahrnehmen und was wir jetzt verstehen oder nicht verstehen. Nur wer meint, das Ganze zu kennen, – sich ganz, die anderen ganz, die ganze Welt, „Gott und die Welt" – kann meinen, immer zu sagen, was er meint (vgl. Cavell 1969).

Wer sich nicht für omnipotent hält, wird erkannt haben, dass es keinen Ausweg gibt aus der prinzipiellen Kontingenz im kommunikativen Prozess, und da es immer um „*etwas* verstehen" und „*sich* verstehen" geht: die *doppelte Kontingenz*. Sie entsteht situativ in der Interaktion. Niemand kann die Erfahrungen eines anderen erfahren, ein anderes Leben leben. Ernst genommen setzt die doppelte Kontingenz die Interaktion überhaupt erst in Gang. Es ist keine Frage des guten Willens, schon gar nicht die Folge kommunikativer Techniken, ob „communicare als participare" gelingen kann (Geißner 1988/1). Ich kann nur etwas „von mir hergeben und vom anderen etwas nehmen", wenn es zwischen uns Vertrauen gibt. Aber die wechselseitig unterstellte Aufrichtigkeit ist nicht besprechbar, sie würde im Darüberreden geradezu zerstört (Luhmann 2002, 207). So kann auch niemand für sich selbst „Glaubwürdigkeit" beanspruchen, sie wird jemandem von anderen zugesprochen, von anderen geschenkt; es gibt keine Kriterien zum Messen von Glaubwürdigkeit.

Im Alltag gilt es freilich, die letztlich unvermeidlichen Kontingenzen zu reduzieren. Handlungspragmatisch muss ich mich auf die Angaben eines Beipackzettels verlassen können, eines Besprechungstermins, einer Abrechnung. Bis „zum Beweis des Gegenteils" verlasse ich mich auf die Konventionen, Regularien, Prozeduren, auf alle die Muster, die unser gesellschaftliches Zusammenleben ermöglichen, auch wenn ich sie nicht durchschaue. Ich vertraue auf die Verlässlichkeit der fremden Selektionen, die einen Zusammenhang, eine Kohärenz, in sich und mit meinem Leben haben. Ich kann den Kontext aufhellen, aber die situative Steuerung nicht hintergehen. Das Ziel ist auch Erleben, auch Erkennen, aber vor allem Handeln. Das ist der Sinn meiner alten Formel: Wie sag ich, was ich meine, so dass du hören und verstehen kannst, damit wir miteinander handeln können. *Reziprok*: Wie hör ich, was du sagst, damit ich verstehe, was du meinst, wenn wir miteinander handeln wollen.

Recht verstanden fasst dieser Satz die Grundlagen der „kommunikativen Kompetenz". Sie umfasst Zuhören und Sprechen mit Mimik und Gestik, mit Haltung und Bewegung, Zu- oder Abwendung, kurz: das Mündliche *und* Sehen und Wahrnehmen, Schreiben und Lesen, mit semantischem Lexikon und syntaktischer Variabilität, kurz: das Schriftliche. Nur im „split brain" sind die Hirn-Hemisphären neurophysiologisch getrennt, aber sonst sind sie verbunden durch „Brücke" und „limbisches System", also nicht der einen oder der anderen Vollzugsweise des Sprachlichen zuzuordnen. Mögen auch die Oralisten (die Sprechleute) das Schriftliche an der *1., 2. und 3. orality* übersehen wie die Skripturalisten (die Schreibleute) das Mündliche in der *1. und 2. literacy*, beides gibt es nur miteinander. Weder Sprechen noch Schreiben sind Selbstzweck, vielmehr dienen beide den vergesellschafteten Menschen zur Produktion von personalem und sozialem Sinn als Voraussetzung sinnvollen Handelns in ihrer Lebenswelt. Ist der Zusammenhang in dieser Konsequenz erkannt, dann fehlt einer isolierten Sprech-/Hörerziehung wie jeder isolierten Schreib-/Leseerziehung auch schulpädagogisch jede vernünftige Basis. Aus diesem Verständnis habe ich eine die Gräben zuschüttende Kommunikationspädagogik (Geißner 2000) entworfen, und folglich statt einer „Sprecherziehung im Deutschunterricht" eine „**Kommunikationspädagogik** in allen Fächern" vorgeschlagen (Geißner 2004/2).

Ergänzt werden soll, dass diese Überlegungen nicht nur für den Bereich der in sozialen Strukturen unmittelbar zu erfahrenden Handlungen gelten, sondern auch im Feld der vorgestellten fiktionalen Handlungsmuster. In beiden „Welten" sind die Differenzen zu erleben, zu erleiden, ist die Wirklichkeit in ihren Differenzen zu durchdenken. Sie können weder durch eine Harmonie-Ästhetik zugekleistert werden, noch allgemein durch eine Harmonie-Pädagogik. Es kann höchstens gelingen, die wahrgenommenen Differenzen temporär zu schließen, prinzipiell sind sie nicht schließbar. Sie sind auch nicht zu schließen durch eine vorurteilige, weil voraus-sichtige Intentionalität, die leicht in die Nähe „frommer Absichten" oder eines Allheilmittels geraten könnte:

> „Die Unterstellung von Absichten ist ein praktischer Turbolader der Kommunikation, für die Kommunikationswissenschaft ist sie Sand im Getriebe und eine veritable Störgröße." (Knobloch 2005, 14)

Wer sich keinen Täuschungen hingibt, wird einsehen, dass es nicht gelingen kann, sich am eigenen Sprech- oder Schreibzopf aus dem „unverschuldeten" gesellschaftlichen Kommunikationssumpf herauszuziehen. Wer es dennoch versuchen wollte, verrät sich als verzopfter Dogmatiker oder als jemand, der/die in professioneller Selbstillusionierung die Realität ausblendet. Realistisch betrachtet gibt es aber trotz aller sozio-ökonomischen Einschränkungen genügend offenen Raum für die fünf Basistätigkeiten, die fünf Grundfähigkeiten „zuhören, sprechen, schreiben, lesen und sehen".

Allerdings müsste erkannt sein, dass auch die komplexe „kommunikative Kompetenz" allein nicht hinreicht, personale und soziale „Rätsel" im Handlungsfeld zu lösen, weil sie nur Mittel ist, nur Medium. Kommunizierende Menschen brauchen Inhalte. Das jedoch gilt wiederum nur, wenn die Inhalte vermittelt sind im kritischen Denken.

Literatur

Adorno, Th. W. (1964): Jargon der Eigentlichkeit. Zur deutschen Ideologie. Frankfurt/M.
– (1970): Ästhetische Theorie. Frankfurt/M.
Assmann, J. (²1997): Das kulturelle Gedächtnis. München
Barthel, H. (Hrsg.) (2001): Sprechen und Handeln in Kulturen. Landau
– (Hrsg.) (2003): Zum Wissenschaftsverständnis der Sprechwissenschaft. (SuS 41)
Bartsch, E., Marquardt, T. (1999): Grundwissen Kommunikation. (E. Geisen, Hrsg.) Stuttgart
Berger, J. (⁵2005): Das Kunstwerk. Über das Lesen von Bildern (dt.). Berlin
Berko, R.M et al. (1998): Communication Standards and Competencies for Kindergarten through Grade 12: The Role of the NCA. In: Comm.Ed. Vol 47, 175–182
Bourdieu, P. (1982): Was heißt Sprechen? (dt.) Wien
– (2001): Meditationen. Kritik der scholastischen Vernunft (dt.). Frankfurt/M.
Cavell, St. (1969): Must we Mean what we Say? New York
Cicero, M. T. (1978): de oratore. Über den Redner (lat./dt.), übers. u. hrsg. v. H. Merklin. Stuttgart
Cohen, H. (1994): The History of Speech Communication. The Emergence of a Discipline 1914–1945. Annandale
Condit, C. M. (2006): How Should We Study the Symbolizing Animal? Boston, MA
Derrida, J. (1983): Grammatologie (dt.). Frankfurt/M.
– (1989): Wie nicht sprechen. Verneinungen (dt.). Wien
Duker, S. (ed.), ²1968: Listening Bibliographie. Metuchen NJ
Eco, U. (1977): Das offene Kunstwerk (dt.). Frankfurt/M.
Freud, S. [1945] (1954): Zur Psychopathologie des Alltagslebens. Über Vergessen, Versprechen, Vergreifen, Aberglauben und Irrtum. Frankfurt/M.
Faßler, M. (1997): Was ist Kommunikation? München
Feilke, H., Schmidt, S. J. (1997): Denken und Sprechen. In: (J. Trabant, Hrsg.): Sprache denken. Frankfurt/M. 269–297
Fine, B. (1984): The Folklore Text. From Performance to Print. Bloomington
Gadamer, H. G. (⁶1990): Wahrheit und Methode. (Ges. Werke: Hermeneutik I). Tübingen
– (²1993): Hermeneutik II. Tübingen
Geißner, H. K. (1955): Der Mensch und die Sprache. Studien zur Philosophie von Hans Lipps. Diss. Frankfurt/M.
– (1982): Zwischen Geschwätzigkeit und Sprachlosigkeit. Zur Ethik mündlicher Kommunikation [Heidelberg 1979]. In: SuS 9, 9–31
– [1981] (²1988): Sprechwissenschaft. Theorie der mündlichen Kommunikation. Frankfurt/M.
– [1982] ²1986: Sprecherziehung. Didaktik und Methodik der mündlichen Kommunikation. Frankfurt/M.
– (1984): Über Hörmuster. In: SuS 12, 13–56
– (1988/1): communicare est participare. In: SuS 19, 91–99
– (1988/2): mündlich: schriftlich. Sprechwissenschaftliche Analysen ‚freigesprochener' und ‚vorgelesener' Berichte. Frankfurt/M.

– (1997): Wege und Irrwege der Sprecherziehung. Personen, die vor 1945 im Fach anfingen und was sie schrieben. St. Ingbert
– (2000): Kommunikationspädagogik. Transformationen der ‚Sprech-‘Erziehung. St. Ingbert
– (2001): Mündlichkeit. In: (Ueding, G., Hrsg.) Hist.Wb.Rhet. Tübingen Bd. 5, 1501–1526
– (2004/1): PISA fordert kommunikationspädagogische Konsequenzen. In: SuS 42, 145–154
– (2004/2): Kommunikationspädagogik in allen Fächern. In: DU 57. Jg. H4, 34–37
– 2005: Demokratie und rhetorische Kommunikation. St. Ingbert
Geulen, D. (1977): Das vergesellschaftete Subjekt. Frankfurt/M.
Goodman, N., (1998): Sprachen der Kunst. Entwurf einer Symboltheorie (dt.). Frankfurt/M.
Goulden, N. R. (1998): The Roles of National and State Standards in Implementing Speaking, Listening and Media Literacy. In: Comm.Ed 47, 194–208
Gross, A. G., Keith, W. M. (eds.) (1997): Rhetorical Hermeneutics. New York
Hacke, A., Sowa, M. (2004): Der weiße Neger Wumbaba. Kleines Handbuch des Verhörens. München
Hasler, H. (1991): Lehren und Lernen der geschriebenen Sprache. Darmstadt
Herrmann, T., Grabowski, J. (1994): Sprechen. Heidelberg/Berlin/Oxford
Illich, I., Sanders, B. (1988): Das Denken lernt schreiben. Hamburg
Imhof, M. (2003): Zuhören. Göttingen
Innis, H. A. (1951): The Bias of Communication. Toronto
– (^{2}1972): Empire and Communication. Toronto
Iser, W. (1976): Der Akt des Lesens. München
Janusik, L. A. (2005): Building Listening Theory. Rockhurst, Kansas City, MO
Johannesen, R. L. (^{4}1996): Ethics in Human Communication. Prospect Heights. Ill
Kilian, J. (Hrsg..) (2005): Sprache und Politik. Deutsch im demokratischen Staat. Mannheim
Kittler, F. A. (^{3}1995): Aufschreibsysteme 1800–1900. München (vollst. überarb. Aufl.)
–, Macho, T., Weigel, S. (Hrsg.) (2002): Zwischen Rauschen und Offenbarung. Berlin
Klafki, W. (2001): Probleme der Textinterpretation; elf methodische Grunderkenntnisse. In: Rittelmeyer, C., Parmentier, M. (Hrsg.): Einführung in die pädagogische Hermeneutik. Darmstadt 132–148
Knobloch, C. (2005): ‚Sprachverstehen‘ und ‚Redeverstehen‘. In: Sprachreport 21.Jg. H.1, 5–15
Kopfermann, Th. (2004): Lesen–Sprechen–Lesen. In: DU 57.Jg. H4, 4–11
–, Steinbach, D. (Hrsg.) (2004): Passagen 1. Text- und Arbeitsbuch Deutsch Oberstufe. Leipzig/Stuttgart/Düsseldorf
Krämer, S., König, E. (Hrsg.) (2002): Gibt es eine Sprache hinter dem Sprechen? Frankfurt/M.
Lehtonen, J. (ed.) (1995): Critical Perspectives on Communication Research and Pedagogy. St. Ingbert
Leuninger, H., Happ, D. (Hrsg.) (2005): Gebärdensprachen: Struktur, Erwerb, Verwendung. Hamburg (= Linguistische Berichte Sonderheft 13)
Lipps, H. (1938): Untersuchungen zu einer hermeneutischen Logik. Frankfurt/M.
Luhmann, N. [1984] (2002): Soziale Systeme. Darmstadt
– (2002): Das Erziehungssystem der Gesellschaft. Darmstadt
Pabst-Weinschenk, M. (Hrsg.) (2004): Grundlagen der Sprechwissenschaft und Sprecherziehung. München (UTB 8294)
Rée, J. (1999): I see a Voice. London
Riedel, M. (1986): Sprechen und Hören. Zum dialektischen Grundverständnis in Humboldts Sprachphilosophie. In: ZS philos. Forschung 40, 337–351
– (1990): Hören auf die Sprache. Frankfurt/M.
Rubin, D. L., Hampton, S. (1998): National Performance Standards for Oral Communication K 12: New Standards and Speaking, Listening, Viewing. In: Comm. Ed. 47, 183–194
Sacks, O. (1990): Stumme Stimmen (dt.). Reinbek

Schleswig-Holstein, (1997): Lehrplan Grundschule Deutsch

Slembek, E. (1988): The Vision of Hearing in a Visual Age. In: american behavioral scientist Vol 32, N 2, 147–155

– (ed.) (1999): The Voice of the Voiceless. St. Ingbert

–, Geißner, H. K. (Hrsg.) (2001): Feedback. Das Selbstbild im Spiegel der Fremdbilder. St. Ingbert (2. erw. Aufl.)

Soraya, S. (1998): Ethnohermeneutik des Sprechens. St. Ingbert

Stetter, C. (1999): Schrift und Sprache. Frankfurt/M.

Stokoe, W. C. (1960): Sign Language Structure. Reissued. Silver Spring, Md

Trabant, J. (Hrsg.) (1997): Sprache denken. Frankfurt/M.

– (1998): Artikulationen. Histor. Anthropologie der Sprache. Frankfurt/M.

Uhl, O. (2003): Gegen-Sätze. Architektur als Dialog. Wien

Urban, K. K. (1977): Verstehen gesprochener Sprache. Düsseldorf

Vogel, T. (Hrsg.) (1996): Über das Hören. Tübingen

Welzer, H. (2002): Das kommunikative Gedächtnis. München

Winkler, C. (1952): Lesen als Sprachunterricht. Henn, Ratingen, 1962

Wittich, M. (⁴1910): Die Kunst der Rede. Leipzig

Zeheter, M. (1821): Anleitung zum zweckmäßigen Gebrauche des Zweyten Elementarbuches im richtigen Denken und Sprechen für Volksschullehrer bearbeitet. München

Zwirner, E. und K. [1936] (1960): Grundfragen der Phonometrie. Berlin

JOACHIM GRABOWSKI

Medieneinsatz bei Vorträgen: Determinanten für Qualität und Professionalität

1 Vorbemerkung und Fragestellung

Bei dem vorliegenden Aufsatz handelt es sich um die für die Schriftform bearbeitete Fassung eines Vortrags auf dem Kongress „hören – lesen – sprechen" der Deutschen Gesellschaft für Sprechwissenschaft und Sprecherziehung im Jahre 2005. Einige der darin enthaltenen Überlegungen wurden erstmals in der *Zeitschrift für Angewandte Linguistik* publiziert (Grabowski 2003).

Man könnte die Titelformulierung so lesen, dass grundsätzlich in Frage gestellt werden soll, ob Vorträge denn dadurch an Qualität und/oder Professionalität gewinnen, dass man dabei Medien einsetzt. Ein Fragezeichen am Titelende würde diese Lesart vereindeutigen. Das ist aber nicht gemeint. Es ist ja nichts Neues, dass bei Vorträgen Medien eingesetzt werden. In ihrer Funktion auf den Vortragenden selbst gerichtet, boten beispielsweise Manuskripte oder Konzeptkärtchen schon immer mediale Unterstützung. Auch dass es für die Zuhörer nicht nur etwas zu hören, sondern – über den Redner hinaus – auch noch etwas zu sehen gibt, ist kein neues Merkmal unserer Zeit. Vorträge mit Tafelanschrieben oder mit zuvor oder währenddessen ausgeteilten schriftlichen oder bildhaften Materialien (den heute sogenannten Handouts) boten bereits Informationen auf beiden Sinneskanälen.

Eine elaborierte Paraphrase der Titelformulierung im intendierten Sinne könnte demgegenüber lauten: Was kennzeichnet einen professionellen Medieneinsatz bei Vorträgen, und wie kann man durch Medieneinsatz die Qualität eines Vortrags verbessern? Diese Frage stellt sich neu, insofern die technologisch moderneren Medien dadurch gekennzeichnet sind, dass sie die Vortragenden in die Lage versetzen, die Aufmerksamkeit ihrer Zuhörer zu jedem Zeitpunkt sowohl für die akustische als auch für die visuell dargebotene Information in starkem Maße zu lenken, wobei nun auch das gezeigte Material und nicht nur das gesprochene Wort sehr flexibel eingesetzt werden kann. Begrifflich sind diese Möglichkeiten der medialen Unterstützung durch den Übergang vom Vortrag zur Präsentation gekennzeichnet.

Zum Präsentieren in der Schule, als Unterrichtsgegenstand wie auch als Schülerhandeln, ist in *praxis deutsch* ein aktueller Übersichtsbeitrag erschienen (Becker-Mrotzek 2005). Im vorliegenden Zusammenhang geht es demgegenüber vorrangig um (akademische) Berufspraktiker und solche, die es werden wollen: Sprechwissenschaftlerinnen und Sprecherzieher sind ja gerade in entscheidender Weise damit befasst, entsprechende Fähigkeiten zu vermitteln und Fortschritte zu ermöglichen, so dass in ihrem Kontext nicht eigens betont werden muss, dass bei den Vorträgen und

Präsentationen beispielsweise von Studierenden, Lehrenden und auch Wissenschaftlern nicht immer eine durchgehend hohe Qualität als selbstverständlich gegeben ist. Der Erwerb professioneller Kompetenzen kann als eine zentrale Voraussetzung für die Qualität des Berufshandelns gelten: So ist der Titel des Beitrags gemeint.

Was kann unter Professionalität im vorliegenden Zusammenhang verstanden werden? Zum einen sollte man die existierenden medialen Mittel natürlich kennen und ihre Handhabung beherrschen. Das muss nicht bedeuten, dass jeder immer alles und alles Neue kennen und beherrschen muss. Aber man sollte mit denjenigen Medien, die man einsetzt, zumindest in dem Umfang kompetent umgehen können, in dem man sie nutzt. Das gilt für das Ablesen von Vortragsmanuskripten genauso wie für computergestützte Präsentationen. Es ist zum Beispiel nicht professionell, mit Overhead-Folien zu arbeiten, aber nicht zu wissen, in welcher räumlichen Orientierung man sie auflegen muss oder wie man das projizierte Bild scharf stellt.

Zur Professionalität bei der medialen Vortragsgestaltung gehört aber auch zu wissen, unter welchen Voraussetzungen die jeweiligen Verfahren sinnvoll sind, welche Begleiterscheinungen mit ihnen einhergehen und welche Konsequenzen sie nach sich ziehen. Wenn man vor einem Vortrag beispielsweise Handouts austeilt, sind die Zuhörer während des Vortrags damit beschäftigt. Oder wenn man im Verlauf der Präsentation regelmäßig ein stationäres Gerät bedienen muss, beispielsweise die Computermaus, kann man sich nicht frei auf dem Podium bewegen.

Und schließlich bedeutet Professionalität auch, unter Berücksichtigung der beiden schon genannten Aspekte für die jeweilige Situation, für die Zuhörerschaft sowie für die zeitlichen und räumlichen Bedingungen die geeignetsten Mittel auszuwählen. Bei genauerer Betrachtung sind dabei Präsentationsmedien von Präsentationstechniken zu unterscheiden. Medien umfassen manifeste Visualisierungsmittel wie Tafel, Dias, Handouts, Folien, PowerPoint-Dateien, während beispielsweise Ablesen, freies Sprechen oder das echtzeitliche Entwickeln von Text oder Formeln als Techniken zu beschreiben sind, welche mit verschiedenen Medien zwar mehr oder weniger geeignet, aber prinzipiell meistens unabhängig kombiniert werden können. Beispielsweise kann man vorformulierten Text von einem Manuskript, von einer Overhead-Folie, von einer PowerPoint-Seite oder von einem Handout ablesen; man kann zu Overhead-Folien frei sprechen oder darauf befindlichen Text ablesen oder im Vortragsverlauf auf die Folie schreiben. Professionalität umfasst die Beherrschung sowohl der verwendeten Medien als auch der eingesetzten Techniken. Jedes Medium, jede Technik für sich kann mehr oder weniger professionell eingesetzt werden.

Während es in den sogenannten Präsentations-Ratgebern meistens darum geht, bei gegebenen Medien beziehungsweise Techniken „Wege, Tipps und Tricks" zu vermitteln (zum Beispiel Kriesbach-Jung 1977; Will 2002), werden im Folgenden die Implikationen alternativer Präsentationsweisen aufgezeigt und diskutiert. Leitvariablen hinsichtlich Qualität und Professionalität sind dabei (a) das Zeitmanagement, (b) fachspezifische Standards und (c) die Aufmerksamkeitslenkung der Zuhörer. An die Darstellung der medienspezifischen Ausprägungen der drei Variablen schließt sich jeweils eine Skizze möglicher professioneller Leitlinien an. (Weitere, hier nicht diskutierte Qualitätsvariablen von Vorträgen und Präsentationen betreffen die Ökonomie von Vorbereitung und Durchführung, die Formulierungsflexibilität sowie situative Kompetenzeinschränkungen beispielsweise durch hohe Nervosität oder Verwendung einer Fremdsprache.)

2 Zeitmanagement

Zu den häufigsten Problemen bei Vorträgen und Präsentationen gehört die unzureichende (um nicht zu sagen: fehlende) Berücksichtigung des vorgesehenen Zeitrahmens. Man kann natürlich die Existenz von Zeitbeschränkungen bedauern oder ignorieren; Zeit ist jedoch im akademischen Betrieb – von der einzelnen Lehrveranstaltung bis zum wissenschaftlichen Kongress – eine so zentrale wie beschränkte Ressource, für deren gerechte Verteilung sich vorab bekannte Prinzipien oder Spielregeln etabliert haben. Professionalität bedeutet zunächst, diese Spielregeln zu beachten. (Zu einigen „moralischen" Aspekten des Zeitmanagements siehe Grabowski 2003.)

Präsentationsmedien unterscheiden sich danach, wie sehr sie den zeitlichen Umfang und die zeitliche Taktung vorgeben. Ein ausformulierter und abgelesener Vortrag beispielsweise erlaubt eine weitestgehende Festlegung des Präsentationsverlaufs und damit auch – sofern keine besonderen Störungen eintreten – das exakte Einhalten des vorgegebenen Zeitrahmens. Insofern ist es gerade bei dieser Technik unverständlich, wenn das Zeitmanagement dann doch aus dem Ruder läuft. Vor allem sind Vortragende, die sich ausschließlich auf ihre Formulierungen stützen, häufig nicht in der Lage, ihre Präsentation zum Ende hin gegebenenfalls flexibel zu kondensieren und zu einem geordneten Abschluss zu bringen; eine phonetische Hetzjagd, ein Überspringen mehrerer Passagen oder Seiten oder ein – von der Chairperson gar erzwungener – ungeordneter Abbruch sind für die Zuhörer eine Zumutung, was zudem eine Mischung aus Mitleid und pseudo-moralischem Druck erzeugt, dem Redner zu gestatten, seine Ausführungen doch irgendwie noch zu Ende bringen zu dürfen – Professionalitätsmängel werden im Bereich von Hochschule und Wissenschaft selten *in situ* abgestraft.

Auch PowerPoint-Präsentationen erlauben eine straff vorbereitete Zeittaktung; im Extremfall könnte man die Darbietungs- und Übergangszeiten zwischen den Folien sogar fest vorgeben, so dass die Präsentation genau in der vorgesehenen Zeit abläuft. So stark wird man sich im Allgemeinen nicht festlegen wollen. Es ist jedoch zu beachten, dass Folien mindestens zwei verschiedene Funktionen haben, die das Zeitmanagement unterschiedlich beeinflussen: In ihrer Gliederungs-, Orientierungs- und Hervorhebungsfunktion unterstützen sie das gesprochene Wort, werden zeitlich parallel und integriert mit dem Gesprochenen rezipiert und sind zeitlich somit weitgehend „kostenneutral". Wenn jedoch Beispiele, Diagramme oder allgemein graphisch oder textuell eigenständige Informationen dargeboten werden, brauchen die Zuhörer Lesebeziehungsweise Inspektionszeit. Diese Zeit muss bei der Vorbereitung – und erst recht im Verlauf der Präsentation – berücksichtigt werden. Gegenüber einem ausgeteilten Handout kann man bei Verwendung von (manuellen oder elektronischen) Folien den Zeitpunkt und die Dauer dieser Inspektion zwar steuern, doch darf es nicht so schnell gehen, dass eine sinnvolle Informationsentnahme unmöglich wird. Wenn die Zuhörer etwas lesen sollen, sollte man nicht gleichzeitig etwas anderes sagen; eines von beiden wird rezeptiv untergehen.

Diejenigen Präsentationsmodalitäten, die eigentlich eine gute zeitliche Vorab-Planung ermöglichen würden, können Vortragende also – wie jeder schon aktiv oder passiv erfahren hat – durch „unsachgemäße Anwendung" dennoch in zeitliche Nöte bringen. Strukturell ist das Zeitmanagement aber umso schwieriger, je freier und weniger festgelegt präsentiert wird; dies gilt besonders für frei gehaltene Vorträge mit oder ohne Folienunterstützung. Bei diesen Formen bleibt dem Vortragenden dafür jedoch die Flexibilität, auf eine Rückfrage auch während des Vortrags einzugehen, sich auf vorangegangene Beiträge zu beziehen, seinen Vortrag an die herrschende – gelöste oder steife – Stimmung im Saale anzupassen oder auch auf sachfremde Vorkommnisse (Störungen, Handyklingeln etc.) zu reagieren. Als professionelle Leitlinien können die folgenden Anregungen gelten:

- *Beschränkungen akzeptieren*: Natürlich weiß jeder über seinen Gegenstand mehr, als in 20 oder 30 Minuten untergebracht werden kann! Man muss sich zugunsten einer geschlossenen Dramaturgie für Weniges und Wichtiges entscheiden. Eine anderthalbzeilig gesetzte DIN A4-Manuskriptseite erfordert mindestens drei Minuten Vorlesezeit. Auch bei unterstützender Funktion ist mehr als eine Folie pro zwei Minuten Redezeit in der Regel zu viel.
- *Festlegungen durchhalten*: Wenn man ein vorbereitetes Manuskript abliest oder eine straff geplante folienunterstützte Präsentation wählt, dann sollte man sich *ad hoc* eingestreuter zusätzlicher Erläuterungen konsequenterweise enthalten.
- *Freie Zeit einplanen*: Wenn man den Realisierungsansprüchen der Textsorte „Vortrag" hinsichtlich ihrer flexiblen Anteile gerecht werden und dennoch im Zeitrahmen bleiben möchte, muss man tatsächliche oder inszenierte Spontaneität im Voraus zeitlich einplanen.
- *Wegmarken vorbereiten*: Es empfiehlt sich generell, für etwa das letzte Drittel des Vortrags zwei gedankliche Wege vorzubereiten, neben dem Standardverlauf sozusagen eine Abkürzung, die beide in ein geordnetes Fazit münden können. Ohnehin sollte nicht nur die zur Verfügung stehende Gesamtzeit verplant werden: Ein, zwei zeitliche Wegmarken im Verlauf, an denen bestimmte Inhalte abgeschlossen sein sollten, sind einem gelungenen Zeitmanagement sehr dienlich.
- *Gelassenheit üben*: Es wäre keine Katastrophe, auch einmal etwas weniger als die gesamte Vortragszeit auszuschöpfen! Umgekehrt ist die Sorge, man könnte zu wenig vorbereitet haben, nach aller Praxiserfahrung völlig unbegründet!

3 Fachspezifische Standards

Grundsätzliche Maßgaben für die Präsentation fachlicher Inhalte können sich aus den Besonderheiten einer Fachdisziplin auf zweierlei Weise ergeben. Zum einen haben sich in den verschiedenen Einzelwissenschaften unterschiedliche Präsentationsstandards herausgebildet. Das Einhalten dieser Standards ist dann mit der Botschaft an die Zuhörer verbunden, die impliziten Regeln des Faches zu kennen und Zugehörigkeit zu demonstrieren. So kann das Beherrschen und Verwenden der gerade neuen, modernen Präsentationstechnik, unabhängig von den Inhalten, als Ausdruck des Up-to-date-Seins gewertet werden und sich damit als implizite Norm etablieren; in konservativer Auslegung kann aber auch gerade der Verzicht auf neue Medien opportun sein – hier Ablesetabu, dort Ablesegebot. Fachstandards sind zunächst nur oberflächliche, vielleicht gar vorgeschobene Professionalitäts-Anzeichen, die aber durchaus zur Konsolidierung und zum Selbstverständnis einer *scientific community* beitragen können.

Präsentationsstandards variieren nicht nur zwischen Einzeldisziplinen, sondern auch, mit vielfachen Wechselbezügen, zwischen (a) Natur- und Geisteswissenschaften, (b) zwischen Regionen beziehungsweise Kulturen (Jakobs 1999) sowie (c) zwischen Paradigmen innerhalb von Einzelwissenschaften. Dabei neigen naturwissenschaftliche Fächer und international diskutierte Paradigmen (beide am amerikanischen Wissenschaftsmarkt orientiert) zu strikteren und „moderneren" Normen. Der diesbezügliche Stand der deutschen, mit Sprache befassten Wissenschaften lässt sich wohl am besten als „vor-normatives" Stadium mit heterogenem Erscheinungsbild charakterisieren, mit Tendenzen zur höheren Standardisierung und Homogenisierung in einigen Teilgebieten (beispielsweise der amerikaorientierten Grammatikforschung).

Ein zweiter Aspekt, in dem sich Fachdisziplinen unterscheiden, besteht in der typischen Beschaffenheit ihrer Forschungsergebnisse, die mit der Art ihrer sprachlichen Präsentation mehr oder weniger verknüpft sein kann. „Schöngeistige" Inhalte oder bestimmte Argumentationsfiguren können mit der Art ihrer Formulierung eng identifiziert sein und erfordern deshalb eine Präsentationsform, die den oft mühsam vorbereiteten sprachlichen Duktus bewahrt; im Extremfall kommt dafür, sofern man seinen Text nicht auswendig gelernt hat, nur ein abgelesener Vortrag in Frage. Je mehr die zu präsentierenden Forschungsergebnisse dagegen die Form von *Daten* (empirische Befunde, Klassifikationen, Beispiele etc.) aufweisen, desto weniger sind sie an bestimmte Formulierungen gebunden. Entsprechend freier gestaltet sich die Wahl einer Präsentationsmodalität. Das andere Extrem sind sehr kurze Präsentationszeiten (pro Vortrag 15 Minuten oder weniger), die es in der Regel nur in datenintensiven Fachgebieten gibt. Hier ist für eine rhetorische Unterstützung der referierten Inhalte kein Raum; es bedarf – beispielsweise bei der Darstellung von Experimenten – hoch standardisierter Formulierungsmuster und visueller Unterstützung. Eine Zwischenstellung auf dieser Dimension nehmen beispielgestützte Ergebnisse ein; hier erfordern die Beispiele in der Regel eine wörtliche – und damit in fester Formulierung vorbereitete – Wiedergabe, während die durch sie gestützte Argumentation in freier(er) Formulierung erfolgen kann. Als professionelle Leitlinien können die folgenden Anregungen gelten:

- *Bescheid wissen*: Professionalität bedeutet, die Standards der eigenen Disziplin beziehungsweise bei inter- oder fremddisziplinären Veranstaltungen die Erwartungen der Zielgruppe zu kennen. Studierende eines Faches brauchen die Gelegenheit zur Erfahrung und Einübung der in ihrem Fach geltenden Standards, was in der Regel durch eine geeignete hochschuldidaktische Praxis gelingen kann.
- Angemessenheit beachten: Manche Inhalte bedürfen der visuellen Unterstützung mehr als andere. Der Einsatz medialer Mittel ist kein Selbstzweck, sondern muss funktional begründbar sein (zum Beispiel Daten zeigen versus Inhaltsstruktur vergegenwärtigen).
- *Alternativen planen*: In Abhängigkeit von der Wichtigkeit einer gelingenden Präsentation empfiehlt es sich, notwendige Voraussetzungen nicht als selbstverständliche Gegebenheiten zu betrachten. Es ist schon vorgekommen, dass Wissenschaftler auf einem Kongress ihren Vortrag gar nicht mehr halten (und den in aufwendiger Vorarbeit errungenen Präsentationsplatz nicht nutzen) konnten, weil ihr Notebook nicht mit dem vorhandenen Beamer harmonierte. Mediale Unterstützung öffnet nicht nur Möglichkeiten, sondern bringt auch Abhängigkeiten. Bei Auftritten in der Fremde kennt man zum Beispiel die räumlichen Bedingungen meistens nicht; praktisch jede Präsentationstechnik erfordert aber gewisse räumliche Voraussetzungen. Will man sicher gehen (der Extremfall dürfte der Bewerbungsvortrag für eine Professur sein), hat man eine alternative Präsentationsform zumindest einmal prinzipiell durchdacht. Die Unsicherheiten in den kalkulierbaren Voraussetzungen ändern sich historisch. Das Vorhandenensein eines funktionierenden Overhead-Projektors kann heutzutage in deutschen Universitäten als sicher gelten; ein Satz manifester Folien in der Tasche ist also eine sichere Notfallstrategie. Die Erwartung eines installierten Beamers oder gar eines Computers mit CD-ROM-Laufwerk oder USB-Schnittstelle kann jedoch derzeit noch enttäuscht werden. Vor 25 Jahren besaß der damals moderne Präsentations-Profi für alle Fälle einen tragbaren Overhead-Projektor!

4   Aufmerksamkeitslenkung

Für das Ziel, eine Botschaft bei den Zuhörern nachdrücklich zu hinterlassen, kommt den Mitteln der Aufmerksamkeitslenkung größte Bedeutung zu. Eine gelungene Präsentation führt die Gedanken und Wahrnehmungen der Zuhörerschaft vom Anfang bis zum Ende und lässt die Aufmerksamkeitsbindung nicht abreißen; derart im positiven Sinne „beschäftigte" Zuhörer erleben den Vortrag mit größerer Wahrscheinlichkeit als informativ, kurzweilig und unterhaltsam. Wie auch beim schulischen Unterricht muss das nicht bedeuten, dass die Aufmerksamkeit permanent auf den Vortragenden gerichtet ist; doch sollte die vortragende Person durch den professionellen Einsatz der Gestaltungsmittel jederzeit bestimmen, *worauf* sich die Aufmerksamkeit jeweils richtet. Die verschiedenen Präsentationsformen bieten hier unterschiedliche Möglichkeiten.

Eine wichtige Voraussetzung für die Aufmerksamkeitsbindung der Zuhörer an die Absichten des Vortragenden ist die räumliche Gegenüber-Orientierung: Traditionell ist der Vortragende dem Auditorium zugewandt und hat es „im Blick" (und macht neben der Reagibilität auf Aktionen und Reaktionen des Publikums damit auch den wirksamen Einsatz des eigenen mimischen und gestischen Kommunikationsverhaltens möglich). Schon das bloße Ablesen eines vorgefertigten Manuskripts erfordert einiges an Übung, um dabei den Kontakt nicht abreißen zu lassen.

Ausgeteilte Handouts sind dem Aspekt der Aufmerksamkeitsbindung in der Regel nur abträglich; die Zuhörer sind geradezu aufgefordert, die schriftlichen Materialien „auf eigene Faust" zu explorieren, und damit vom eigentlichen Vortrag abgelenkt. Bestenfalls ergibt sich ein kollektives Umblätter-Rascheln. Bei einer Kombination aus abgelesenem Vortrag und ausgeteilten Handouts schließlich sind beide Parteien oft völlig sich selbst überlassen; in der Zeit, in der sich der Vortragende abmüht, ergehen sich die anderen in „stiller Freiarbeit".

Ein häufiger Mangel vorgefertigter Manuskripte besteht darin, dass Gedanken und Formulierungen zu dicht verfasst sind und bei einmaligem Zuhören, das zugleich, anders als beim eigenen Lesen, an die Progressionsgeschwindigkeit des Vortragenden gebunden ist, nicht nachvollzogen werden können. Sobald die Zuhörer aber nicht mehr auf der aktuellen Höhe des Gedankengangs sind, droht Aufmerksamkeitsdiffusion. Mit Blick auf die mentale Kopplung zwischen Vortragendem und Publikum sind frei gehaltene Vorträge abgelesenen Formulierungen auf jeden Fall vorzuziehen, weil nur sie sicherstellen, dass man das, was man beim Vortrag sagt, auch gerade denkt; die Bindung der Redeformulierung an die aktuellen Gedankeninhalte setzt gleichsam automatisch auch eine gewisse Kontrolle der Geschwindigkeit, Folgerichtigkeit und Verständlichkeit in Funktion.

Der Einsatz von visuellen Präsentationsmedien bietet in diesem Zusammenhang vor allem zwei Gruppen von Vorteilen – immer vorausgesetzt, dass das Gezeigte und das Gesagte gut aufeinander abgestimmt sind: Die Zuhörer sind nicht mehr ausschließlich an das Sequenziell-Vergängliche des gesprochenen Wortes gebunden. Im Falle illustrierender Folien unterstützen graphische und farbige Informationen die Behaltens- und Verständnisleistung. Daten, Beispielsätze und anderes „informationsdichtes" Material können durch eigene Lese- und Exploneraktivität weit besser erschlossen werden als durch Zuhören. Zwei- oder mehrdimensional organisierte Informationen wie Tabellen oder Ordnungsstrukturen sind ohnehin linear schlecht verbalisierbar. Außerdem ist bei einer Folienprojektion ganz grundsätzlich der optische Sinneskanal der Zuhörer gebunden und nicht sich selbst überlassen. Und schließlich ziehen animierte Präsentationselemente – wie sie bei PowerPoint möglich sind – die Aufmerksamkeit fast zwingend auf sich.

Der Vorteil derart gezeigter Information gegenüber ausgeteilten Materialien ergibt sich dadurch, dass sie genau dann erscheint und so lange inspizierbar bleibt, wenn beziehungsweise wie sie im jeweiligen Argumentationszusammenhang relevant ist, um danach auch wieder zu verschwinden und die nächste Informationsfokussierung nicht zu stören.

Für den Vortragenden selbst ergibt sich durch die Folienpräsentation der Vorteil der Gliederungs- und Gedächtnisunterstützung. Das freie Vortragen wird ja unter anderem deshalb als schwierig empfunden, weil man Sorge hat, den Gedankengang in der richtigen Reihenfolge und Korngröße und mit allen wichtigen Informationsbestandteilen in der zusätzlich durch Formulierungsaufgaben kognitiv belastenden Situation nicht fehlerfrei rekonstruieren zu können. Durch Folien wird die zu bewältigende Gesamtmenge portioniert und gedächtnisunterstützend externalisiert und kann im Vortrag nach und nach abgearbeitet werden. Gegenüber vorbereiteten Stichwort-Kärtchen als traditionellem Mittel, frei gehaltene Vorträge zu bewältigen, bieten Folien den Vorteil, die Zuhörer an der thematischen Strukturierung auf Meta-Ebene zu beteiligen.

Overhead- und Beamer-Projektionen können und sollen so eingesetzt werden, dass das oben beschriebene aufmerksamkeitsbezogene Aufeinander-Gerichtetsein zwischen Vortragendem und Zuhörern nicht gestört wird. Die traditionelle Folienpräsentation via Overhead-Projektor besitzt mit Blick auf die Aufmerksamkeitslenkung folgenden Vorteil: Obwohl der Folieninhalt an die Wand im Rücken des Vortragenden projiziert wird, kann der Vortragende dem Publikum zugewandt sprechen und besitzt gleichzeitig ein mit den Zuhörern geteiltes Wahrnehmungsfeld, in dem auch Zeige-Operationen (Deixis) möglich sind. Die Nutzung dieser Möglichkeiten setzt voraus, dass der Projektor so bedient wird, dass der Vortragende beim Blick auf die aufgelegte Folie genau das sieht, was die Zuhörer an der Wand sehen. Wegen der räumlich analogen Rückprojektion kann der Vortragende auf der Folie – mit einem Stift, einem mitgebrachten „Markierungsfinger" oder einem anderen Hilfsmittel – kommunikativ erfolgreich auf ein Informationselement zeigen. Im Vortragsraum zeigt er dabei zwar auf einen für die Zuhörer nicht verwertbaren physikalischen Ort, im durch die Projektion sozusagen verdoppelten analogen Wahrnehmungsraum der Folie ist dieses Zeigen dennoch zielführend, wobei die Aufmerksamkeitskoorientierung zwischen dem Vortragenden und den Zuhörern trotz ihrer physischen Gegenüberposition im Wahrnehmungsraum erhalten bleibt. In dieser Funktionskonjunktion – der Vortragende behält die Zuhörer im Blick und kann zugleich die Aufmerksamkeitsattraktion in seinem „Rückraum" steuern – liegt die zentrale Stärke des Präsentationsmediums.

Häufig jedoch verzichten Vortragende auf die aufmerksamkeitskoordinierende Funktionalität des Mediums, indem sie die Folien zwar am Projektor auflegen, sich dann aber zur Wand (= zur Projektionsfläche) drehen, zur Wand sprechen, von der Wand ablesen und an der Wand zeigen. Für Vorträge gilt jedoch wie für die Bühne (und Vortragende befinden sich gewissermaßen auf einer Bühne), dass man besser zum Publikum spricht als mit dem Rücken zu ihm, allein schon aus akustischen Gründen. Zweitens ist das Zeigen auf der Wand umständlicher und raumgreifender als das direkte Zeigen auf der Folie. Und drittens kostet eine solche Präsentationsstrategie Zeit, Wege und Orientierungswechsel vom Projektionsgerät zur Wand und zurück; der damit verbundene Koordinationsaufwand ist der gedanklichen Konzentration wie auch der allgemeinen „Bühnenpräsenz" abträglich.

PowerPoint-Präsentationen mit Beamer-Projektion scheinen auf den ersten Blick demselben Funktionsprinzip zu folgen, nur dass die Projektion nicht analog, sondern elektronisch erfolgt. Tatsächlich erweist sich die Bedienung dieser Präsentationstechnik jedoch als schwieriger beziehungsweise übungsabhängiger. Auch hier haben die Vortragenden einen Monitor oder Bildschirm vor sich, auf dem sie in Blickrichtung zum Publikum das sehen können, was gerade an die Wand projiziert wird. Dennoch wird diese Möglichkeit häufig nicht genutzt, sondern die Redner drehen sich vom Publikum weg und sprechen und zeigen zur Wand. Da nur selten eine Fernbedienungs-Maus vorhanden ist, ergibt sich hier wegen der Weiterschaltung der Präsentation zudem ein permanentes Orientierungs-Hin-und-Her. Wie lässt sich das erklären?

Auch Beamer-Projektionen schaffen für die Zuhörer und den ihnen zugewandten Vortragenden einen gemeinsamen Wahrnehmungsraum, im Gegensatz zur Overhead-Projektion jedoch kein gemeinsames Zeigfeld. Die Probleme, die diese Funktionsdissoziation hervorruft, wenn man versucht, die in der Regel geübte Strategie der Overhead-Benutzung auf PowerPoint-Präsentationen zu übertragen, zeigen sich dann beispielsweise darin, dass Vortragende bisweilen auf eine Stelle ihres (für die Zuhörer nicht einsehbaren) Monitors zeigen – was kommunikativ nun aber genauso erfolglos ist wie das Gestikulieren am Telefon. Man kann sich bei der Herstellung eines gemeinsamen Zeigfeldes damit behelfen, dass man während der Präsentation die Maus bewegt, worauf sich der Mauszeiger in die Folie einblendet und nun wieder quasi-analoges Zeigen im gemeinsamen Wahrnehmungsraum ermöglicht (allerdings mit einer vorgeschalteten Transformation der horizontalen Mausbewegung in ein vertikales Zeigesignal). Der professionelle Einsatz einer PowerPoint-Präsentation bestünde demgegenüber darin, Zeige- und Hervorhebungsfunktionen bereits im Voraus zu planen und festzulegen, indem man die Sequenzierungs- und Animationsmöglichkeiten beim Aufbau der einzelnen Folien nutzt. Auch dies zeigt wieder, dass eine umfassende Nutzung der Präsentationsmöglichkeiten mit PowerPoint eine sehr starke Festlegung *a priori* mit sich bringt. Insgesamt erweisen sich PowerPoint-Präsentationen im Vergleich zur Arbeit mit manifesten Folien und Overhead-Projektor als professionell schwieriger zu handhabendes, komplexeres Medium, das den ungeübten Nutzer leicht mehr in Anspruch nimmt, als es der Aufmerksamkeitslenkung der Zuhörer dienlich ist.

Als professionelle Leitlinien können die folgenden Anregungen gelten:

- *Zeigeoperationen festlegen*: Rückprojektionsmedien sind vor allem dadurch vorteilhaft, dass der Vortragende den Zuhörern zugewandt bleiben kann. Es schwächt die Aufmerksamkeitslenkung, wenn diese Gegenüberorientierung aufgegeben werden muss. Die Mittel, auf Folieninformation zu zeigen, sollten vorab zumindest bedacht werden; PowerPoint erlaubt – und erfordert – Festlegungen.
- *Zweitaufgaben vermeiden*: Wer seine Aufmerksamkeit auf mehr als eine Sache gleichzeitig richten muss, erleidet Einbußen der mentalen Verarbeitungsfähigkeit.

Dies ist eine Grundtatsache der kognitiven Psychologie. Vortragende sollten nicht durch eigenes Zutun mehrere Aufmerksamkeitsfoki (beispielsweise vortragsbegleitende Handouts oder verbale Informationen auf Folien, die nicht mit dem Redeinhalt übereinstimmen) anbieten.

• *Denken statt lesen*: Die Aufmerksamkeitsbindung der Zuhörer wird dadurch wahrscheinlicher, dass das gesprochene Wort auf „echtzeitlich" geplanten Sprachproduktionsprozessen beruht: wenn der Vortragende das, was er gerade sagt, auch gerade denkt. Dies ist ein entscheidender Vorteil freier Formulierung *in situ* gegenüber dem Ablesen von Manuskripten.

5 „hören – lesen – sprechen": und schreiben?

Die im Motto des Kongresses thematisierten Formen der Produktion und Rezeption von Sprache bedürfen nicht nur aus Gründen der sachlogischen Vollständigkeit einer Ergänzung um die vierte Zelle der Matrix aus den beiden Variablen „Produktion vs. Rezeption" und „mündliche vs. schriftliche Sprache": das Schreiben. Tatsächlich sind an Vorträgen und Präsentationen fast immer Schreibprozesse beteiligt, welche die Qualität des Resultats beeinflussen. So erfordert schon die Fähigkeit, ein ausformuliertes Vortragsmanuskript vorzubereiten, ein enormes Maß an Textproduktionskompetenz, da hierbei der Transfer von der materiellen Schriftlichkeit in eine konzeptionelle Mündlichkeit vorausgedacht werden muss. Aber auch der Umgang mit Projektionsmedien wie Overhead-Folien und PowerPoint beginnt mit Schreibprozessen. Welcher Art sind die Texte oder Prä-Texte (Gläser 1990) auf Folienpräsentationen? Antworten auf diese Frage sind derzeit schwerer zu finden als Instruktionen für komplexe farbliche und graphische Gestaltungsmuster. Die aufgeschriebenen Informationen sollen für den Vortragenden selbst eine Gedächtnis- und Gliederungsstütze bieten, sie sollen aber auch den Zuhörern sinnvoll und geordnet erscheinen, ohne zugleich den mündlichen Vortrag zu duplizieren oder gar im Detail vorhersagbar zu machen. Die Wissensvoraussetzungen der beiden Nutzergruppen – Vortragende und Zuhörer – sind diametral entgegengesetzt, und dennoch soll derselbe Text allen Bedürfnissen entgegenkommen.

Studierende tun sich häufig mit Folienbeschriftungen besonders schwer. Sie schreiben syntaktisch ausformulierte Sätze oder Kurztexte auf, welche dann an die Wand projiziert und wörtlich abgelesen werden. Die Zuhörer müssen sich entscheiden, ob sie hören oder lesen wollen, wobei die eigene Geschwindigkeit des (leisen) Lesens in der Regel nicht mit der Geschwindigkeit des vorgetragenen lauten Lesens synchronisiert ist. Dann merken die Vortragenden, dass diese Art der Präsentation den Realisierungsansprüchen eines Vortrags doch nicht ganz gerecht wird. Es sind auf den Folien nämlich zwar die Sätze ausformuliert, aber nicht die kohärenzstiftenden Konjunktionen zwischen ihnen. In der Aufregung der Situation fällt einem dann oft nicht mehr ein als die Minimalanbindung *und*. Von den fertig formulierten Sätzen kommt man ohnehin kaum wieder los; es ist viel leichter, Stichwörter flexibel auszuformulieren, als vorhandene Formulierungsvorgaben zu variieren. Und wenn der Vortrag ohnehin nur aus dem Ablesen der für alle sichtbaren Sätze und Textpassagen besteht: Warum sollte der Vortragende dann überhaupt noch etwas sagen? Und warum teilt man dann nicht gleich Papier aus, welches jeder Anwesende zeitlich selbstbestimmt am Platz lesen kann? Oder der ehemals Vortragende wandelt sich zum Moderator, der die Prozesse des Wissenserwerbs oder der Erkenntnis von Zusammenhängen nur noch medial regelt, aber nicht mehr durch eigenes aktuelles Zutun bewirkt. Irgendjemand muss zumindest noch die Präsentation starten, und der Letzte macht das Licht aus.

Nein! Die besondere Situation, in der eine wissende Person in einem normierten Rahmen anderen Interessierten etwas vermittelt, sie unterhält oder informiert (Herrmann/Grabowski 1994), ist nicht nur kulturhistorisch, sondern auch funktional nach wie vor sinnvoll. Die medialen Möglichkeiten dieses Tuns haben sich mit der Zeit nicht nur stetig verändert, sondern auch meistens verbessert. Der Tafelanschrieb ist langsamer als der Gedankenfluss und setzt die räumliche Abkehr vom Publikum voraus; Dia-Vorführungen erfordern Abdunklung und werfen den Vortragenden allein auf seine Stimme zurück; Overhead-Projektoren geben dem Vortragenden die eigene Regie der Folienunterstützung, ohne die Zuhörer aus dem Blick zu verlieren, etc. Als Lehrende ist es unsere Aufgabe, die Bedingungen und Fähigkeiten zu kennen und zu vermitteln, die einen professionellen Einsatz von Medien bei Vorträgen ermöglichen und fördern. Als Spezialisten sollten wir bei unserem eigenen Tun vorbildlich sein. Als Wissenschaftler schließlich müssen wir die Informationen bereitstellen, auf deren Grundlage Lehre und Praxis mit hoher Qualität möglich werden. Die an der Planung von medienunterstützten Vorträgen beteiligten Schreibprozesse sind beispielsweise noch ein Desiderat.

Literatur

Becker-Mrotzek, M. (2005): Präsentieren. In: praxis deutsch, 190, 6–13
Gläser, R. (1990): Fachtextsorten im Englischen. Narr, Tübingen
Grabowski, J. (2003): Kongressvorträge und Medieneinsatz: ein Plädoyer für Professionalität. In: Zeitschrift für Angewandte Linguistik, 39, 53–73
Herrmann, Th., Grabowski, J. (1994): Sprechen – Psychologie der Sprachproduktion. Spektrum Akademischer Verlag, Heidelberg
Jakobs, E.-M. (1999): Textvernetzung in den Wissenschaften. Niemeyer, Tübingen
Kriesbach-Jung, A. (1997): Handbuch für Präsentation und Vortrag. Naglschmid, Stuttgart
Will, H. (2002): Mini-Handbuch Vortrag und Präsentation. Beltz, Weinheim

EDUARD HAUEIS

Zur Re-Artikulation literarisch kodierter Sprechweisen

Horst Belke zum 70. Geburtstag

In unserer Schriftkultur gibt es für die Aussage, ein Kind könne lesen oder schreiben, insofern unterschiedliche Bedeutungsebenen, als die Fähigkeit zum Erkennen und zum Nachvollzug einzelner Buchstabenformen und die Zuordnung dieser Schriftzeichen zu Lautwerten nicht schon dazu führen muss, die Abfolge von Schriftzeichen mit dem Erfassen von Wort-, Satz- und Textbedeutungen zu verbinden. Dieses Spannungsverhältnis zwischen der bedeutungsunterscheidenden Funktion der Schriftzeichen und der bedeutungstragenden Funktion der Schrift ist kennzeichnend für eine phonographische Schrift; in Kulturen mit einer logographischen Schrift existiert es in dieser Weise nicht. Damit verbunden ist ein zweiter Aspekt, auf den ich im Folgenden näher eingehen werde: Mit Hilfe einer Schrift, die sich auf die Klanggestalt einer Sprache stützt, kann man ideolektal, soziolektal, dialektal und situativ bedingte Sprechweisen modellieren. Das ist weder für die Kultur-, Literatur- und Sprachgeschichtsschreibung noch für die Literatur-, Sprach- und Sprechdidaktik ein trivialer Sachverhalt. Allerdings steht er im Mainstream der genannten Disziplinen nicht eben im Mittelpunkt der Aufmerksamkeit, und auch davon wird nun die Rede sein.

Nimmt man die Zeichenzahl als Maß für den Schwierigkeitsgrad einer Schrift, scheint es keine große Sache zu sein, die Kulturtechniken des Lesens und Schreibens auf der Grundlage einer Alphabetschrift mit etwa drei Dutzend Buchstaben und Sonderzeichen zu erlernen. Wir können inzwischen wissen, dass die Grundannahme falsch ist (vgl. etwa Stetter 2002); trotzdem wirkt sie bei den psychologisch fundierten Modellierungen des Textverstehens nach, die in der Deutschdidaktik nicht nur herangezogen werden, wenn es um das Erlesen von Sachtexten geht, sondern bei den Modellierungen von Kompetenzen des literarischen Lesens als Darstellung eines Bündels nicht weiter zu hinterfragender Basiskompetenzen Erwähnung finden – eben als das, was das „Rekodieren" betrifft, die Umsetzung einer Buchstabenfolge in eine Kette von Lauten und der Verknüpfung zu Wörtern. Der Umgang mit Alphabetschriften ist keineswegs „einfacher" als der mit einer Wortschrift von zehntausenden Zeichen, weil sie besonders hohe Anforderungen an spezifische Fähigkeiten im Umgang mit Sprache stellen. Dass wir glauben, die Wörter unserer Sprache als eine Folge von Lauten zu hören, beruht darauf, dass wir gelernt haben, unsere Sprache durch die Brille unseres Schriftsystems wahrzunehmen. Ohne diese Brille ist die kleinste artikulatorische Sprecheinheit, in die wir unsere Äußerungen gliedern können, die Silbe. Zum Begriff des Einzellautes kommt man im Grunde genommen erst auf dem Umweg, herauszufinden, an welchen Stellen und worin sich Silben voneinander unterscheiden (vgl. Rigol 1998). Schon deshalb können Alphabetschriften grundsätzlich nicht als unmittelbare Abbildungen einer Lautsprache gelten (vgl. Stetter 2002). Ähnlich wie Standbilder aus einem Film fixieren die Grapheme einer Alphabetschrift nur bestimmte Positionen im Ablauf einer artikulatorischen Bewegung, die zum Klangbild einer Silbe führt: den Anfang, die Stelle mit der größten Klangfülle und das Ende. Die Klanggestalt, die Anfänger aus der Abfolge von Silben konstruieren, ist meistens keineswegs identisch mit der, die sich aus der Artikulation in der eigenen Sprechsprache ergeben würde. Denn weil Alphabetschriften individuelle, lokale und soziale Varietäten zu überbrücken haben, müssen die Schreiber und Leser von solchen Unterschieden abstrahieren können. Das Lesen besteht demnach darin, gegebene Schriftzeichen für die Re-Artikulation von sprachlichen Äußerungen zu nutzen. Den Begriff des Rekodierens halte ich in diesem Zusammenhang für irreführend, denn er vermittelt den Eindruck, mit der Zuordnung von Schriftzeichen zu Lauten sei die alphabetische Strategie des Lesens im Kern schon richtig erfasst. Genau genommen kommt durch das Re-Artikulieren die Klanggestalt einer künstlich hervorgebrachten Sprache (eben der Schriftsprache) zustande, die im günstigsten Fall mit der primär erworbenen Erstsprache ziemlich viele Ähnlichkeiten aufweist, aber so gut wie nie mit ihr identisch ist. Für diesen komplexen Zusammenhang hat man es in der Didaktik an Aufmerksamkeit fehlen lassen. Stattdessen orientiert man sich lieber an einem Lesebegriff, der den psychologischen Untersuchungen zum Textverstehen zugrunde liegt. Hier gilt ein Text als verstanden, sofern die sprachlich kodierten Informationen nach der Lektüre zur Verfügung stehen. In diesem Kontext kann man mit Konstrukten arbeiten, die aus den gegebenen sprachlichen Formulierungen abgeleitet sind. Leser sind aber unmittelbar nicht mit Konstrukten (wie Propositionen oder mentalen Konstellationen) konfrontiert, sondern mit deren sprachlichen Erscheinungsformen, und die Aufmerksamkeit dafür sollte beim literarischen Lesen nicht als nebensächlich gelten, erst recht dann nicht, wenn es sich um Texte handelt, in denen mündliche Sprechweisen schriftlich kodiert sind. Eine Modellierung des Lesens, die vom Re-Artikulieren nichts weiß und das Re-Kodieren von Graphemen zu Phonemen nur als Routine der basalen Lesefähigkeit kennt, wird dem nicht gerecht.

Bis es in der Geschichte der Literatur gelang, literarisch gestaltete Sprechweisen schriftlich zu fixieren – oder, anders gesagt: die Illusion von Mündlichkeit schriftlich zu erzeugen –, war ein langer und verschlungener Weg zurückzulegen. In einer Untersuchung der deutschen Erzählprosa kommt Anne Betten (1985) zu dem Ergebnis, dass sich die syntaktischen Merkmale konzeptioneller Mündlichkeit zunächst nicht in der direkten Redewiedergabe zeigten, sondern in den kommentierenden, beschreibenden und berichtenden Passagen der Texte. Im Theater war die Imitation spontanen alltagsweltlichen Sprechens und die sprachliche Kennzeichnung der regionalen und sozialen Herkunft von Personen lange Zeit dem improvisierenden Spiel vorbehalten und ist in Deutschland vor den Dramen des Sturm und Drang allenfalls in bescheidenen Ansätzen zu lesen. Mit den hierfür entwickelten literarischen Verfahren konnten Per-

sonen, die „nicht von Stande" waren, durch ihre Sprechweise im Hinblick auf ihre soziale Lage, ihre regionale Herkunft und ihren individuellen Eigenschaften gekennzeichnet werden. Anders gesagt: Vor dem Hintergrund einer Literatursprache mit nor-
mativer Gültigkeit als Hochsprache sind es die „kleinen Leute", die „nicht nach der
Schrift sprechen" – was mit den Mitteln einer Alphabetschrift so zu kodieren ist, dass
es beim Re-Artikulieren hörbar gemacht werden kann: nicht nur durch eine Phono-
graphie, die auf phonetische Besonderheiten schließen lässt, sondern auch durch das
Notieren von prosodischen Eigenschaften, von Stockungen, Wiederholungen, Pausen
und Abbrüchen mit Mitteln der Interpunktion und der Typographie.

In einem weiteren Verständnis gehört zur Interpunktion nicht nur die Verwendung
von Satzzeichen, sondern auch die kolometrische, d. h. zeilenweise Gliederung von
Texten. An anderer Stelle (Haueis 2000) habe ich ausgeführt, wie Thomas Bernhard
schriftlich durch den Gebrauch von Interpunktionsmitteln Klanggestalten erzeugt.

Beispiele für das literarische Nachgestalten des Sprechens kleiner Leute finden
sich in der deutschen Literatur spätestens seit den dramatischen Werken des Sturm
und Drang, bei Büchner, im Naturalismus und in den neuen Volksstücken des 20.
Jahrhunderts. Das kann mit unterschiedlichen Intentionen geschehen: um den „Unte-
ren" eine eigene Stimme gegen die „Oberen" zu verleihen, um die Beschränkungen
des sprachlichen Artikulierens kritisch aufzuzeigen, aber auch – wie etwa bei Brecht
– ideologisch verstellte Verhältnisse durch Formulierungen in einer künstlichen
Schlichtheit und Naivität auf den gewünschten Begriff zu bringen. Eine derartige Modellierung lässt die Sprechweisen der „kleinen Leute" nicht als restringiert erscheinen, sondern als ein Werkzeug zur adäquaten Artikulation von emanzipatorischen Interessen. Den Abstand zur Bildungssprache als ideologiekritische Distanzierung zu
markieren, kann beim Publikum nur unter der Voraussetzung funktionieren, dass die
Bildungssprache des literarischen Kanons als „abgehoben", „entrückt" und insofern
als ein Medium der Verschleierung eingeschätzt wird. Diese Einschätzung mag in Anbetracht der Rezeptionsgeschichte kanonisierter Literatur nachvollziehbar erscheinen,
sie verfehlt aber den Anspruch, der mit dem gehobenen Sprechen in der deutschen Literatur des späten 18. und frühen 19. Jahrhunderts verbunden war. Ich habe an anderer Stelle darauf hingewiesen, dass die Dramaturgie der sogenannten Weimarer Klas-
sik darauf angelegt war, das Schickliche so zu modellieren, „dass es als natürlicher
Anstand in Erscheinung treten konnte" (Haueis 1997, 31). Es kam also darauf an, ge-
hobenes Sprechen als eine „Natur zweiten Grades" zu modellieren, als ein Sprechen,
durch das potentiell alle sich ungezwungen artikulieren können. Den fünfhebigen
Jambus als akzentuierenden Sprechvers mit einer metrisch geregelten Abfolge von
druckschwachen und druckstarken Silben habe ich als eines der Verfahren zur Erzeugung dieser Art von künstlicher Natürlichkeit erwähnt, welche die Schauspieler vor
eine völlig neue Aufgabe stellte. Worin sie besteht, rücke ich nun in den Mittelpunkt
meiner Darstellung. Warum ich mich hier lieber darauf konzentriere als auf die
schriftliche Kodierung alltagsweltlicher Sprechweisen, werde ich am Schluss kurz er-
läutern.

Beim Sprechen fünfhebiger Jamben sind zwei Gliederungsprinzipien gegeneinander auszubalancieren, die das Gesagte auf verschiedene Weise akzentuieren. Das eine ist durch die deutsche Wort- und Satzprosodie gegeben, das andere durch den fünfmal wiederholten regelmäßigen Wechsel von Hebungen und Senkungen im Metrum des Verses. Dieses Metrum kommt zwar der Wortprosodie entgegen, ist mit ihr jedoch nicht kongruent. Wortstämme sind überwiegend einsilbig und grundsätzlich betonbar, und in flektierten Formen folgt ihnen meistens nur ein Flexiv in einer unbetonten Silbe; vorausgehen können ihnen unbetonte Präfixe und Funktionswörter im Umfang von maximal zwei Silben. Insofern basiert der fünfhebige Jambus auf einem bereits vorgegebenen jambisch-trochäischen Grundmuster. Zur Veranschaulichung führe ich ein Beispiel an, in dem es sich in den meisten zitierten Versen durchsetzt, in dem man aber zugleich die Bedingungen für das Vorliegen von Inkongruenzen aufzeigen kann. Der Beginn von Goethes *Iphigenie* lautet in der Prosafassung:

> Heraus in eure Schatten, ewig rege Wipfel des heiligen Hains, hinein ins Heiligtum der Göttin, der ich diene, tret ich mit immer neuem Schauer, und meine Seele gewöhnt sich nicht hierher! So manche Jahre wohn ich hier unter euch verborgen, und immer bin ich wie im ersten fremd, denn mein Verlangen steht hinüber nach dem schönen Lande der Griechen, und immer möcht ich übers Meer hinüber, das Schicksal meiner Vielgeliebten teilen.
> (Iphigenie auf Tauris. Erste Prosafassung, I,1. Poetische Werke. Berlin: Aufbau-Verlag, Band 7, 587)

Daraus wird in der Versfassung:

> Heraus in eure Schatten, rege Wipfel
> Des alten, heil'gen, dichtbelaubten Haines,
> Wie in der Göttin stilles Heiligtum
> Tret ich noch jetzt mit schauderndem Gefühl,
> Als wenn ich sie zum erstenmal beträte,
> Und es gewöhnt sich nicht mein Geist hierher.
> So manches Jahr bewahrt mich hier verborgen
> Ein hoher Wille, dem ich mich ergebe;
> Doch immer bin ich, wie im ersten, fremd.
> Denn ach! mich trennt das Meer von den Geliebten,
> Und an dem Ufer steh ich lange Tage,
> Das Land der Griechen mit der Seele suchend;
> Und gegen meine Seufzer bringt die Welle
> Nur dumpfe Töne brausend mir herüber.
> (Iphigenie auf Tauris, I,1. Poetische Werke. Berlin: Aufbau-Verlag, Band 7, 641)

In dem Vers:
Wie in der Göttin stilles Heiligtum

gehen drei einsilbige Funktionswörter dem ersten Nennwort *Göttin* mit betontem Stamm voraus. Dem Metrum zufolge läge die erste Hebung auf *in*. Das sollte aber nicht dazu führen, den Vers so zu taktieren:

Wie **in** der **Göt**tin **still**es **Hei**lig**tum**

Zwei Inkongruenzen zwischen Metrum und Prosodie enthält der darauf folgende Vers:

Tret ich noch jetzt mit schaudern*dem* Gefühl,

Das Flexiv des Finitums *trete* ist elidiert; dadurch steht das Personenzeigwort *ich* in unmittelbarer Nachbarschaft zum Verbstamm. Unter metrischen Gesichtspunkten kommen nun zwei Lesarten in Betracht. Lässt man den Stamm mit einer Hebung zusammenfallen, hat dies eine Umkehrung der jambischen Akzentverteilung zu einer trochäischen zur Folge, sodass auf die Hebung auf *tret* zwei Senkungen bis zur nächsten Hebung auf *jetzt* folgen. Dazu könnte es im übernächsten Vers eine Parallele geben, wenn man das Einleitewort *und* betont und die darauf folgenden beiden Silben unbetont lässt:

Und es ge**wöhnt** sich **nicht** mein **Geist** hier**her**.

Diese Lösung, die man in der Verslehre als Anaklasis bezeichnet, ist indessen nicht zwingend. Denkbar ist nämlich auch, das elidierte *ich* in der Position einer Hebung zu sehen. Das stünde insofern im Einklang mit der Satzprosodie, als nicht der Stamm, sondern der Verbzusatz *heraus* den Wortakzent trägt. Eine Hervorhebung durch Akzent auf *ich* darf in diesem Fall aber genauso wenig eintreten wie auf die letzte Silbe von *schauderndem*, auf die Präposition *in* im vorigen Vers und auf das expletive *es* im übernächsten.

Bereits diese kurzen Hinweise können genügen, um das für den fünfhebigen Jambus typische Spannungsverhältnis zwischen Prosodie und Metrum zu umreißen. Offensichtlich ist es so, dass unbetonte und unbetonbare Silben in der Position einer Hebung stehen können, und nicht immer ist die Möglichkeit gegeben, darin eine Anaklasis zu sehen. Tonbeugung, die Unterordnung der Prosodie unter die Vorgaben des Metrums, stünde im Widerspruch zu der mit dem Blankvers angestrebten „Natürlichkeit" des Sprechens in Versen. Auszubalancieren ist das Auseinandertreten von Prosodie und Metrum durch eine „schwebende Betonung" in den Verspartien, die dem metrischen Wechsel von Hebung und Senkung nicht unterworfen werden können. Der „Schwebezustand" ist durch ein Aussetzen dieses Wechsels zu erreichen.

Das muss man nun nicht als eine Verlegenheitslösung betrachten. In der Verslehre wird die schwebende Betonung auch als ein Gestaltungsmittel behandelt, das der Monotonie eines gleichförmigen Wechsels von druckstarken und -schwachen Silben entgegenwirken kann. Unter diesem Aspekt liegt es nahe, eine schwebende Betonung auch dann ins Auge zu fassen, wenn sie nicht zwingend notwendig, sondern nur möglich erscheint. Demnach könnte man davon absehen, Funktionswörter (Konjunktionen, Präpositionen und schwachtonige Pronomina), die in der Position einer Hebung stehen, durch Druckakzent zu betonen. Auf die einleitenden Iphigenie-Verse angewandt, ergäbe sich folgendes Bild:

He**raus** in eure **Scha**tten, re**ge Wip**fel	4
Des **al**ten, **heil**'gen, **dicht**belaub**ten Hai**nes,	5
Wie in der **Göt**tin **stil**les **Heilig**tum	4
Tret ich noch **jetzt** mit **schau**derndem Ge**fühl**,	3
Als wenn ich sie zum **ers**tenmal be**trä**te,	2
Und es ge**wöhnt** sich nicht mein **Geist** hier**her**.	3
So **man**ches **Jahr** be**wahrt** mich **hier** ver**bor**gen	5
Ein **ho**her **Wil**le, dem ich mich er**ge**be;	3
Doch **im**mer **bin** ich, wie im **ers**ten, **fremd**.	4
Denn **ach**! mich **trennt** das **Meer** von den Ge**lieb**ten,	4
Und an dem **Ufer steh** ich **lan**ge **Ta**ge,	4
Das **Land** der **Grie**chen mit der **See**le **su**chend;	4
Und gegen meine **Seuf**zer **bringt** die **Wel**le	3
Nur **dump**fe **Tö**ne **brau**send mir her**über**.	4

Von den 14 Versen enthalten nur zwei die volle Zahl von fünf druckstarken Hebungen; in einem Dutzend Verse kommen vier oder drei betonte Hebungen vor, in einem Fall nur zwei. In den Versen mit weniger als vier betonten Hebungen kann man sehen, dass die schwebende Betonung (also eine Neutralisierung des Unterschieds zwischen druckstarken und -schwachen Silben) die satzsemantisch bedingte Prosodie nicht abschwächt, sondern besonders deutlich zutage treten lässt.

Dieses Bild ist zu vervollständigen und zu differenzieren, wenn man Fälle einbezieht, in denen durch typographische Kennzeichnung eines Wortes die Hervorhebung der in einer Senkung liegenden Tonsilbe gefordert wird. Zur Verdeutlichung wähle ich drei Beispiele aus Schillers *Wallenstein*-Trilogie, in der von typographisch markierten Hervorhebungen ziemlich oft Gebrauch gemacht wird, wobei in den meisten Fällen diese Markierungen Wörtern gelten, deren Tonsilbe ohnehin auf einer metrischen Hebung liegt. Anders verhält es sich hier:

(1)
Denkt nicht, daß ich ein Weib sei. Weil ich ihm
Getraut *bis* heut, will ich auch *heut* ihm trauen.

(2)
Was
Geht euer Neid *mich* an und mein Geschäft?
Daß ihr sie haßt, das macht sie mir nicht schlechter.
(Wallensteins Tod, III, 1. Friedrich Schiller: Sämtliche Werke, Auf Grund der Originaldrucke hg. von Gerhard Fricke und Herbert G. Göpfert in Verbindung mit Herbert Stubenrauch, 3. Auflage, München: Hanser, 1962 Bd. 2, 437)

(3)
Du hasts erreicht, Octavio – Fast bin ich
Jetzt so verlassen wieder, als ich einst
Vom Regenspurger Fürstentage ging.
Da hatt ich nichts mehr als mich selbst – doch was
Ein Mann kann wert sein, habt ihr schon erfahren.
(Wallensteins Tod, III, 13. Friedrich Schiller: Sämtliche Werke, 471)

Im ersten Beispiel kommt das Wort *heut* zweimal in der Position einer Hebung vor. Typographisch hervorgehoben ist die Opposition von *bis (heut)* und *heut*. Die markierte Präposition befindet sich metrisch aber in der Position einer Senkung. Das gilt auch für das markierte *mich* im zweiten Beispiel. Im dritten Beispiel ist die ganze Nominalgruppe *ein Mann* mit einer typographischen Markierung versehen. In der Position einer Hebung steht das Nomen, der ebenfalls markierte Begleiter *ein* dagegen nicht. In solchen Fällen hätte die Re-Artikulation scheinbar Widersprüchliches zu leisten: Sie müsste den Akzent in der Senkung vermeiden und zugleich die typographisch markierte Hervorhebung realisieren. Die Neutralisierung des Druckakzents durch schwebende Betonung allein führt nicht zur Lösung des Problems. Ein Ausweg ist zu finden, wenn man bedenkt, dass in der Sprechsprache für Hervorhebungen durch Emphase oder Kontrast nicht Druckakzente, sondern tonale Akzente ausschlaggebend sind. Neutralisiert man die durch das metrische Schema verteilten Hebungen nach Druckakzenten durch schwebende Betonung, kann man die kontrastiven und emphatischen Betonungen durch tonale Akzente realisieren.

Ich betrachte diese Beispiele als Indizien dafür, dass in den Druckausgaben von Dramen in Blankversen das metrische Schema mit der Interpunktion durch Zeilengliederung und der typographischen Markierung zu einer Kodierung von Sprechweisen zusammenspielt, die sich durch eine explizite Artikulation auszeichnen. Denn der Unterschied zur Prosa in den Sprechtexten von Theaterstücken besteht nicht in einem besonderen Reichtum an sprachlichen Bildern, einer gesuchten Wortwahl oder in einem „geschraubten" Satzbau. Er zeigt sich vielmehr in der Sorgfalt, die auf das Erfassen der Klanggestalt der Rede gelegt ist. So zu sprechen, mag nicht allgemein üblich sein, doch erscheint es als allen möglich. Das zeigt sich im übrigen auch da, wo alltagsweltliche Handlungsmuster (wie etwa bei Kleist eine Befehlsausgabe in einer militärischen Kommandozentrale oder ein Ehegespräch im Konversationston) in fünfhebigen Jamben wiedergegeben sind.

Von Explizitheit der Artikulation kann in doppelter Hinsicht gesprochen werden. Zum einen lässt die gebundene Rede im Blankvers das Improvisieren nicht zu; man muss sich an den schriftlich fixierten Sprechtext halten, der ausdrücklich der dialektfreien Orthoepie der überregionalen Literatursprache folgt. Zum anderen findet man, sofern man die Interaktion zwischen dem metrischen Schema und der natürlichsprachlichen Prosodie nicht ignoriert, für den Sprechtext einen Rhythmus (im Sinne vom Lösener 1999), der die Bedeutung des Gesagten in einer Klanggestalt sinnlich erfahrbar werden lässt.

Die Bedeutung der Klanggestalt als Verkörperung des Gedankens betont Wilhelm von Humboldt (1824) in seiner Abhandlung über die Buchstabenschrift (zit. nach: Werke in fünf Bänden, hgg. von A. Flitner, K. Giel, Bd. III, 92): „Die Eigenthümlichkeit der Sprache besteht darin, dass sie, vermittelnd, zwischen den Menschen und den äusseren Gegenständen eine Gedankenwelt an Töne heftet." Durch eine Alphabetschrift werde das Gegliedertsein der sprachlichen Klanggestalten präzise erfasst und ins Bewusstsein gehoben, was Konsequenzen für die metrisch-rhythmische Gestaltung in der Poesie nach sich ziehe. „Das reine und volle Hervorbringen der Laute, die Sonderung der einzelnen, die sorgfältige Beachtung ihrer eigenthümlichen Verschiedenheit kann da nicht entbehrt werden, wo ihr gegenseitiges Verhältnis die Regel ihrer Zusammenreihung bildet. Es hat gewiss rhythmische Dichtung bei allen Nationen vor dem Gebrauch einer Schrift gegeben, auch regelmässig sylbenmessende bei einigen, und bei wenigen, vorzüglich glücklich organisirten hohe Vortreflichkeit in dieser Behandlung. Es muss diese aber unläugbar durch das Hinzukommen des Alphabets gewinnen [...]" (96)

Neu ist weder dieses Resümee noch ist es die Begrifflichkeit, die zur Beschreibung der Einzelbeobachtungen diente. Als Mitte des 18. Jahrhunderts Johann Christoph Gottsched auf den Vers der englischen Tragödien aufmerksam machte (Versuch einer Critischen Dichtkunst, 4. Auflage Leipzig 1751 [Teil I, XII. Hauptstück, § 30, 407f], zitiert nach der Faksimile-Ausgabe der Wissenschaftlichen Buchgesellschaft, Darmstadt 1982), hob er die Vorteile der Reimlosigkeit hervor. Sie bewahre die Komödianten vor Unnatürlichkeit durch „Herbeten" oder „Hersingen" und folge „dem Exempel der Alten, die in ihren besten Tragödien fast lauter ungereimte Verse brauchen". Tragödien und Komödien sollten „von rechtswegen in einer leichten Art von Versen geschrieben seyn; damit sie von der gemeinen Sprache nicht merklich unterschieden, und doch einigermaßen zierlicher, als der tägliche Umgang der Leute, seyn mögen". Was Gottsched, noch bevor der Blankvers in der deutschen Dramenliteratur etabliert war, im Sinn hatte, ist also eine verschönerte (verfeinerte) Natürlichkeit.

In Johann Christoph Adelungs *Grammatisch-kritisches Wörterbuch der Hochdeutschen Mundart* (Bd. IV. Ausgabe letzter Hand. Leipzig 1793–1801) findet sich unter dem Lemma *zierlich* folgender Eintrag: „Zierlich, -er, -ste, adj. et adv. 1. In den Rechten ist ein zierlicher Eid, der mit den gewöhnlichen feyerlichen Umständen abgelegt wird, ein feyerlicher Eid; eine außer diesem Falle veraltete Bedeutung. 2. Verschönert. Eine zierliche Hand schreiben, zierlich schreiben. Ein zierlicher Gang, ein schöner. Eine zierliche Schreibart, eine schöne, lebhafte. Zierlich Deutsch schreiben. Das Wort fängt in vielen Fällen, wo man es sonst gebrauchte, an, zu veralten, oder doch weniger edel zu seyn, indem schön, artig, u. s. f. üblicher sind." (1713. Zitiert nach: Elektronische Volltext- und Faksimile-Edition. Directmedia Berlin 2001, Digitale Bibliothek Band 40)

Ohne explizite Bezugnahme auf diesen Vers betonte Goethe ein halbes Jahrhundert später in den *Regeln für Schauspieler* (1803) die Bedeutung des sorgfältigen Artikulierens und sah – wie Gottsched – zwei Klippen des Deklamierens: das Singen und die

Monotonie – „zwei Klippen, eine so gefährlich wie die andere, zwischen denen noch eine dritte verborgen liegt, nämlich der *Predigerton*. Leicht, indem man der einen oder anderen Gefahr ausweicht, scheitert man an dieser." (§21, zitiert nach: Goethe, Schriften zur Literatur I. Berlin: Aufbau-Verlag, Bd. 17, 88).

In der gegenwärtigen Schauspielkunst freilich scheint die Gefahr des „Hersingens" von Dramenversen gebannt und der „Predigerton" auf einzelne „Ausbrüche" des Schreiens und Brüllens reduziert zu sein. Weit verbreitet ist dagegen eine neue Art der Monotonie. Sie beruht nicht auf dem „Herbeten" in der Spur des Metrums, sondern darauf, es durch schnelles Sprechen in einer „flachen Prosodie" – der undeutlich artikulierenden Sprechweise mancher Jugendlicher nicht unähnlich – außer Kraft zu setzen. Im Ergebnis wird dadurch der im literarischen Text kodierte Zugewinn an sprachlicher Artikulationskraft verspielt – bis hin zur Häufung sinnwidriger Betonungen. Versuche, die Einbuße an sprachlicher Deutlichkeit durch einen Mehraufwand an gestischer Begleitung auszugleichen, gehen auf Kosten des Eindrucks von „Natürlichkeit". Der Schriftsteller Martin Mosebach ist denn auch vor kurzem in einem Beitrag für die Süddeutsche Zeitung (Nr. 104, 7.5.05, 16) zur Feststellung gelangt, „dass eine sinnvolle Annäherung an den dramatischen Schiller alle Gegenwartskonventionen verlassen müsste". Ob „Schiller selbst [...] von allem, was auf deutschen Bühnen heute geboten wird, wahrscheinlich die Oberammergauer Passionsspiele [...] am meisten geschätzt" hätte, bleibe dahingestellt. Abwegig erscheint mir diese Vermutung indessen nicht. Denn das sprachlich kultivierte Laienspiel hat es in der Tat mit einem Problem zu tun, für das man in der Schauspielkunst der Goethezeit ernsthaft nach Lösungen gesucht hatte: die Sprache der Schrift so artikulieren zu können, als seien es die eigenen Worte.

Überlegungen zur Erweiterung der Artikulationsfähigkeit kommen derzeit allenfalls in der Sprachdidaktik zum Zuge. Modellierungen der „Lesekompetenz" ziehen das Re-Artikulieren explizit gar nicht in Betracht, sondern bleiben dabei, die „technische Seite" des Lesens als Fähigkeit zum Rekodieren beiseite zu schieben und das lese- und literaturdidaktische Interesse einerseits auf die motivationalen Aspekte des Lesens, andererseits auf die kognitive, affektive und sozio-emotive Verarbeitung des Gelesenen zu konzentrieren, indem man das Interesse am Lesen weckt und die subjektive, intersubjektive und kulturelle Bedeutsamkeit des Gelesenen zur Geltung bringt. In diesem Rahmen bewegt sich auch der Vorschlag von Thomas Zabka (2005), „Verfahren der erzählerischen Stimmengestaltung auf ihren Sozialisationswert hin" zu befragen, weil es Schülern leichter fallen kann, „eine eigene Stimme zu finden, wenn sie die Stimmen anderer annehmen und modifizieren" (a. a. O., 41). Erzähltheoretisch beruft sich Zabka auf die Arbeiten Gérard Genettes ([2]1998) und Michail M. Bachtins (1979). Dass im literarischen Erzählen die Stimmengestaltung mit den Mitteln einer Alphabetschrift erfolgt, die zu erlesen erst im Unterricht erlernt werden muss, spielt dabei keine Rolle. Ich erwähne dies nicht, um derartige Vorschläge zu kritisieren, sondern um darauf hinzuweisen, welche Art von erfolgreich vollzogenen Lernprozessen damit stillschweigend vorausgesetzt wird. Von solchen Lernprozessen kann die Literaturdidaktik problemlos absehen, sofern sie es mit Texten zu tun hat, in denen mit den Mitteln einer Alphabetschrift Sprechweisen kodiert sind, deren Re-Artikulation den Bereich der Umgangssprache nicht überschreitet. Eine adäquate Re-Artikulation von Blankversen hingegen führt die Stimme zu Klanggestalten, die in der natürlichen Sprechsprache zwar potenziell angelegt sind, sie aber nicht imitieren.

Unter den vorzugsweise medientheoretisch orientierten literaturwissenschaftlichen Arbeiten zu Stimme und Schrift lässt sich F. A. Kittler ([2]1987) ausführlich darauf ein, dass und wie „Aufschreibesysteme" zu erlernen sind. Die Didaktik der deutschen Sprache und Literatur nimmt davon kaum Notiz. Ich bin von der – übrigens auch medientheoretisch interessanten – Einsicht ausgegangen, dass die „Technologie" der Schrift (und ihrer Nutzung bei der literarischen Gestaltung) nicht auf der analogen Wiedergabe von gesprochener Sprache beruht, sondern auf der Erzeugung von Sprache in einer anderen Sinnesmodalität. Unter dieser Voraussetzung verdient die Frage, wie eine so erzeugte Sprache durch Re-Artikulation hörbar gemacht werden kann, mehr Aufmerksamkeit, als ihr in den letzten Jahren gewidmet wurde.

Literatur

Abel, Julia (2005): Erzählte Identität. Mündliches Erzählen in der neueren deutschen ‚Migrantenliteratur'. In: Der Deutschunterricht, H. 2, 30–39

Aust, Hugo (2003): Entwicklung des Textlesens. In: Bredel et al. (eds.): Sprachdidaktik Deutsch, Bd. 1. Schöningh, Paderborn, 525–535

Bachtin, Michail M. (1979): Die Ästhetik des Wortes. Suhrkamp, Frankfurt/M.

Betten, Anne (1985): Direkte Rede und epischer Bericht in der deutschen Romanprosa. Stilgeschichtliche Betrachtungen zur Syntax. In: Sprache und Literatur in Wissenschaft und Unterricht, H. 55, 25–41

Fritzsche; Joachim (2004): Formelle Sozialisationsinstanz Schule. In: Groeben, Norbert, Hurrelmann, Bettina (eds.): Lesesozialisation in der Mediengesellschaft. Ein Forschungsüberblick. Juventa, Weinheim/München, 202–249

Genette, Gérard ([2]1998): Die Erzählung. Fink, München

Groeben, Norbert, Hurrelmann, Bettina (2004): Fazit: Lesen als Schlüsselqualifikation? In: Groeben, Norbert, Hurrelmann, Bettina (eds.): Lesesozialisation in der Mediengesellschaft. Ein Forschungsüberblick. Juventa, Weinheim/München, 440–465

Gross, Sabine (1994): Lese-Zeichen. Kognition, Medium und Materialität im Leseprozeß. Wissenschaftliche Buchgesellschaft, Darmstadt

Günther, Hartmut (2004): Modelle des Lesenlernens. In: Härle, Rank (eds.): Wege zum Lesen und zur Literatur. Schneider, Baltmannsweiler, 35–50

Haueis, Eduard (1997): Vom Theater der Schule zur Schule des Theaters. In: Belgrad (ed.): TheaterSpiel. Ästhetik des Schul- und Amateurtheaters. Schneider, Baltmannsweiler, 23–37

– (2000): Schriftlich erzeugte Mündlichkeit: Thomas Bernhards Interpunktionen. In: Bührig, Redder (eds.): Sprachliche Formen und literarische Texte. OBST, H. 61, 19–42

Humboldt, Wilhelm von (1824): Über die Buchstabenschrift und ihren Zusammenhang mit dem Sprachbau. In: H., Werke in fünf Bänden, hgg. von A. Flitner, K. Giel, Bd. III. Wiss. Buchgesellschaft, Darmstadt, [5]1979, 82–112

Hurrelmann, Bettina (2004): Bildungsnormen als Sozialisationsinstanz. In: Groeben, Norbert, Hurrelmann, Bettina (eds.): Lesesozialisation in der Mediengesellschaft. Ein Forschungsüberblick. Weinheim/München: Juventa, 280–305

Jürgens, Frank (2005): Mündlichkeit und Schriftlichkeit in Texten bzw. Textsorten. In: Der Deutschunterricht. H.1, 23–33

Kittler, Friedrich A. (²1987): Aufschreibesysteme 1800–1900. Fink, München

Lösener, Hans (1999): Der Rhythmus in der Rede. Niemeyer, Tübingen

Rigol, R. M. (1998): Alphabet und Silbe. Erfahrungen mit dem Anfang der Schriftlichkeit. In: Weingarten, R., Günther, H. (Hg.) Schriftspracherwerb. Schneider, Baltmannsweiler. 19–35

Stetter, Christian (2002): Über die Schwierigkeiten, eine Alphabetschrift zu erlernen. In: Villers (ed.): Antike und Gegenwart. Festschrift für Matthias Gatzemeier. Königshausen Neumann, Würzburg 127–175

Zabka, Thomas (2005): Vom Nutzen des literarischen Erzählens für die sprachliche Sozialisation. Didaktische Überlegungen am Beispiel der narratologischen Kategorie „Stimme". In: Der Deutschunterricht, H. 2, 40–49

CHRISTA M. HEILMANN

Christian Winkler im Licht aktueller Lesetheorien

1 Ausgangsüberlegungen

Christian Winkler (1904–1988), von 1949–1972 als Sprechwissenschaftler an der Philipps-Universität Marburg tätig, hat sich mit seinem als „Leselehre" verkürzt formulierten Konzept der sprecherischen Gestaltung von Prosatexten einem Gebiet der Sprechwissenschaft gewidmet, das bis zum Zeitpunkt der Erstveröffentlichung (1940 1. Aufl. von „Lesen als Sprachunterricht", vorher 1939 erste Aufsätze) wenig Berücksichtigung gefunden hatte. „Kriterien des textgebundenen Sprechhandelns fürs Hörverstehen" könnte das Konzept konkretisiert werden, es fokussiert also die Fragestellung, welche Aspekte beim Vorlesen Berücksichtigung finden sollten, um das zuhörende Verstehen zu ermöglichen bzw. zu unterstützen. „Sinngestaltendes Lesen für das Sinnverstehen beim Zuhören" könnte Winklers „Leselehre" überschrieben werden.

Bis 1962 wurde die Arbeit „Lesen als Sprachunterricht" in verschiedenen Auflagen ohne entscheidende Veränderungen publiziert, bis zur Dudenauflage von 1992 auch sein darin enthaltener Aufsatz „Die Klanggestalt des Satzes", und die zentralen Inhalte sind bis heute Bestandteil sprechwissenschaftlicher Curricula. So liegt der Gedanke nahe, die Grundthesen dieses erfahrungswissenschaftlich gewonnenen Konzepts im Licht moderner Lesetheorie zu überprüfen.

2 Die Hauptthesen Winklers *Leselehre*

„Jeder Geschehnisschritt wird zu einem Sprachschritt bis der Ausspruchssinn mit Sprechausdrucksmitteln [...] voll geworden ist. Und weil jeder dieser Sprachschritte in sich auch tonlich eine gewisse Abgeschlossenheit zeigt und zwischen nur bedeutendem Wort und vollem Ausspruchssinn mitten inne steht, nenne ich ihn S i n n s c h r i t t. Gewiß, als selbständige Bedeutung genommen, bleibt ein solcher Sinnschritt [...] unsinnig und damit auch unstimmig, denn wir wissen nicht, was damit anfangen. Im Zuge der Rede aber springt aus der Gesamtbedeutung dieser Wörter eben ein neuer Sinn auf." (Winkler 1952, 21)

Diese Darstellung Winklers vom *Sinnschritt* weist auf den zentralen Gedanken seiner Leselehre überhaupt: Das Vorlesen solle sich nicht an der Interpunktion orientieren, die, ausgehend vom Primat der Mündlichkeit, eher nur sekundärer Ersatz für schriftlich nicht ausdrückbare Sprechgestaltung sein kann, sondern möge den Sinn einer Aussage wiedererwecken durch Sprechgestaltung. Ein wesentliches Element dieser Gestaltung ist die Gliederung des Textes in Teileinheiten, die in ihrer komplementären Funktion zur Sinnkonstituierung des Gesamtausspruchs führen.

Da „[...] die Rede, weil sie eine Erscheinung in der Zeit ist, eine Aufgliederung und Abfolge der Glieder, die zu Sinnschritten verformt werden" (1952, 21–22) bedingt, kann man *Sinnschritte* auch als Einheiten bezeichnen, die sich um ein sinntragendes Kernwort gruppieren und in ihrer Abfolge eine Komplexität ergeben: „Die Sinnschritte werden in den Spannbogen des Ausspruchs eingegliedert", schreibt Winkler (1952, 36).

Winkler verweist darauf, dass ein *Sinnschritt* einer Zweigliederung folgen kann, die auch Sätze aufweisen: Im *Aufast*, dem Teil aufbauender Spannung, liegt die Anknüpfung an vorher Gesagtes, es folgt eine kleine Zäsur, die er als *Gelenk* bezeichnet, welches keine *Atempause*, wohl aber eine *Staupause* gestattet, woran sich der *Abast*, der Teil mit der abfallenden Spannung anschließt, der Neues beinhaltet. Dieser *Spannbogen* endet mit einer *Fuge*, also einer *Atempause*, die zugleich das *Sinnschrittende* markiert, denn der „Sinnschritt ist Atemeinheit" (1952, 28).

Ein letzter zentraler Gedanke von Winkler sei noch angeführt, er bezieht sich auf die Worthervorhebungen, die er *Schweren* nennt: Winkler benennt im wesentlichen vier Betonungsabstufungen, die er als *Überschwere, Vollschwere, Kaumschwere* und *Leichte* bezeichnet, wobei er hervorhebt, dass „die jeweils höchste Stufe in einer Einheit nur einmal vorkommt." (1952, 26) Die Hervorhebung eines Wortes mit der *Überschwere* erfolgt beim *Sinnwort*, d. h. „Gewöhnlich gilt die Sinnschwere unmittelbar dem Sinngehalt des Wortes, auf das sie fällt" (1952, 39).

So kann zusammenfassend formuliert werden, dass in Winklers Leselehre die Sinnschrittgliederung den zentralen Gedanken darstellt, der verbunden ist mit dem Spannbogen mit Aufast, Gelenk und Abast und den Schwereabstufungen bezüglich der Sinnschwere.

Mit dem nachfolgenden Text, den Winkler selbst markiert hat (1952, 58), in dem die Sinnschritte (/), Gelenke ('), Überschweren des Ausspruchs (fett und unterstrichen) und Überschweren des Sinnschritts (fett) gekennzeichnet sind, soll das vorher Gesagte verdeutlicht werden. Vollschweren und Kaumschweren bleiben zunächst noch unmarkiert:

Auf einem Dache bei dem Hause Weddigens /
*arbeiteten Da**ch**decker.* /
*Ein Lehrling sollte dem Meister Dachziegel hinauf**b**ringen.* /
*Er rutschte aber mit seiner Last **ab*** /
*und blieb an der beschädigten Dachrinne h**ä**ngen.* /
*Otto hatte das mit **a**ngesehen.* /
Er merkte, /
*daß der Lehrling bald den ganzen **Ha**lt verlieren mußte.* /

3 Ausgewählte Aspekte aktueller Lesetheorien

„[...] man muß im Text nach dem suchen, was der Autor sagen wollte; man muß im Text nach dem suchen, was er unabhängig von den Intentionen des Autors sagt. [...] Man muß in dem Text nach dem suchen, was der Adressat in bezug auf seine Signifikationssysteme und/oder seine eigenen Wünsche, Impulse, Vorlieben in ihm findet." (Eco 1995, 23)

Ausgehend von dieser Annahme von Umberto Eco birgt ein Text mindestens drei Interpretationsebenen: die vom Autor ursprünglich intendierte, die durch die historische Distanz, durch andere Erfahrungshorizonte und unterschiedliche Kultureme erweiterte und ergänzte, und schließlich die Ebene, die der Hörer/Leser aus seiner Erwartungshaltung antizipiert oder hinzufügt bzw. vordergründig fokussiert. Dieser bekannten Überlegung folgend schreibt Kintsch: Die Theorie postuliert, „[...] daß Texte beim Verstehen in ihre zugrunde liegenden Bedeutungseinheiten, also Propositionen, zergliedert werden. Sodann müssen die erarbeiteten Propositionen in einer ganzheitlichen, kohärenten Struktur zusammengefaßt werden – der Textbasis, die als die eigentliche Darstellung der Textbedeutung zu gelten hat" (1986, 150–151).

Er verweist damit auf eine notwendige Leistung beim Textverstehen, die Vorlesende unterstützen könnten: „Texte bestehen aus gesprochenen oder geschriebenen Wörtern, die in Sätzen und Paragraphen zusammengefaßt sind. Beim Verstehen sind es aber weniger die eigentlichen Worte, als vielmehr die Bedeutungen dieser Worte, die psychologisch relevant sind. Für die Erforschung des Sprachverstehens ist es daher notwendig, die Bedeutung von Texten darstellen zu können, unabhängig davon, wie diese Bedeutung sprachlich ausgedrückt ist. Eine Reihe neuerer Untersuchungen zeigt, daß Propositionen die dafür geeigneten psychologischen Einheiten sind" (1986, 150).

Christmann/Groeben, deren Untersuchungen sich auf die Faktoren beziehen, welche die Aufnahmekapazität des Gedächtnisses unterstützen, verweisen darauf, dass die Kohärenz zwischen den einzelnen Aussagen in diesem Prozess eine wesentliche Rolle spielt: „Die wichtigsten, für die Verarbeitung eines Textes relevanten Modellmerkmale sind die Aufnahmekapazität des Arbeitsgedächtnisses, die Speicherkapazität des Kurzzeitgedächtnisses, der Kohärenzgrad der propositionalen Textbasis sowie die Anzahl der Umorganisationen, Interferenzen und Reaktivierungen zur Schließung von Kohärenzlücken" (Christmann/Groeben 2001, 165).

D. h. auch hier wird der Bezug zur propositionalen Struktur deutlich, zu den der Textentfaltung vorausgegangenen Grundmustern, die als Basismatrix den entwickelten Formstufen zugrunde liegen.

Willenberg (1999) verweist auf die Tatsache, dass Informationsblöcke beim Sprechen angenähert drei Sekunden dauern und dass diese Zeitspanne gleichzeitig auch der Planungszeit der Sprechenden und der Verstehensspanne der Hörenden entspräche. Planungszeit im Denk-Sprech-Prozess und Aufnahmekapazität der Hörenden korrespondieren demzufolge miteinander, beides entspricht aber auch der von Winkler angenommenen durchschnittlichen Länge eines Sinnschritts.

Wenn Willenberg weiter ausführt, dass der temporale Projektionskortex akustische Erregungen nicht nur überträgt, sondern sie auch verlängert und für ein kurzfristiges Bewahren stabilisiert, bis Feinheiten unterschieden sind (**Panne** – **Kanne**), könnte diese Aussage Winklers Anspruch „Es wäre allerdings sehr zu wünschen, wenn die [...] Forderung, die Kinder erst im lebendigen Hochdeutsch heimisch werden zu lassen, ehe man sie ans Schreiben und Lesen dieser Sprache führt, [...]" (1952, 44), neuen Nachdruck vermitteln.

Eine ältere Studie von Ratcliff/McKoon (1978), die Wiedererkennung von sprachlichen Strukturen nach einem Zeitverlauf betreffend, zeigte bereits, dass Propositionen einen entscheidenden Einfluss auf das Verstehen und die Wiedererkennung von Text haben. Indem Propositionen hierarchisch angeordnet sind, ermöglichen sie, die Inhalte sukzessiv ihrer Bedeutung für den Gesamttext zu behalten, da die intuitiv wichtigsten auf der oberen Ebene der Hierarchie angesiedelt werden und somit einen hohen Wiedererkennungsgrad erreichen (Prädikat-Argument-Strukturen, weil das Prädikat die semantischen Relationen zu den Argumenten festlegt). Die Stellung einer Proposition in der Texthierarchie hat demnach bedeutsame Folgen für das Erinnerungsvermögen bezüglich dieser Inhalte.

Willenberg sieht den Verstehensprozess als aufsteigende Abfolge: Zunächst würden im Verstehensprozess die Propositionen extrahiert, auf Grund ihrer Hierarchieordnung und Aussagefähigkeit würden satzübergreifende Bedeutungsstrukturen hergestellt, die in das Herstellen eines sinnvollen Gesamtzusammenhangs mündeten. „Dieser Prozeß gelingt um so besser, je kohärenter der zugrundeliegende Text ist" (1999, 157).

So ist hervorzuheben, dass alle aufgeführten Autoren, sowohl Christmann/Groeben als auch Kintsch, Ratcliff/McKoon und Willenberg die propositionale Struktur für einen zentralen Aspekt der Wiedererkennung und des Textverständnisses halten.

4 Vergleichender Zusammenhang zwischen Aspekten aktueller Lesetheorien und Christian Winklers Leselehre

Der zentrale Aspekt Winklers Leselehre, erfahrungsempirisch entwickelt, besteht in der Annahme von Sinnschritten, die Texte gliedern und ihre innere Struktur widerspiegeln. In neueren Texten zur Lesetheorie dagegen dominiert der Hinweis auf die Bedeutung propositionaler Strukturen für den Verstehensprozess.

Ein Vergleich des älteren sprechwissenschaftlichen Ansatzes mit neueren sprachwissenschaftlich basierten Theorien könnte zu erkenntnisleitenden Aussagen führen. So soll zunächst ausgehend von Winklers Sinnschrittgliederung einer Textpassage von Otto Weddigen eine propositionale Analyse durchgeführt werden:

Auf einem Dàche bei dem Hause Wéddigens /
arbeiteten Dachdecker. /

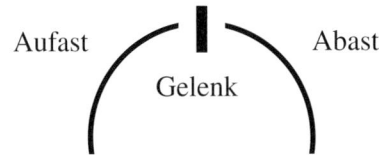

Aufast   Abast

Gelenk

Abbildung 1:
Propositionale
Analyse

In dieser Notierung bedeuten die diakritischen Zeichen, dass auf dem à von Dache eine Kaumschwere liegt, auf dem é von Weddigen eine Vollschwere und dass das **a** von Dachdecker die Hauptbetonung trägt im Sinne der Hervorhebung des Sinnwortes dieses Sinnschrittes. Der Kurzstrich markiert das Gelenk des Sinnschrittes, der Langstrich das Sinnschrittende.

Eine Möglichkeit einer propositionalen Analyse stellt Kintsch (1986, 150) vor. Überträgt man diesen Ansatz auf das Textbeispiel von Winkler, ergibt sich folgendes Bild:

arbeiteten (Dachdecker, Dach, Haus)
Haus (Weddigens)

Die verblüffende Übereinstimmung zentraler Elemente ist augenfällig: *Dachdecker, Dach* und *Haus* sind in der propositionalen Analyse zunächst die wesentlichsten Elemente, wobei in dem zweischrittigen Prozess *Haus* noch durch *Weddigen* präzisiert wird. Verglichen mit den hervorgehobenen Elementen in diesem Text bei Winkler zeigt sich eine vollständige Gleichheit in der Annahme der sinntragenden Elemente beider Ansätze.

Wenn Ratcliff/McKoon hervorheben, dass die Propositionen Hierarchien bilden und die Position einer Proposition in dieser Hierarchie über die Wiedererkennung bzw. das Behalten mitbestimmt, so ist die Parallele zu Winklers Schwereabstufungen sinnfällig: Je stärker die Hervorhebung, oder wie Winkler formuliert hat, je stärker der Ton, desto markanter ist das Element markiert. Sieht Winkler in seiner Schwereabstufung Dachdecker in prominenter Position, gleicht diese Hierarchie der Abstufung innerhalb der propositionalen Gliederung.

„Darum wurde der Sinnschritt [...] durchgegliedert. Das heißt jedes seiner Teile (Blöcke, Wörter, Silben) erhält das Tongewicht, das seinem Sinngehalt in Bezug auf die Sinnganzheit zukommt. Dies Gewicht, mit dem eine Silbe in der Rede fällt, nennen wir Schwere. [...] Sie hängt zunächst ab von der Aufmerksamkeit, die der Sprechende einem Wort zuwendet" (Winkler 1952, 37).

Der Zusammenhang ist sinnfällig: Hat die Textentfaltung die propositionalen Kerne zum Ausgangspunkt oder, um mit Winkler zu sprechen, die Sinnkerne, so handelt es sich in beiden Fällen um den zentrierten Sinngehalt der später entwickelten und gestalteten Aussage. Da das Herausarbeiten der Sinnkerne bzw. propositionalen Struktur sozusagen die Rückführung der entwickelten Textform auf ihre Ursprünge ist, dürfte es nicht verwundern, wenn in sog. *neutraler Rede* ähnliche Fokussierungen deutlich werden. *„Textlesen ist Textinterpretieren"*, einer der zentralen Leitsätze des Textlesens, gewinnt seine Bedeutung erst im situationalen und emotionalen Deutungsparadigma. So ist Winklers Aussage „Wir halten für unsere Zwecke des Lesens nur fest: Die Spannungslinie des Tons gilt nicht dem Satz, sondern der Redeeinheit, dem Ausspruch! Wer nur dem grammatischen Satze folgt, zerpflückt oft den Sinn." (1952, 35) zu verstehen.

5 Fazit

Ausgangspunkt war die Überlegung, ob die erfahrungswissenschaftlich gewonnenen Daten von Christian Winkler zur Sinngestaltung eines Textes im Lichte moderner Leseforschung noch standhalten können. Winkler hat aus der Beobachtung und empirischen Analyse von Lesenden seine Lesegrundsätze expliziert. Diese wurden exemplarisch am Beispiel der Sinnschrittgliederung und Betonungsabstufung mit der Textgliederung anhand einer propositionalen Struktur, auf deren Bedeutung Autoren im Kontext der Leseforschung verweisen, verglichen.

Dabei zeigte sich, dass die propositionale Textstrukturhierarchie und Winklers Schwereabstufungen, zumindest in neutraler Rede, korrespondieren. Es wurde weiterhin evident, dass die für das Textverständnis und die Wiedererkennung von Textteilen notwendige Textkohärenz in der Situation der Mündlichkeit mit Sprechausdrucksmitteln u. a. über die Hervorhebung von Sinnwörtern hergestellt werden kann.

Das Entwickeln satzübergreifender Bedeutungsstrukturen, ebenfalls für das Textverständnis unumgänglich, ermöglicht Winkler über die sprecherische Verbindung mehrerer Sinnschritte zu einem Ausspruch, also einer zusammenhängenderen Gedankenabfolge, indem erst das Sinnwort des gesamten Ausspruchs die größte Schwere erhält.

Schließlich sei noch erwähnt, dass die Länge der Sinnschritte bei Winkler ihr Äquivalent in der Kapazität des menschlichen Arbeitsgedächtnisses und dem Aufnahmevermögen finden. Abschließend sei daher festgehalten, dass trotz aller Schwierigkeiten im Detail die zentralen Ansätze der Leselehre von Christian Winkler auch im Lichte moderner Wissenschaftsentwicklung Bestand haben.

Literatur

Christmann, Ursula, Groeben, Norbert (2001): Psychologie des Lesens. In: Handbuch Lesen, hrsg. v. Franzmann, Bodo für die Stiftung Lesen. Schneider-Verlag Hohengehren, Baltmannsweiler, 145–223

Franzmann, Bodo (2001) (Hrsg.): Handbuch Lesen. Schneider-Verlag Hohengehren Baltmannsweiler

Groeben, Norbert (2002): Lesekompetenz: Bedingungen, Dimensionen, Funktionen. Juventa, Weinheim

Kintsch, Walter (1986): Psychologische Studien zum Verstehen von Texten. In: Bosshardt, Hans-Georg (Hrsg.): Perspektiven auf Sprache. de Gruyter, Berlin, 149–165

Ratcliff, Roger; McKoon, Gail: Priming in item recognition. Journal of Verbal Behavior and Verbal Learning 17/1978, 403–418
Willenberg, Heiner (1999): Lesen und Lernen. Eine Einführung in die Neuropsychologie des Textverstehens. Spektrum Akademie Verlag, Heidelberg
Winkler, Christian (1969): Deutsche Sprechkunde und Sprecherziehung. Schwann, Düsseldorf
–   (1952): Lesen als Sprachunterricht. Henn, Ratingen, 1962
–   (1984): Die Klanggestalt des Satzes. In: Duden. Band 4. Grammatik der deutschen Gegenwartssprache. Bibliographisches Institut, Mannheim, 729–763

SYLVIA HEUDECKER

Hörbücher – Annäherung an ein Medium und seine Didaktik

Was die Sprecherziehung anstrebt, ist die umfassende Ausbildung der kommunikativen Kompetenz des Individuums. Da diese Kompetenz zu einem wesentlichen Teil dadurch konstituiert wird, zuhören zu können, liegt in der Förderung der auditiven Wahrnehmungsfähigkeit eine der zentralen Aufgaben des Fachs. An den universitären Prüfstellen der DGSS haben wir es mit Studierenden der Sprecherziehung ebenso zu tun wie mit Studierenden anderer Fakultäten, die eine Zusatzqualifikation suchen. Um bei diesen Zielgruppen das Hören zu schulen, eignet sich gerade ein Medium besonders gut: das Hörbuch. Weil die Fangemeinde unter den Studierenden groß ist und anhaltend zu wachsen scheint, ist auch das Interesse an seinen Eigenarten sehr ausgeprägt. Insbesondere das literarische Hörbuch – Hörspiel, Krimi, Thriller, aber auch die ‚anspruchsvolle‘ Literatur – gilt unter Studierenden als hoch attraktives Medium.

In diesem Beitrag wird das Hörbuch als Medium vorgestellt. In einem kurzen Abriss wird seine Entwicklungsgeschichte verfolgt und seine aktuelle wissenschaftliche Reflexion skizziert. Anschließend werden die medialen Besonderheiten des Hörbuchs dargestellt und in eine Systematik eingeordnet, die vom medialen Buchbegriff her kommt und Formen wie das Hörspiel oder die Theateraufzeichnung genauso einbindet wie das literarische Hörbuch. Davon ausgehend lassen sich die besonderen Möglichkeiten aufzeigen, das Hörbuch zu Unterrichtszwecken im Bereich ästhetischer Kommunikation einzusetzen.

1 75 Jahre Hörbuch

Ganz jung ist das Hörbuch nicht mehr. Am Anfang seiner Geschichte, im Jahr 1931, steht das in den USA entwickelte Readophon (der genaue Wortlaut des zugrunde liegenden Regierungsbeschlusses findet sich unter: http://www.loc.gov/nls/act1931.html, letzter Zugriff 31.1.2006). Das Gerät sollte dem blinden Publikum einen unabhängigen Zugang zu Literatur eröffnen. Mit dem Readophon konnten Literaturschallplatten abgespielt werden, die eine sensationelle Spieldauer von 2 Stunden und 20 Minuten erreichten. Um 1950 – die Magnetbandtechnik hatte zwischenzeitlich die Schallplatte ergänzt – etablierte sich in USA ein kommerzieller Markt für Literatur zum Hören. Private Haushalte schafften sich Tonbandgeräte an. Das erste käufliche Hörbuch/Audiobook brachte einen Text des walisischen Dichters Dylan Thomas, der seine Geschichte *A Child's Christmas in Wales* auch selbst las. Es erschien 1952. Den Tonbandgeräten folgten Kassettenrecorder, und als 1975 der Einbau solcher Geräte zum Standard in Neuwagen wurde, breitete sich das Hörbuch noch weiter aus.

Auch in Deutschland schlugen sich die US-Entwicklungen nieder. Zwar lief das erste Hörspiel bereits am 24. Oktober 1924 im Rundfunk, Hans Fleschs *Zauberei auf dem Sender*. Doch das individuell verfügbare Hörbuch erschien erst mit zeitlicher Verspätung. Das Wort ‚Hörbuch‘ wurde erstmals bei der Gründung der Deutschen „Blindenhörbücherei“ in Marburg an der Lahn 1954 offiziell verwendet. Lange Zeit galt das Hörbuch hierzulande als Medium, das Blinden und Sehbehinderten vorbehalten war, insbesondere jenen, die versehrt aus dem Krieg zurückgekehrt waren. Ebenfalls in den 50er Jahren fanden Mitschnitte von Bühnenaufführungen als Schallplattenproduktion des Verlags Deutsche Grammophon Verbreitung. Natürlich gehörten zu den ersten Goethes *Faust* und Schillers *Kabale und Liebe*; auch Autorenlesungen, z. B. von Thomas Mann, wurden publiziert – in den 60er und 70er Jahren verstärkt als Tonkassetten. In dieser Zeit hat sich außerdem der Markt für Kinder- und Jugendhörbücher etabliert, die auch heute noch einen Großteil des Angebots ausmachen (Hörbuch, 17).

Dass das Hörbuch heute beim Publikum sehr großen Erfolg hat, zeigen nicht nur die eigens eingerichteten Abteilungen in den Buchhandlungen. Auch die Literaturbeilagen der überregionalen Tages- und Wochenzeitungen, die mittlerweile eine feste Rubrik dafür eingerichtet haben, spiegeln diese Beliebtheit wider. Literaturmagazine berichten regelmäßig über die neuesten Veröffentlichungen, etwa das erfolgreiche Journal Sigrid Löfflers *Literaturen* oder das Magazin *Bücher*. Letzteres legte jüngst sogar ein Hörbuch mit Edgar Allan Poes *Sturz in den Mahlstrom* in einer Hörspielfassung bei (Römer 2006, 82–85). Besonders in den Gattungen ‚erzähltes Buch‘ und ‚Hörspiel‘ ist das Hörbuch beliebt. Aus einer Statistik von 2004 geht hervor, dass mit einem durchschnittlichen Anteil von 57,9% belletristische Literatur das Sortiment der befragten Buchhändler ausmacht, weitere 39,5% entfallen auf Kinder- und Jugendliteratur (Hörbuch, 15). Darüber hinaus finden sich zuhauf zeitgenössische Erzählungen, Romane, Krimis und Thriller im Sortiment der (Online-)Händler, zudem die Werke von Klassikerautorinnen und -autoren (z. B. bei Deutsche Grammophon und Argon). Die deutschen Buchmessen folgen den Interessen des Publikums und machen Hörbüchern Platz in den Regalen und auf den Messebühnen. In Deutschland fand der „1. Konvent für das Hörbuch“ im März 2005 in Köln statt. Mit AudioBooksCologne erhielt das Hörbuch somit erstmalig in größerem Stil ein eigenes öffentliches Präsentationsforum. Entsprechend den Möglichkeiten des akustischen Hörbuchs waren ein „Hörlabyrinth“, eine „Hördusche“ oder eine „Hörbar“ eingerichtet.

Der Erfolg des Hörbuchs beim Publikum verstärkt auch die wissenschaftliche Aufmerksamkeit. Die Sprechwissenschaft etwa beginnt, das Medium zu reflektieren, wie zwei Beiträge auf der Heidelberger Tagung 2005 zeigen. Gleichwohl steckt auch hier die Beschäftigung damit ähnlich wie in der Literaturwissenschaft noch in den Kinderschuhen. Im *Reallexikon der Literaturwissenschaft*, erschienen im Jahr 2000, findet sich kein Lemma „Hörbuch“; „Hörspiel“ hingegen ist verzeichnet (Würffel 2000, 77–

88). Auch in den jüngsten Einführungen ins Fach ist kein entsprechender Eintrag verzeichnet (Jeßing/Köhnen; Koch). Begründen ließe sich die zögerlich einsetzende Beschäftigung mit der Unsicherheit darüber, welche Disziplin eigentlich zuständig sei. Das Hörbuch wird als Medienphänomen erachtet – folglich hält man die Medientheorie für zuständig, spezifischer die Buchwissenschaft (Wetzel 2003). Dort nimmt das Interesse auf Grund des kulturellen und ökonomischen Erfolgs in den letzten Jahren merklich zu. Erste Arbeiten von Antje Fey und Ute Henning liegen vor; zudem nimmt sich die buchhändlerische Standesvertretung, der Börsenverein des deutschen Buchhandels, des Themas an. Seit längerem schenkt auch die didaktische Forschung dem Hörbuch ihre Aufmerksamkeit. Einerseits gibt es dort fachdidaktische Ansätze im Rahmen des mutter- oder fremdsprachlichen Unterrichts. Andererseits widmet man sich Fragen der allgemeinen Förderung der auditiven Wahrnehmung, wobei die Beschäftigung mit dem Hörbuch als eine Möglichkeit unter vielen gesehen wird. Umweltgeräusche und Musik, literarische Vorträge oder Rundfunkbeiträge kommen oftmals gleichberechtigt in den Blick (Hagen 2003).

Hinsichtlich der Sprechwissenschaft fällt auf, dass zwar das Hören als gleichrangiger Akt zur Sprechhandlung verstanden wird, dass aber besonders bei Arbeiten auf dem Gebiet der Ästhetischen Kommunikation die Sprecherseite im Vordergrund steht. Fragen der Bedingungen und Modalitäten auditiver Rezeption im Kommunikationsakt werden hingegen eher am Rande behandelt. Die zunehmende Präsenz des Hörbuchs kann in der gegenwärtigen Situation der Sprechwissenschaft einen wichtigen Forschungsimpuls geben. Die Zuwendung zum Hörer und seiner auditiven Wahrnehmung stellt eine schon vor langem formulierte Herausforderung dar. Aus empirischer, hermeneutischer und ästhetischer sowie didaktischer Sicht hat die Sprechwissenschaft auf diesem Feld Wesentliches beizutragen.

2   Das ‚Medium' Hörbuch

Die Beschäftigung mit dem Hörbuch setzt voraus, dass man seinen Gegenstand kennt. Das klingt vielleicht banaler als es ist. Betrachtet man sowohl die Vielfalt des Hörbuchangebots als auch die allgemeine Unsicherheit bei der Differenzierung zwischen Hörbuch und Hörspiel, so steht man zunächst in der Pflicht, das Phänomen systematisch zu bestimmen.

Ein Hörbuch ist ein analoger oder digitaler Tonträger, auf dem ein gesprochener Text gespeichert ist. Jede Gattung von Gebrauchstexten und Literatur im engeren Sinn sowie wortkünstlerische Aufführungen eignen sich im Prinzip für die Publikation als Hörbuch. Die Dominanz des gesprochenen Wortes ist charakteristisch für das Hörbuch; weitere Gestaltungsmittel wie Geräusche/Hörobjekte, Geräuschteppiche/Hörumwelten, O-Töne, Musik werden in unterschiedlichem Ausmaß eingesetzt. Häufig übernehmen Berufssprecher/innen aus Theater, Film und Funk diese Aufgabe, auch Autor/innen lesen ihre eigenen Werke als Hörbücher auf. Eine Sprecherausbildung ist für diese Tätigkeit nicht erforderlich.

Für die Systematisierung von Hörbüchern ist zwischen zwei Grundkategorien zu unterscheiden: 1. Hörbücher, in denen ein Text i. d. R. von einer/m einzigen Sprecher/in vorgetragen wird (Vortrag), und 2. Hörbücher, die dramaturgisch aufbereitet sowie inszeniert werden und die meist auf einem dialogischen Geschehen basieren (Aufführung). Innerhalb dieser Gruppen lassen sich wiederum zwei Typen medialer Verarbeitung finden: a) primäre Hörbuchkonzeption und b) sekundäre Hörbuchkonzeption. Bei der primären Hörbuchkonzeption wird der Text bzw. der Gegenstand der Darbietung von Anfang an auf die akustische Realisierung bzw. auditive Rezeption hin ausgerichtet. Die sekundäre Hörbuchkonzeption nimmt ihren Ausgang dagegen von einem textuellen Gegenstand, der auf einen jeweils anderen Rezeptionsmodus hin gestaltet ist. Entweder liegt im Vorfeld ein schriftlich fixierter, meist bereits in Buchform publizierter Text vor, oder es handelt sich um die Aufzeichnung eines literarisch-künstlerischen Ereignisses. Die Systematik in Tabelle 1 erfasst das Spektrum des Hörbuchangebots in seinen Grundzügen.

Neben die konzeptionellen, inhaltlichen und gestalterischen Elemente tritt ein materielles. Ein Hörbuch liegt vor in einem analogen oder digitalen Speicherformat (Audiokassette, Schallplatte; CD, mp3-Datei), so dass ein Nutzer den entsprechenden

Tabelle 1: Spektrum des Hörbuchangebots

Hörbuch	Textvortrag	Aufführung	
Rezeption	Auditiv		Primäre Konzeption
Texttyp	Originäres Hörbuch	Hörspiel	Primäre Konzeption
Beispiele	Kinderhörbuch, Fremdsprachenlern-programme, Audioguides	Klassisches Hörspiel, neues Hörspiel (auf Grenze zw. Literatur und Musik), Hörspiel für Kinder, Feature	Primäre Konzeption
Rezeption	Visuell (für Lektüre konzipiert)	Visuell und auditiv (in situ-Erlebnis)	Sekundäre Konzeption
Texttyp	Literarischer oder Gebrauchstext	Livemitschnitt einer sprechkünstlerischen Aufführung	Sekundäre Konzeption
Beispiele	Ratgeberliteratur, fachwiss. Literatur; Roman, Erzählung, Gedicht usf.	Theateraufführung, Kabarett, öffentliche Rede	Sekundäre Konzeption

Tonträger unbegrenzt oft und, sofern ein entsprechendes Gerät vorhanden ist, an jedem beliebigen Ort abspielen kann. Auch hier tritt die Analogie zum gedruckten Buch in besonderer Weise zutage. Schließlich sei auf ein letztes Merkmal hingewiesen, das sich auf das Medium als Produkt des literarischen Marktes bezieht. Ein Hörbuch wird von einem Verlag hergestellt und über verschiedene Handelswege (Buchhandel, Internet, Elektrogroßmärkte u. a.) vertrieben. Eine Besonderheit ist das Herunterladen von Hörbüchern im Internet. Hier erwirbt der Käufer das Recht, eine Hörbuchdatei auf einen eigenen Datenträger zu speichern.

Die Begriffsbestimmung könnte lauten: Ein Hörbuch ist ein analoger oder digitaler Tonträger, auf dem gesprochener Text gespeichert ist. Dargeboten wird dieser Text von einer oder mehreren Personen. Meist existiert eine schriftlich fixierte Textvorlage, die bei der primären Hörbuchkonzeption auf die auditiven Rezeptionsbedingungen hin entworfen ist. Bei der sekundären Hörbuchkonzeption wird ein ursprünglich fürs Lesen konzipierter und publizierter Text als Hörbuch aufgenommen; dem kann eine Bearbeitung vorausgehen (bes. Kürzen des Textes, ggf. stilistische Veränderungen). Literarische Texte werden ebenso als Hörbuch produziert wie Gebrauchstexte. Bei Vorträgen oder Aufführungen mit ästhetischem Anspruch finden sich sowohl Studioproduktionen wie auch Livemitschnitte. Die Aufzeichnung kann mittels weiterer akustischer Elemente (Musik, Geräusche, Atmo) gestaltet sein. Ein Hörbuch wird von einem Verlag hergestellt, über verschiedene Handelswege vertrieben und zeichnet sich somit dadurch aus, dass der Nutzer es käuflich erwirbt.

3   Didaktik der Hörbildung

Hörbücher zur Hörbildung einzusetzen, ist zugleich zeitgemäß und effektiv. Sie stellen im sprecherzieherischen Unterricht ein bedeutendes didaktisches Instrument dar. Sowohl didaktisch als auch ästhetisch scheint die Hörbuchgruppe der „Primären Konzeption" insofern die besondere sprechwissenschaftliche Aufmerksamkeit zu verlangen, als hier die intentionale Bestimmung des Textes auf die audiomediale Realisierung gerichtet ist. Inhalt, Form und akustische Verwirklichung bilden eine Kompositionseinheit. Dies gilt sowohl für literarische wie auch für Gebrauchstexte. In der Theorie des Hörspiels wird diese ästhetische Besonderheit seit den 50er Jahren als Begründung für eine neue Kunstform („Rundfunk-Eigenkunstwerk", Döhl 1988, 38) herangezogen.

Die Sprechwissenschaft muss sich jedoch keinesfalls auf diese Gruppe des Hörbuchs beschränken, wenn sie eine Didaktik des ästhetischen Hörens entwickeln will. Denn auch die Hörbücher „Sekundärer Konzeption" fördern die individuelle Konzentration auf die auditive Wahrnehmung und steigern die Fähigkeit, Gehörtes differenziert wahrzunehmen.

In der Attraktivität des Hörbuchs für sein Publikum liegt ein Schlüssel für seinen hohen didaktischen Nutzen im sprecherzieherischen Unterricht:

1. Das Hörbuch wird allgemein wahrgenommen als ‚neues' Medium. Die Geschichte als Medium Blinder ist den Studierenden heute wenig bis gar nicht bewusst. Nicht das ‚Defizitäre' des Rezeptionsmodus' von einst steht im Vordergrund, vielmehr wird die akustische Dimension als zusätzliche wahrgenommen und damit als ästhetische Bereicherung. Das ‚Neue' entfaltet außerdem seinen Reiz, weil es neugierig auf die technischen Qualitäten des Mediums macht. Ein Hörbuch lässt sich z. B. individuell nutzen, weil sich auf einem Datenträger ganz nach eigenem Geschmack Stücke zusammenstellen lassen. Auch die Nutzung in Verbindung mit dem Computer, dem ‚Leitmedium' unserer Zeit, fördert das Hörbuch. Der ‚Kult'-Status von Hörbüchern lässt sich ebenfalls an der Szenekultur rund ums Hörbuch erkennen. Im Internet gibt es ausgewiesene Fangemeinden, die Homepages pflegen, die neuesten Informationen rund um das Medium bereithalten und aktuelle Hörbücher, meist Hörspiele, austauschen.

2. Das Hörbuch kann bequem zu Zeiten und an Orten genutzt werden, wo ein Buch unpraktisch ist. Eine Gesellschaft, die sich durch hohe Mobilität auszeichnet, greift gerne auf handliche Medien zurück, die inklusive Abspielgerät kaum zusätzlichen Platz einnehmen und leicht sind. Eine CD-ROM oder ein Datenstick ist gleich eingepackt. In einem vergleichbaren Paradigmenwechsel vollzog sich nach 1950 der Siegeszug des Taschenbuchs, das sich im Gegensatz zum Hardcover durch seine Handlichkeit auszeichnet. Bequemlichkeit wird auch noch in anderer Hinsicht als Plus des Hörbuchs genannt: Parallel zum Hören könne man noch anderes tun. In Werbesprüchen ist die Rede davon, man könne neben dem Autofahren oder der Hausarbeit bequem Hörbücher hören. Das Verhältnis ist aber sicher umgekehrt. Wenn man einen Hörtext konzentriert verfolgt, ist das die Hauptbeschäftigung – alles andere wird dann nebenbei erledigt.

3. Das Hörbuch gilt als Medium mit hohem Unterhaltungswert. Viele Studierende sehen im Hörbuch eine Alternative zum Buch. Oft genug werden ja auch aus gedruckten Büchern Hörbücher. Dabei zeigt sich, dass die Zuhörer oft jene sind, die ebenfalls zum entsprechenden Buch greifen würden. Ob man zum Buch oder zum Hörbuch greift, hat mit dem erwarteten Unterhaltungswert zu tun. Besonders gern hören Studierende spannende Literatur, die bereits erwähnten Krimis und Thriller. Sprecher/innen mit großer Ausdrucksbreite und konstanter Sprechleistung bzw. wohl akzentuierte Inszenierungen begünstigen die Wahl des Hörbuchs. Entsprechend wird ein schlecht gemachtes Hörbuch erfahrungsgemäß schnell beiseite gelegt. Wer zu einem literarisch anspruchsvollen Text in Hörbuchform greift, verspricht sich ebenfalls Unterhaltung. Dazu kommt aber meist auch der Wunsch, eine Bildungslücke zu schließen, oder die Textkenntnis ist notwendig auf Grund einer (Prüfungs-)Anforderung im Studium.

Die Sprecherziehung kann sich ausgehend von diesem skizzierten Bedingungsrahmen das Interesse der Studierenden am Hörbuch zunutze machen, um die Hörbildung zu fördern. Das intrinsische Interesse der Studierenden wird dabei in Übereinstimmung mit einem didaktischen Kernprinzip zum Ausgangspunkt des Unterrichts gemacht. Unterstützt wird dieser Ansatz von lernpsychologischen Erkenntnissen. Die herausragende Bedeutung der Verknüpfung von emotionalen und kognitiven Komponenten für die Nachhaltigkeit des Lernens betonen unter anderem Vester (1995, 17f) und Eagle (1983, 85). In diesem Kontext ist es auch zu sehen, dass die motivationale Bedeutung der Orientierung am lernenden Menschen zwischenzeitlich das Basisprinzip der hochschuldidaktischen Forschung darstellt. ‚Vom Lehren zum Lernen' bzw. „Studierendenzentrierung" lautet das entsprechende Motto (Wildt 2004, 2). Auch aus der Sprechwissenschaft lassen sich Begründungsansätze ableiten, die die Arbeit mit Hörbüchern fundieren. Da Hörbücher ihr Publikum affektiv wie auch kognitiv stark ansprechen, bietet das Schema der Faktoren eines Hörprozesses von Gutenberg einen hilfreichen Orientierungsrahmen. Was das Publikum in emotionaler (Zuhörimpuls) sowie in kognitiver und voluntativer (Zuhörinteresse) Hinsicht stark stimuliert, ist prädestiniert für eine weiterführende Beschäftigung (Gutenberg 2001, 97).

Meine eigenen Unterrichtserfahrungen zeigen, dass z. B. die Frage nach Gefallen oder Nicht-Gefallen bestimmter Sprecher oder nach dramaturgischen Gestaltungsstilen reges Interesse hervorruft. Ausgeprägt ist auch die Lust am Umgang mit den neuen medialen Möglichkeiten v. a. im Internet sowie den technischen Gestaltungsmitteln. Hörbildung vollzieht sich nicht nur rezeptiv in der Wahrnehmung und Besprechung von Textbeispielen. Sie verbindet sich mit Stimm- und Sprechbildung, wo Studierende ihre Erfahrungen mit Texten in eigene Gestaltungsprojekte einfließen lassen. Hörbildung, die flankiert wird von einer Beschäftigung mit mediensoziologischen und produktionstheoretischen Aspekten, führt zu einem hohen Interesse und nachhaltiger Lernbereitschaft bei Studierenden.

4 Hören lernen

Die natürliche Voraussetzung des Sprechenlernens ist das Hörenkönnen. Sprechen und Hören stehen in der sinnkonstituierenden Kommunikation in einer reziproken Wechselwirkung, das eine ist nicht ohne das andere möglich. Entwicklungsbiologisch wird das Sprechenlernen erst durchs Hören möglich. Als Sinneswahrnehmung entwickelt sich das Hören bereits im Mutterleib (Steinbach 1996, 212f). Schon vorgeburtlich bilden sich bestimmte auditive Strukturmuster aus, die dazu führen, dass das Kind die Stimme seiner Mutter erkennt oder dass es etwa sechs Monate nach seiner Geburt die Muttersprache von Fremdsprachen unterscheiden kann. Hagen beschreibt die Entwicklung von Hörmustern als dialektischen Prozess zwischen Individuum und Umwelt: Vielfältige Höreindrücke führen zu vielfältigen neuronalen Hörmustern, die ihrerseits als Referenz für neue Höreindrücke fungieren und darüber neue Muster entstehen lassen (Hagen 2003, 61). Der Mensch unterscheidet verschiedene Hörbereiche nach der Quelle oder dem Kontext ihrer Entstehung, doch werden die Grenzen dieser Bereiche auch überschritten. Geißner dokumentiert dieses Phänomen anhand der unterschiedlichen onomatopoetischen Lautung des Hahnenschreis: Während ein deutscher Hahn „kikeriki" ruft, macht sich ein französischer mit „cocoricó" bemerkbar und ein englischer mit „cock-a-doodle-doó" (Geißner 1984, 13).

Was durch die Arbeit mit Hörbüchern anzustreben ist, wird im vorliegenden Beitrag „Hörbildung" genannt. Der Begriff stellt in zweifacher Weise eine Analogiebildung dar: Zum einen bezieht er sich auf Gehörbildung, einem Anliegen der musikalischen Erziehung, zum anderen entspricht Hörbildung der Stimm- und Sprechbildung als Komplementäraufgabe. Hören meint hier die differenzierte auditive Wahrnehmung der Sprechausdrucksmerkmale sowie die grundlegende Fähigkeit des Zuhörens. Darüber hinaus kann Hörbildung in diesem Kontext auch Teil der Ausbildung kommunikativer Kompetenz werden, in der das eigene Hörverstehen als individuelle und kulturelle Leistung (Vogel 1998) kritisch reflektiert wird. Geißner formuliert folglich: „Auch die Hör- und Hörverstehensfähigkeit entwickelt sich nie nur rein konstitutionell, sondern sie ist abhängig von psycho- und sozio-strukturellen Einflüssen." Jeder Mensch verfüge über eine „Vielzahl von Hörgewohnheiten und Interpretationsregeln" (Geißner 1981, 123).

Die Arbeit mit Hörbüchern ermöglicht eine Fokussierung auf die individuelle auditive Wahrnehmung und eine kontrastierende Zusammenschau mit der individuellen Wahrnehmung anderer. Kriterien der auditiven Kontrastierung werden entwickelt und in der Analyse angewendet. Werturteile der Kategorie gut – schlecht, angemessen – unangemessen lassen sich außerdem auf ihre soziokulturellen Entstehungsbedingungen hin hinterfragen. Die Arbeit mit Hörbüchern kann damit im Sinne einer basalen Hörbildung eingesetzt werden. Hörbücher können helfen, das Hin-Hören zu schulen: das genaue Hören auf stimmlich-sprecherische Qualitäten und ggf. auf eine Hörkulisse (Hörobjekte, Hörumwelt usw.). In dieser lernzielgesteuerten Ausrichtung liegt die Instrumentierbarkeit des Hörbuchs zum Zweck einer grundlegenden Kommunikationsschulung. Aus dem Hinhören wird ein Zuhören, wenn der Rezipient die Inhaltsdimension des Kommunikationsakts einbezieht. Für die kompetenten Mitglieder einer Sprachgemeinschaft sind freilich Hinhören und Zuhören in der Kommunikation unauflösbar miteinander verbunden. Die lineare „Stufung", wie Geißner sie mit „auditive Wahrnehmung", „etwas hören", „Zuhören", „Hörverstehen" und „Hörhandeln" vornimmt (Geißner 1984, 21), ist nicht zuletzt auf Grund neuerer auditiver Rezeptionsforschung als in ihren neurophysiologischen Grundlagen nicht streng unterscheidbare Leistung des Gehörs und der zentralen Reizverarbeitung zu betrachten (Spitzer 1996, 121–123; Hellbrück/Ellermeier 2003, 162ff). Das deutet auch Pabst-Weinschenk an (2004, 58), wenn sie Zuhören und Hörverstehen verschränkt: „Zuhören im Sinne des Hörverstehens ist also ein aktiver und intentionaler Prozess."

Hören ist zu verstehen als auditiver Wahrnehmungsprozess, der die neuronale Erregung durch akustische Reize bezeichnet, die zu einer Reaktion führen können oder aber als irrelevant erachtet werden und deshalb nicht weiter verarbeitet werden. Hin-Hören ist dann die bewusste Identifizierung und gerichtete Wahrnehmung akustischer Reize. Beim Zu-Hören kommt die Komponente der Sinnkonstitution oder auch des ästhetischen Genusses (vgl. Musik) hinzu; das Zuhören ist mit Pabst-Weinschenk als Hörverstehenshandlung zu bewerten, da sich rezeptives und produktives Handeln, also Wahrnehmung und Interpretation, verschränken. Der Akt der inneren Stellungnahme zum Gehörten, das von Geißner so bezeichnete „Hörhandeln", findet im Kommunikationsprozess statt. Der Begriff „Hörhandeln" führt vermutlich zu Verständnisschwierigkeiten, da er als äußerlich wahrnehmbares Verhalten (alltagssprachlich: ‚Handeln') während des Hörens missgedeutet werden könnte. Eine Verwechslung mit dem Begriff der „Hörerrückmeldung", der die äußere Hörerreaktion bezeichnet (Henne/Rehbock 1995, 176–181), liegt nahe. Da die Hör-Handlung zwar anlässlich der Audition entsteht, jedoch nicht kategorial zu unterscheiden ist von dem, was z. B. im Leseprozess geschieht, soll hier von einem kommunikativen Kognitionsprozess gesprochen werden.

Die Ebenen der Hörbildung, die in der Sprechwissenschaft zu untersuchen und in der Sprecherziehung als Lerngegenstand thematisiert und individuell ausgebildet werden müssen sind folgende:

Ebene 1:	a) Sprechausdrucksmerkmale
	b) Prosodie der versifizierten Sprache
Ebene 2:	Verstehen mündlicher Kommunikation
Ebene 3:	Ästhetisches Hören

Ebene 1 verlangt formale Analysefähigkeiten, Ebene 2 kommunikative, Ebene 3 ästhetisch-künstlerische. Freilich bildet diese Gliederung nur sehr grob die Entwicklung der mündlichen Kommunikationsfähigkeit des Individuums ab. Zwar entwickelt der Mensch seine Sprache, indem er sich zunächst ihre Laute und Prosodie aneignet, mittels dieses Materials tritt er in zunehmend elaborierter Art (verbal) mit seiner Umwelt in Kontakt und entwickelt so Vorlieben und Abneigungen gegen bestimmte mündliche Kommunikationsweisen. Doch eine umfassende Kenntnis sprechsprachlicher Vorgänge und eine mündige Urteilsfähigkeit in Bezug auf Gehörtes bedürfen der sprecherzieherischen Ausbildung.

Hörbücher liefern zum Teil vorzügliches Material zur Ausbildung diskriminierender Hörfähigkeit, wie sie charakteristisch für Ebene 1 ist. Denn gerade ausgebildete Sprecherinnen und Sprecher sind in der Lage das gesamte Repertoire der stimmlichsprecherischen Gestaltungsmittel zu realisieren.

Die Fähigkeit, einem Gespräch oder einem Vortrag nur auditiv zu folgen, entsteht aus einem Konglomerat von Einzelkompetenzen, die es auf der Ebene 2 weiterzuentwickeln gilt. Dazu gehört die Fähigkeit, Gehörtes zu speichern, zu verstehen und es mit anderen Höreindrücken in Beziehung zu setzen. Selbstverständlich kommen Studierende mit einer ausgeprägten kommunikativen Grundkompetenz in unsere Veranstaltungen. Um jedoch kommunikatives Geschehen analytisch besser durchdringen zu können, linguistische Regeln etwa des turn taking (Sprecherwechsels) kennenzulernen oder die Bedeutung paraverbaler Merkmale für den Kommunikationsprozess zu verstehen, eignen sich insbesondere dialogische Hörbücher als Lernmaterial.

Auf der Ebene 3 sind Kompetenzen zu entwickeln, die zur Beurteilung des Hörbuchs als Kunstform notwendig sind. Hierzu gehört z. B. die Fähigkeit, die Auswahl von Sprecher/innen kritisch zu würdigen, gesprochene Texte einem gewissen Zeit- oder Sprecherstil zuzuordnen, Eigenarten und Zielsetzung akustischer Inszenierung bestimmen zu können. Sowohl die Frage nach unterschiedlichen synchronen Sprechkulturen innerhalb einer Sprachgemeinschaft wie auch die Frage nach den Unterschieden zwischen Sprachgemeinschaften bieten lohnende Untersuchungsfelder. Eine andere Perspektive eröffnet die narratologische Herangehensweise. Fragen z. b. nach Erzählerfiguren und der Bedeutung ihrer ‚leiblichen' Realisierung führen zu spannenden Überlegungen über die ästhetische Wahrnehmung auditiv rezipierter Literatur.

Die Beschäftigung mit Hörbüchern in der sprecherzieherischen Lehre bietet vielfältige Möglichkeiten zu einer umfassenden Hörbildung. Die Attraktivität des Mediums erleichtert es, auch Studierende anderer Fachrichtungen, die kein besonderes sprecherzieherisches Interesse verfolgen, für Fragen auditiver Wahrnehmung zu interessieren. Die Herausforderung für Sprechwissenschaft und Sprecherziehung liegt darin, Grundlagen und Funktionen auditiver Wahrnehmung zu erforschen und daraus didaktische Konzepte zu entwickeln.

Literatur

Döhl, Reinhard (1988): Das Neue Hörspiel. Wissenschaftliche Buchgesellschaft, Darmstadt (= Geschichte und Typologie des Hörspiels 5)

Eagle, Morris (1983): Emotion und Gedächtnis. In: Mandl, H., Huber, G. (Hrsg.): Emotion und Kognition. Urban & Schwarzenberg, München/Wien/Baltimore

Fey, Antje (2003): Die Geschichte des Hörbuchs in Deutschland. Geschichte, Formen und Rezeption, Frankfurt/M. (Magisterarbeit). http://www.hoerothek.de/download/magisterarbeit-fey.pdf, 31.1.2006

Geißner, Hellmut (1981): Sprechwissenschaft. Theorie der mündlichen Kommunikation. Scriptor, Königstein/Ts.

– (1984): Über Hörmuster. Gerold Ungeheuer zum Gedenken. In: Gutenberg, N. (Hrsg.): Hören und Beurteilen. Scriptor, Frankfurt/M., 13–56

Gutenberg, Norbert (2001): Einführung in die Sprechwissenschaft. P. Lang, Frankfurt/M.

Hagen, Mechthild (2003): Förderung des Hörens und Zuhörens in der Schule. Begründung, Entwicklung und Evaluation eines Handlungsmodells. München (Diss.), http_//deposit.ddb.de/cgi-bin/dokserv?idn=972033815; 11.1.2005

Hellbrück, Jürgen, Ellermeier, Wolfgang (2003): Hören. Physiologie, Psychologie und Pathologie. 2. aktualisierte und erweiterte Aufl. Hogrefe, Göttingen u. a.

Henne, Helmut, Rehbock, Helmut (1995): Einführung in die Gesprächsanalyse. de Gruyter, Berlin/ New York

Henning, Ute (2002): Der Hörbuchmarkt in Deutschland. Verlagshaus Monsenstein u. Vannerdat, Münster

Hörbuch. Report zur Branchenumfrage unter Hörbuchverlagen und Buchhändlern. Hrsg. vom Arbeitskreis Hörbuchverlage und des Sortimenter-Ausschusses, Oktober 2004. http://www.boersenverein.de/sixcms/media.php/686/Hoerbuch2004.pdf, 31.1.2006

Jeßing, Benedikt, Köhnen, Ralph (2003): Einführung in die Neuere deutsche Literaturwissenschaft. Metzler, Stuttgart/Weimar

Koch, Hans-Albrecht (2004): Neuere deutsche Literaturwissenschaft. Eine praxisorientierte Einführung für Anfänger. 2. Aufl. Wissenschaftliche Buchgesellschaft, Darmstadt (Germanistische Einführungen)

Pabst-Weinschenk, Marita (2004): Hörverstehen und Sprechdenken. In: Grundlagen der Sprechwissenschaft und Sprecherziehung. Hrsg. von ders. Reinhardt, München/Basel, 57–81

Römer, Marcus (2006): Der Erfinder der Angst. In: Bücher 1, 82–85

Spitzer, Manfred (1996): Geist im Netz. Modelle für Denken, Lernen, Handeln. Spektrum, Heidelberg

Steinbach, Ingo (1996): Das hörende Gehirn. In: Holler, J. (Hrsg.): Das neue Gehirn. Möglichkeiten moderner Gehirnforschung. Unser Gehirn im Überblick. Jungfermann, Paderborn, 211–238

Über das (Zu-)Hören (2003). Projektgruppe Zuhören (Hrsg.) Göttingen (= Schriftenreihe der Volkskundlichen Kommission für Niedersachsen e. V. 18)

Vester, Frederic (1995): Denken, Lernen, Vergessen. Was geht in unserem Kopf vor, wie lernt das Gehirn und wann lässt es uns im Stich? dtv, München

Vogel, Thomas (Hrsg.) (1998): Über das Hören. Einem Phänomen auf der Spur. 2. Aufl. Attempto, Tübingen

Wetzel, Dirk (2003): Hörbuch. In: Rautenberg, U. (Hrsg.): Reclams Sachlexikon des Buches. Reclam, Stuttgart, 263f

Wildt, Johannes (2004): Vom Lehren zum Lernen. Zum Wandel der Lernkultur in modularisierten Studienstrukturen. In: Neues Handbuch Hochschullehre, A 3.1, 1–13

Würffel, Stefan Bodo (2000): Hörspiel. In: Fricke, G., Braungart, H. (Hrsg.): Reallexikon der Literaturwissenschaft. Bd. 2, de Gruyter, Berlin/New York, 77–81

URSULA HIRSCHFELD, EBERHARD STOCK

Aktuelle Untersuchungen zur Aussprachekodifizierung im Deutschen

Zusammenfassung

Das Deutsche als plurizentrische Sprache hat mehrere Sprach- und somit auch Aussprachestandards, deren Beschreibung vom Begriff der Standardaussprache abhängt. Nach einer Begriffsklärung wird der Stand der Orthoepieforschung in Deutschland, Österreich und der Schweiz skizziert. Einen besonderen Schwerpunkt bilden dabei die halleschen Forschungen, die in ein neues Aussprachewörterbuch eingehen, das 2007 bei de Gruyter erscheinen wird. Basierend auf den Ergebnissen soziophonetischer Untersuchungen wurden phonetische Analysen zu zahlreichen Schwerpunkten vorgenommen, u. a. zur Aussprache der Endung -en, zur R-Realisation sowie zur Vokalquantität und -qualität in eingedeutschten Wörtern. In das Wörterverzeichnis des halleschen Aussprachewörterbuchs werden erstmals Komposita und feste Wendungen aufgenommen. Auf deren Auswahl und Akzentuierung wird ebenfalls eingegangen. Schließlich werden die in der Wörterbucharbeit verwandten Verfahren zur automatischen Transkription und einige inhaltliche Probleme besprochen.

1   Aussprachestandards im Deutschen

1.1   Definition Standardaussprache

Unter Standardlautung bzw. Standardaussprache – die sich von der Bühnenlautung unterscheidet – wird nach dem Ausspracheduden und dem Großen Wörterbuch der deutschen Aussprache eine *Gebrauchsnorm* verstanden, die einen umfassenden Geltungsbereich besitzt, also allgemeingültig ist, und von jedem Muttersprachler verstanden werden kann. Folgende Grundsätze werden in beiden Publikationen formuliert (vgl. DUDEN, Bd. 6, 2000, 34f; Großes Wörterbuch der deutschen Aussprache – GWDA 1982, 13):

- Die Standardaussprache ist *für jede Kommunikation verbindlich*, in der formbewusst gesprochen wird (Nachrichten, Bühne, Vortrag, Schule, Universität).
- Sie kommt der *Sprechwirklichkeit* nahe, ohne Anspruch auf vollständige Widerspiegelung der vielfältigen Schattierungen der gesprochenen Sprache zu haben.
- Sie ist *überregional*, enthält also keine typisch landschaftlichen Ausspracheformen.
- Sie ist *einheitlich*; Varianten (freie Varianten und Phonemvariation) sind auf ein Mindestmaß beschränkt (DUDEN) bzw. weisen eine gewisse Variationsbreite auf je nach Sprechsituation (GWDA).

- Sie ist *schriftnah*, d. h. weitgehend durch das Schriftbild bestimmt.
- Sie ist *deutlich*; sie unterscheidet die Laute einerseits stärker als die Umgangslautung, andererseits schwächer als die zu erhöhter Deutlichkeit neigende Bühnenaussprache.

Der Terminus Standardaussprache wird hier vorgezogen, weil er den suprasegmentalen Bereich einschließt und sich nicht auf die Lautebene beschränkt.

Die aktuelle Duden-Grammatik (2005, 51 ff) unterscheidet im Bereich der überregionalen Aussprachevarietäten zwischen Explizit-, Über-, Hoch- und Standardlautung:

- „Explizitlautung als wortphonologische Bezugsgröße für andere Aussprachevarietäten" (Duden 2005, 51) ist ein theoretisches Konstrukt, sie beruht auf dem phonologischen System des Deutschen und geht von der Einzelwortaussprache – nicht von zusammenhängender Rede aus. Jeder Einzellaut besitzt seine funktionalen artikulatorischen Merkmale (z. B. /n/ in sanft [zanft], nicht [zamft]), alle Silben bleiben mit vokalischem Kern erhalten, Kontrast- und emphatische Betonung sind nicht zulässig, sondern nur die „Normalbetonung".
- Die Überlautung dient „bestimmten praktischen Zwecken" (Duden 2005, 52); sie wird u. a. bei lauter Umgebung, beim Gesang, beim lautierenden Lesen von Kindern und bei schriftbezogener Aussprache im Diktat verwendet. Als typische Merkmale gegenüber der Explizitlautung werden genannt: Ersatz von Schwa durch Vollvokal, Einschub von silbeninitialem h, „Zungen-R", Längung unbetonter Vokale, Doppelkonsonanten an Morphemgrenzen.
- Der Terminus Hochlautung als an der Schriftform orientierte „literarische Sprachform", die auf den Bühnen des deutschen Sprachgebietes einheitlich verwendet werden sollte (Duden 2005, 53 f), wird nur noch im Siebs genutzt (19. Auflage 1969).
- Standardaussprache oder Standardlautung ist eine Gebrauchsnorm, die sich nicht nur unter dem Einfluss der Orthographie, sondern auch durch den der Massenmedien im 20. Jahrhundert durchgesetzt hat. Innerhalb der Standardlautung gibt es „einen breiten Bereich von insbesondere regionaler Variation" – „Man hört, woher ein Sprecher stammt." (Duden 2005, 54). Wie bei der Explizitlautung wird eine Wort-für-Wort-Aussprache vorausgesetzt; es geht also nicht um Verschleifungen, wie sie in der fortlaufenden Rede auftreten. „Allgemeine Kennzeichen der Standardlautung sind ihre Schriftnähe, ihre überregionale Gültigkeit und ihre Tendenz zur Einheitlichkeit." Als charakteristische Merkmale werden genannt (54 ff): „Aussprache des Umlauts von [A]", schließende und öffnende Diphthonge, silbische Konsonanten, r-Laute, Verteilung von [ç] und [x], Aspiration.

Ähnlich definiert Ammon den Begriff Standardaussprache im „Variantenwörterbuch" (2004, LI) unter *Nationale und regionale Besonderheiten des Standarddeutschen* als „national und regional differenzierte Gebrauchsnormen des richtigen Sprechens" bzw.

als „tatsächlicher Gebrauchsstandard professioneller oder geübter Sprecher". Die im Duden Band 6 und im Siebs beschriebenen Formen bezeichnet er als „Idealnorm". Ammon geht somit ebenfalls von regionalen Aussprachestandards aus. Er schreibt: "auf der Ebene der Standardaussprache [...] lassen sich [...] mindestens sechs große Regionen unterscheiden, [...] Unterschiede in der Aussprache sind größtenteils bedingt durch die zugrunde liegenden Dialekte, [...] überregionale Hochsprache (Hochlautung) ist weitgehend beschränkt auf Berufssprecher" (2004, XLVII). Er nähert sich damit der Auffassung von Werner König, der in den 80er Jahren "Die Aussprache des Schriftdeutschen" (1989) in der damaligen Bundesrepublik Deutschland untersucht hat und in einzelnen Orten und Regionen eine teilweise stark variierende Realisierung von Vokalen und Konsonanten feststellte.

Im Gegensatz zu den Definitionen von Standardaussprache in der Duden-Grammatik und bei Ammon sehen wir entsprechend den Festlegungen im GWDA und im Ausspracheduden (s. o.) Überregionalität und Einheitlichkeit als wesentliche Merkmale an. Der Anwendungsbereich der Standardaussprache ist demnach auch nicht nur – wie bei Ammon – auf Berufssprecher beschränkt (viele Berufssprecher müssen übrigens nicht Standard sprechen, wenn sie auf regionaler Ebene tätig sind), sondern „die öffentliche Kommunikation".

1.2   Forschungsstand

Die Sprechwissenschaft geht von drei nationalen Aussprachestandards aus, von denen nur einer, der von uns und anderen Autoren als deutschländisch bezeichnete Standard, kodifiziert ist. Österreich und die Schweiz verfügen bisher nicht über eigenständige Aussprachewörterbücher. Das neue hallesche Aussprachewörterbuch wird je ein umfangreiches Kapitel zur Standardaussprache in Österreich (von Peter Wiesinger, Univ. Wien) und der deutschsprachigen Schweiz enthalten (von Walter Haas/Ingrid Hove, Univ. Freiburg). Eingeschlossen sind jeweils Wortlisten mit Austriazismen und Helvetismen, die im Bereich der Standardaussprache verwendet werden. Diese Kapitel dienen vor allem der Information, sie sind keine Anleitung zum Gebrauch der österreichischen bzw. deutschschweizerischen Standardaussprache.

Im Folgenden soll auf den Forschungsstand zur Standardaussprache in den drei nationalen Varietäten eingegangen werden.

1.2.1   Vergleichende Darstellungen

Es gibt sehr wenige Publikationen, in denen die Standardaussprachen der deutschsprachigen Länder umfassend, nicht nur einzelne Elemente betreffend, verglichen werden. Auf drei möchten wir eingehen.

a) Die erste und einzige empirische Arbeit ist die in den Halleschen Schriften zur Sprechwissenschaft und Phonetik publizierte Dissertation von Christiane Ulbrich mit dem Thema „Phonetische Untersuchungen zur Prosodie der Standardvarietäten des Deutschen in der Bundesrepublik Deutschland, in der Schweiz und in Österreich" (2005). Ulbrich hat vor allem folgende Merkmale auditiv und akustisch untersucht und verglichen: Anzahl satzinterner Pausen, Pausendauer, Realisierung von prosodischen Grenzen mit Grenztonmarkierung, Zahl der betonten Silben innerhalb von Äußerungen, Verhältnis betonter und unbetonter Silben, Art der Akzentrealisierungen, Sprechtempo, Melodieintervalle, Melodieverläufe (insbesondere bei der Realisierung der Akzentsilben) und äußerungsfinale Melodie- bzw. Grundfrequenzkonturen.

b) Die vergleichende Darstellung im Variantenwörterbuch von Ammon (2004) ist wohl nicht als Forschungsarbeit zu bewerten. Ammon beschreibt im Kapitel *Nationale und regionale Besonderheiten des Standarddeutschen* (LI ff) im Abschnitt *Aussprache* den „tatsächlichen Gebrauchsstandard professioneller oder geübter Sprecherinnen und Sprecher" (ebenda, LI f). Es handelt sich um eine „kurze Übersicht" prägnanter Erscheinungen, und es ist nicht ausgewiesen, auf welchen Untersuchungen diese Angaben beruhen. Man kann wohl davon ausgehen, dass es sich um „Beobachtungen" handelt, die von den Mitarbeitern der Publikation zugearbeitet wurden (darunter sind keine Sprechwissenschaftler). Ammon verweist in der Einleitung zu diesem Kapitel auf das ausführliche Verzeichnis der Sekundärliteratur, das jeweils einen Abschnitt zur deutschen Standardsprache in Österreich (944–948), in der Schweiz (948–951) und in Deutschland (951–952) enthält. Für Deutschland sind hier Publikationen bis 2001 angeführt, von den Aussprachewörterbüchern wird nur Siebs (1969) angegeben. Als weitere ausspracherelevante Publikationen finden sich lediglich der „Atlas zur Aussprache des Schriftdeutschen" von König (1989) und ein Aufsatz von Trenschel (2000) über „Standardaussprache und Bühnenaussprache in ihrer nord- und niederdeutschen Prägung". Bei den Quellen zu übergreifenden Darstellungen und zur Wörterbuchtheorie gibt es noch wenige weitere Verweise. Das ist insgesamt mehr als dürftig, und so ist es nicht verwunderlich, dass sich zumindest die für den deutschländischen Standard angegebenen Besonderheiten – sehr wahrscheinlich auch die für das Österreichische und das Deutschschweizerische – nur teilweise bestätigen lassen.

c) Als 3. Projekt, das ebenfalls kein Forschungsprojekt ist, möchten wir die auf dem Internationalen Phonetikkongress 2003 vorgestellte Aussprachedatenbank von Rudolf Muhr aus Graz nennen. Muhr arbeitet mit sog. Modellsprechern aus DACH und beschreibt die ADABA, die Aussprachedatenbank Deutsch, wie folgt (Muhr 2003):

- Projektname auf Österreich bezogen: „Varietäten des österreichischen Deutsch – Standardaussprache und Varianten der Standardaussprache";
- Laufzeit: Januar 2001–2004 (es ist allerdings bisher nichts weiter veröffentlicht worden); vom ORF unterstützt;
- Hauptergebnis: ADABA enthält die Aussprache von 13.500 Wörtern, die von sechs Modellsprechern – jeweils einem Sprecher und einer Sprecherin aus Österreich,

Deutschland und der Schweiz – gelesen werden (insges. 81.000 Einzelwörter); alle Wörter wurden transkribiert und diese Transkriptionen werden angezeigt; hinzu kommt die Leseaussprache von zwei Texten (ein literarischer Text, ein Nachrichtentext) – diese Dateien sollen Informationen über wichtige Bestandteile flüssigen Sprechens geben.

Ziele sind:

(1) ein repräsentatives sprechendes Aussprachewörterbuch zum Österreichischen Deutsch, mit Informationen und einer Kontrastierung der Formen zu denen anderer Nationalvarianten;

(2) eine phonetische Datenbank (Transkription).

Probleme dieses Projekts sind die Sprecherauswahl (von Rundfunkanstalten empfohlene Sprecher), fehlende soziophonetische Untersuchungen, fehlende phonetische Untersuchungen und die Transkription. Rudolf Muhr hat bereits in seiner Publikation „Österreichisches Sprachdiplom Deutsch" (2001) die österreichische und die deutschländische Standardaussprache gegenübergestellt. Die eben genannten Probleme finden sich schon dort. So wird beispielsweise für *wirklich* transkribiert: A [virkliç] / D [vyrkliç] (sic!).

1.2.2   Forschungsstand in Österreich

Für Österreich sind vor allem die Arbeiten von Wiesinger (1992, 1999, 2001, 2006) und Moosmüller (1991, 1995, 1996) zu nennen. Insbesondere Sylvia Moosmüller arbeitet auch empirisch, d. h. an soziophonetischen und phonetischen Untersuchungen zur österreichischen Standardaussprache. Konkrete Angaben zur österreichischen Standardaussprache finden sich – wenn auch nur sehr spärlich – im Österreichischen Wörterbuch (2001). Die Arbeiten von Wiesinger sind Teil der Darstellung im halleschen Aussprachewörterbuch.

1.2.3   Forschungsstand in der deutschsprachigen Schweiz

Für die Standardaussprache in der Schweiz sind insbesondere die Arbeiten von Hove (vgl. z. B. 2002) zu nennen, die sich mit empirischen Untersuchungen vor allem im lautlichen Bereich beschäftigen. Die Ergebnisse finden Eingang in das hallesche Aussprachewörterbuch.

1.2.4 Forschungsstand in Deutschland

Wer sich gegenwärtig über die Standardaussprache in Deutschland informieren will, kann momentan nur den Ausspracheduden (Duden, Bd. 6, 5. Aufl. 2003, 6. Aufl. 2005) verwenden, die 2000 erschienene Siebs-Broschüre ist ein unveränderter Nachdruck der 19. Auflage von 1969 und als Nachschlagewerk unaktuell. Das hallesche „Große Wörterbuch der deutschen Aussprache" ist seit Jahren vergriffen. Die Aussprachedatenbank der ARD (vgl. Heinemann/Sieber 2003) ist nur den Mitarbeitern von Rundfunkanstalten zugänglich.

Untersuchungen zu Aussprachestandards und Aussprachevarianten sind seit den 1950er Jahren einer der Forschungsschwerpunkte des Instituts für Sprechwissenschaft und Phonetik der Universität Halle. Seit den 1990er Jahren wurde, anfangs mit Unterstützung der VW-Stiftung, an einem neuen Aussprachewörterbuch gearbeitet. In der ersten Etappe wurden gemeinsam mit dem Institut für Phonetik der Universität Köln soziophonetische Untersuchungen durchgeführt. Es wurde festgestellt, welche Sprechweisen in welchen Situationen bzw. unter welchen kommunikativen Bedingungen von der Bevölkerung erwartet, gewünscht oder akzeptiert werden (vgl. Hollmach 2004). Parallel dazu und bis heute wurden phonetische Analysen zu ausgewählten Schwerpunkten vorgenommen, u. a. zu folgenden Themen:

- R-Laute
- Schwa nach Explosiven und Frikativen
- Schwa-Laut nach Nasal
- Diphthonge
- Vokaleinsatz
- Aspiration der Explosive
- Vokalrealisation in Fremdwörtern

Das Untersuchungsmaterial bestand aus Äußerungen, die in authentischen öffentlichen Situationen mitgeschnitten wurden, und zwar reproduzierte (Nachrichten) und frei gesprochene Äußerungen (Gespräche in Talk-Shows). Pro Textsorte wurden auf der Grundlage der soziophonetischen Untersuchungen 50 Sprecher, pro Sprecher etwa fünf Minuten Text ausgewählt, so dass je mehrere tausend Belege auditiv und computergestützt analysiert werden konnten. Die phonetischen Untersuchungen führen zu – im Vergleich mit bisherigen Kodifikationen für das Deutsche – veränderten Transkriptionsfestlegungen, die u. a. die Schwa-Elision, die r-Laute und die Angabe des Glottisplosivs (Glottisschlag) betreffen.

Im Weiteren sollen zwei zentrale Aspekte behandelt werden, die die Besonderheiten dieses Wörterbuchs verdeutlichen: die Erweiterung des Wortschatzes und die Methoden der Transkription.

2 Erweiterung des Wortschatzes im halleschen Aussprachewörterbuch

Der Wortschatz im neuen Wörterbuch wird nicht nur aktualisiert (Löschen nicht mehr gebräuchlicher Namen, Aufnahme neuer Namen und Wörter), sondern auch erweitert. Er wird ca. 150.000 Stichwörter umfassen. Im Vergleich dazu enthält das "Große Wörterbuch der deutschen Aussprache" nur 60.000, der Ausspracheduden 130.000 Einträge. Die Erweiterung umfasst vor allem Komposita und feste Wendungen (Phraseologismen). Das ist ein Novum, denn über das Einzelwort hinausgehende Sprecheinheiten und ihre Akzentstrukturen wurden bisher nur am Rande behandelt. Auch in den Wörterverzeichnissen wurden (und werden) bisher weitgehend nur Simplizia verzeichnet, Komposita sind deshalb nur in geringer Zahl und mit meist einfacher Strukturierung zu finden (zweiteilige Determinativkomposita), feste Wendungen in Form von Wortgruppen fehlen vollkommen. Dies wird damit begründet, dass sich deren phonetische Realisierung ausreichend aus den phonetischen Gegebenheiten ihrer Konstituenten erkläre. Das trifft aber weder für den segmentalen noch für den suprasegmentalen Bereich zu. Komposita und Wendungen haben zahlreiche Besonderheiten, auf die kurz einzugehen ist.

2.1 Komposita

Komposita zeichnen sich u. a. durch folgende Merkmale aus, die sie als eigenständige Äußerungseinheiten – und nicht als Summe der Merkmale von Simplizia – charakterisieren:

(1) Auftreten von Fugenelementen, z. B. *Gebirgstal, Diebesbande, Straußenfeder, Schmerzensgeld, Eierschale, Nachtigall, Gasometer*;
(2) progressive Stimmlosigkeitsassimilation an der Fuge zwischen den Konstituenten, z. B. *Bildband, Buchdruck, Sprechwissenschaft, Erdrinde, Hanfseil*;
(3) Auf- bzw. Abwertung der ursprünglichen Wortakzente, d. h. deren Differenzierung in Haupt- und Nebenakzente und eine semantisch und/oder rhythmisch bestimmte Akzentdistribution;
(4) weitere Schwereabstufungen in Abhängigkeit von der Konstituentenstruktur und Silbenzahl des Wortes;
(5) Akzentverschiebungen durch das Aufeinandertreffen zweier Akzentsilben in der Konstruktion, z. B. statt *Industrie* + *anlage* mit verschobenem Akzent *Industrie* + *anlage*.

Insbesondere die unter (3) bis (5) dargestellten Erscheinungen haben in bisherigen Untersuchungen und Kodifikationen des Aussprachestandards nur eine untergeordnete Rolle gespielt.

Die von uns in das Wörterverzeichnis aufgenommenen Komposita haben folgende Strukturen (zur Akzentverteilung s. u.):

- am häufigsten vertreten sind **zweigliedrige Komposita**
  (1) Struktur (A + B, determinativ): *Sprechwissenschaft, Hochschule*;
  (2) Struktur (A + B, kopulativ): *schwarz-weiß, neurovaskulär, Sachsen-Anhalt.*

- **dreigliedrige Komposita**
  (3) Struktur (A + (B + C, determinativ)): z. B. *Hauptbahnhof*;
  (4) Struktur ((A + B, determinativ) + C): z. B. *Hochschulstudium*;
  (5) Struktur ((A + B, kopulativ) + C): z. B. *Schwarzweiß-Malerei*;
  (6) Struktur (A + B + C, kopulativ):, z. B. *schwarz-rot-gold.*

- **vier- und mehrgliedrige Komposita** sind nur wenige enthalten.
  Sie umfassen gibt vielfältige Strukturen, die von der semantischen Interpretation abhängen: *Straßenbahnendhaltestelle, Regenwassersammelbecken, Meerwasserentsalzungsanlage.*

2.2 Feste Wendungen

Die gleichen Probleme wie die für die Komposita beschriebenen treten auch in Wortgruppen auf, die als Einheit, als „phonetisches Wort", erzeugt werden. Das ist bereits an Wortgruppen-Komposita erkennbar, die mit Bindestrichen zusammengefügt sind, z. B. *süß-sauer, (das) Sowohl-als-Auch, (der) Was-machst-du-denn-da-Blick.* Die im Schriftbild durch die Spatien stabil scheinenden Wortgrenzen – teilweise durch jüngste orthographische Reformversuche ohnehin ins Wanken gekommen – werden in der phonetischen Realisierung oftmals durch den kontinuierlichen Sprechbewegungsablauf überspielt, wobei es sogar zur Verschiebung von Silbengrenzen kommen kann.

Solche festen Wendungen lassen sich wie folgt klassifizieren (vgl. Hirschfeld/ Stock 2005):

(1) Idiome oder Phraseolexeme: vollidiomatisierte Wortgruppen, die sich lexikalisch-semantisch und morphologisch-flexivisch (oft in veralteter Form) durch weitgehende Stabilität auszeichnen; Beispiele: *stehenden Fußes, sich den Kopf zerbrechen.*

(2) Nominationsstereotype: nicht- bzw. teilidiomatisierte Wortgruppen, die fest gebräuchlich sind und deshalb auch als „unfreie Einheiten" bezeichnet werden, ohne dass die Kombination der Komponenten lexikalisch und grammatisch eingeengt ist; Beispiele: *im Mittelpunkt stehen, sich in Acht nehmen.*

(3) Kommunikative Formeln (im Unterschied zu (1) und (2)), statt der Wortgruppenstruktur zeigen sie eine explizite oder implizite Satzstruktur. Beispiele: *Gott sei Dank! – Gern geschehen!* Hierher gehören auch Formeln für kommunikative Routinen, z. B. *Nicht wahr? – Ehrlich gesagt.*

(4) Phraseoschablonen: syntaktische idiomatisierte Strukturen, die variabel gefüllt werden können und etwa durch die Wiederholung des gleichen Wortes, spezielle

Wortstellungen oder Verbindungen mit *von* eine expressive Intensivierung erreichen sollen, z. B.: *Schlag auf Schlag, Tag für Tag, von Zeit zu Zeit.*

(5) Eigennamen und terminologische Wortgruppen, die unabhängig von ihrer Idioma-
tizität wie Idiome behandelt werden; Beispiele: *schwarzes Loch, schwarzes Schaf.*

(6) Sprichwörter und ihnen nahe stehende Konstruktionen: in der Regel vorgeformte
Satz-Strukturen, Beispiele:

Sprichwörter: Kommt Zeit, kommt Rat. Ehrlich währt am längsten.

Slogans und Losungen: *Geiz ist geil*

Gemeinplätze: *Gelernt ist gelernt!*

Volkstümliche Redensarten: *der innere Schweinehund.*

Ins Wörterverzeichnis werden nur solche Wendungen aufgenommen, die als ein phonetisches Wort realisiert werden.

2.3 Akzentuierung von Komposita und festen Wendungen

In einfachen deutschen Wörtern wird im Allgemeinen von zwei Stufen ausgegangen,
akzentuiert – nichtakzentuiert; wobei dies für komplexer strukturierte Simplizia bereits nicht ausreicht, z. B. in W*issenschaftlichkeit* oder *zuverlässig*. In Komposita
oder mehrteiligen Konstruktionen kommt mindestens noch eine dritte Stufe hinzu, so
dass ein Hauptakzent, ein oder mehrere Nebenakzente sowie nichtakzentuierte Silben zu realisieren sind. Grundregel für die Akzentverteilung ist, dass die einzelnen
Konstituenten ihre Wortakzente behalten, die je nach Art der Zusammensetzung zu
Hauptakzenten verstärkt bzw. zu Nebenakzenten abgeschwächt werden oder auch
akzentlos realisiert werden können. Für komplex zusammengesetzte Komposita
ist die dreistufige Einteilung nicht differenziert genug. Geht man von vier Abstufungen aus, ergibt sich für ein Kompositum wie *Meerwasserentsalzungsanlage* folgende
Struktur

Meer	*was*	*ser*	*ent*	*sal*	*zungs*	*an*	*la*	*ge*
2	1	0	0	3	0	2	1	0

Ähnlich sieht es bei Wendungen wie *Man tut, was man kann!* oder *um gut Wetter bitten* aus:

Man	*tut,*	*was*	*man*	*kann!*	*um*	*gut*	*Wet*	*ter*	*bit*	*ten*
1	2	1	0	3	2	1	3	0	2	0

Dabei bezeichnet 3 den Hauptakzent, 2 die Nebenakzente, 1 ist nicht akzentuiert, 0 ist
akzentlos mit zusätzlichen Schwächungen (Reduktionen, Elisionen). Wie man besonders am Beispiel *um gut Wetter bitten* bemerkt, spielen hier auch rhythmische Aspekte
eine Rolle. So wird die erste Silbe verstärkt, die zweite abgeschwächt.

Diese detaillierten Abstufungen sind deutlich wahrnehmbar, sie könnten ohne Schwierigkeiten auch in einem orthoepischen Nachschlagewerk angegeben werden. Dies ist jedoch für ein Wörterbuch nicht notwendig, hier geht es vor allem um die Verteilung und Abstufung von Haupt- und Nebenakzenten. Je nach Struktur und Aussageintention kann es dabei zu unterschiedlichen Verteilungen kommen. Mangold zeigt das im „Duden-Aussprachewörterbuch" (2003, 60) am Beispiel *Dampfschifffahrt*; die erste Konstituente A trägt den Hauptakzent, einen Nebenakzent bekommt je nach zugrunde liegender Struktur B oder C, also

Dampf + schiff-fahrt	*Dampf-schiff + fahrt*
2 1 0	2 0 1

Das Beispiel ist insofern nicht günstig, als durch die unten beschriebene Akzentverschiebung in beiden Fällen nur das zweite Muster realisiert wird.

Während bei Komposita die Markierung der Nebenakzente in Wörterbüchern und Grammatiken oft gar nicht oder wenn, dann unsystematisch und (offenbar) ohne Regeln erfolgt, werden Hauptakzente relativ systematisch und nach Grundregeln, die sich aus der Struktur der Zusammensetzung ergeben, markiert (vgl. Stötzer 1975, 64ff; Stock 1996, 47ff; Hirschfeld/Stock 2005a, 61ff; Duden-Aussprachewörterbuch 2000, 60f; Großes Wörterbuch der deutschen Aussprache 1982, 111; Duden-Grammatik 2005, 50). Für die unter 2.1 beschriebenen Strukturen findet man z.B. folgende Angaben:

(1) Struktur (A + B, determinativ): B wird durch A näher bestimmt, der Hauptakzent liegt auf A, z.B. *Spr**e**chwissenschaft*;
(2) Struktur (A + B, kopulativ): A und B werden aneinandergereiht, der Hauptakzent liegt auf B, z.B. *schwarz-weiß, neurovaskulär, Sachsen-**A**nhalt*;
(3) Struktur (A + (B + C, determinativ)): der Hauptakzent liegt auf A, z.B. *H**au**ptbahnhof* – vor allem, wenn B + C eine feste Verbindung darstellen; der Hauptakzent kann auch auf B liegen, vor allem, wenn B + C nicht lexikalisiert sind, z.B. *Welth**u**ngerhilfe*; möglich sind in Abhängigkeit von der Analyse auch zwei Varianten, wie z.B. *E**i**nfamilienhaus – Einfam**i**lienhaus*;
(4) Struktur ((A + B, determinativ) + C): der Hauptakzent liegt auf A, z.B. *H**o**chschulstudium*;
(5) Struktur ((A + B, kopulativ) + C): der Hauptakzent liegt auf B, z.B. *Schwarzw**ei**ß-Malerei*;
(6) Struktur (A + B + C, kopulativ): der Hauptakzent liegt auf C, z.B. *schwarz-rot-g**o**ld*.

Bei Zusammensetzungen mit mehr als drei Konstituenten ergibt sich die Akzentuierung aus den eben genannten Regeln. Das Beispiel *Meerwasserentsalzungsanlage* hat die Struktur ((A + B, determinativ) + (C + D, determinativ)). Stötzer (1975, 72) gibt als Regel bei Zusammensetzungen aus zwei zweiteiligen Determinativkomposita an, dass der Hauptakzent generell auf dem Bestimmungswort des zweiten Kompositums liegt, also auf C, z.B. *Straßenbahn**e**ndhaltestelle*.

Um auch Nebenakzente in Aussprachewörterbüchern künftig generell und systematisch markieren zu können, muss eine auf den Wortstrukturen beruhende Notationskonvention entwickelt werden. Bei Komposita wird die Regelung wie folgt aussehen (Hauptakzent fett, unterstrichen, Nebenakzent unterstrichen):

(1) Nebenakzente *werden angegeben*:
* in Zusammensetzungen mit Hauptakzent auf dem ersten Glied, wenn das zweite Glied mehrsilbig und seine Akzentsilbe nicht ohne weiteres zu erkennen ist, z. B. *Dauerrekord, Faktorenanalyse, Seniorenresidenz*;
* in Zusammensetzungen mit Hauptakzent auf dem zweiten Glied, wenn das erste Glied mehrsilbig und seine Akzentsilbe nicht ohne weiteres zu erkennen ist, z B. *Leutheusser-Schnarrenberger, Mecklenburg-Vorpommern*;
* in Zusammensetzungen mit Hauptakzent auf dem ersten Glied, wenn es beim Zusammenstoß zweier Akzentsilben zu einer Verschiebung des Nebenakzents (vgl. unter 3.3) kommt, z. B. *Gerichtsurteil, Gebirgsausrüstung*.

(2) Nebenakzente *werden nicht angegeben*:
* in Zusammensetzungen mit Hauptakzent auf dem ersten Glied, wenn das zweite Glied einsilbig ist oder nur eine akzentuierbare Silbe enthält, z. B. *Bundesbank, Bauwagen*;
* in Zusammensetzungen mit Hauptakzent auf dem zweiten Glied, wenn das erste Glied einsilbig ist oder nur eine akzentuierbare Silbe enthält, z. B. *Jahrhundert, Schöneweide*.

Bei festen Wortgruppen-Konstruktionen ist die Situation anders, die Verteilung von Haupt- und Nebenakzenten ist vom Umfang der Wendung (Zahl der Akzentgruppen) sowie von der Art der einzelnen Konstituenten (Auto- bzw. Synsemantika) und den semantischen und syntaktischen Verhältnissen unter ihnen abhängig.

Es wird davon ausgegangen, dass es in jeder Wortgruppe einen Hauptakzent gibt; die Verteilung von Hauptakzent und Nebenakzenten könnte dann wie folgt geregelt werden – wobei mit Ausnahmen zu rechnen ist:

* bei mehreren autosemantischen Wörtern bekommt das letzte den Hauptakzent, alle anderen erhalten Nebenakzente, z. B. *um Kopf und Kragen* (Hauptakzent: *Kragen*, Nebenakzent: *Kopf*), *in Teufels Namen* (Hauptakzent: *Namen*, Nebenakzent: *Teufels*), *saufen wie ein Loch* (Hauptakzent: *Loch*, Nebenakzent: *saufen*),
* in Verb-Ergänzungsgruppen bekommt die Ergänzung den Hauptakzent, z. B. *vor einem Rätsel stehen* (Hauptakzent: *Rätsel*, Nebenakzent: *stehen*), *eine Stecknadel im Heuhaufen suchen* (Hauptakzent: *Heuhaufen*, Nebenakzente: *Stecknadel, suchen*),
* Synsemantika werden ohne Nebenakzent transkribiert, z. B. *es ist noch nicht aller Tage Abend* (Hauptakzent: *Abend*, Nebenakzente nur auf *aller*, *Tage*), *sich wie durch den Wolf gedreht fühlen* (Hauptakzent in Verb-Ergänzungsgruppe: *Wolf*, Nebenakzente nur auf *gedreht, fühlen*).

Bei längeren Wortgruppen, die aus zwei oder mehr Akzentgruppen bestehen, können zwei oder mehr gleich starke (Haupt-)Akzente vorkommen, sie können aber auch untereinander abgestuft sein. Die übrige Akzentuierung folgt den angegebenen Regeln, z. B. *Was du heute kannst besorgen, das verschiebe nicht auf morgen!* (Hauptakzente: *heute, morgen*, Nebenakzente: *besorgen, verschiebe*). Solche längeren Konstruktionen werden nicht im Wörterverzeichnis zu finden sein, ihre Akzentstruktur wird im Einführungsteil beschrieben.

Abschließend soll auf das Problem der Akzentverschiebung eingegangen werden: Im Deutschen treten in Komposita oder Wortgruppen solche Verschiebungen auf,

a) die rhythmisch bedingt sind, z. b. *Gerichtsurteil, herausarbeiten, Musikhochschule* oder *im Handumdrehen, den Schwanz einziehen, ein Fass aufmachen.* Diese Art der Verschiebung des Nebenakzents beim Zusammenstoß zweier Akzentsilben (stress clash) tritt nur dann ein, wenn das zweite Glied mehr als eine akzentuierbare Silbe hat bzw. drei oder mehr Konstituenten vorhanden sind. Die Beispiele unter a), in denen der Nebenakzent verschoben wird, folgen dem rhythmischen Prinzip, wonach zwischen akzentuierten Silben nichtakzentuierte vorkommen müssen. Es entstehen dabei im Deutschen auf der (Einzel-)Wortebene eigentlich nicht mögliche Akzentstrukturen;

b) die unter dem Einfluss von gedachten oder im Kontext realisierten Kontrasten entstehen, z. B. *Tageshöchsttemperatur* (vs. *Tagestiefsttemperatur*), *Weltgesundheitsorganisation, HypoVereinsbank.* In diesen Fällen wird der Hauptakzent verschoben;

c) die Komposita oder vorgeformte Konstruktionen als „markiert" ausweisen sollen, als „fremd" oder „verfremdet" gegenüber der normalerweise zu erwartenden Äußerungsweise, weil sie von der Sprecherintention her als besonders expressiv gemeint sind, als verstärkt hinweisend, als besonders bedeutungsvoll, z. B.
Weltgesundheitsorganisation statt *Weltgesundheitsorganisation,*
junger Mann statt *junger Mann,*
ausgewogene Ernährung statt *ausgewogene Ernährung,*
sich fühlen wie ein Fisch auf dem Trockenen statt *sich fühlen wie ein Fisch auf dem Trockenen.*
In diesen Fällen wird ebenfalls der Hauptakzent verschoben.

3   Zur Transkription im halleschen Aussprachewörterbuch

Das von der VW-Stiftung über fünf Jahre hinweg großzügig unterstützte Projekt zur Neukodifizierung der Standardaussprache hatte von Anfang an auch das Ziel, für die Kodifikationsarbeiten neue Verfahren zu entwickeln und zu erproben. Schwerpunkte hierbei waren

(1) die phonetische Analyse als Grundlage der Datenerhebung und
(2) die phonetische Transkription für das Wörter-Verzeichnis der geplanten Buch-
    fassung, wobei die Transkripte zugleich als Steuersignale für eine Di-Phon-Syn-
    these in einem „Sprechenden Wörterbuch", also einer CD-Version fungieren
    sollten.

Dementsprechend wurden nicht nur leistungsfähige Rechner, sondern nach aufwändi-
gen Recherchen auch Softwarepakete gekauft, die den Anforderungen möglichst weitgehend entsprachen. Für die Transkription hatte dies besondere Bedeutung, weil, wie
leicht einsehbar ist, die präskriptiv-deskriptive phonetische Wiedergabe von rund
150.000 Lexikoneintragungen mit herkömmlichen Mitteln einen enormen Arbeitsauf-
wand erfordert, der bei laufendem Lehrbetrieb mit dem verfügbaren Personal, das zudem seit 1989 schrittweise reduziert wurde, nicht zu leisten war.

An der rechnergestützten Graphem-Allophon-Konvertierung, die wir für uns ein-
gängiger als „automatische Transkription" bezeichnen, ist seit den 1970er Jahren an
mehreren Forschungseinrichtungen Europas und der USA gearbeitet worden. Es wurden unterschiedliche Regelsysteme für mehrere Sprachen entwickelt, u. a. für das
Englische, Italienische und Deutsche. Wir konnten nicht erwarten, dass es ein System
auf dem Markt geben würde, das unseren Kodifikationsvorstellungen und den daraus
abzuleitenden Transkriptionsweisen auch nur annähernd entsprechen würde. Es musste vor allem ein System gefunden werden, dessen phonetische Zeichen austauschbar
waren und dessen Einzelregeln je nach Notwendigkeit korrigiert werden konnten. Wir
entschieden uns für das System P-tra, das in den 1980er Jahren am Institut für Kom-
munikationsforschung und Phonetik in Bonn unter maßgeblicher Mitarbeit von Dieter
Stock (1992) entwickelt worden war.

P-tra ist eine **P**rogrammiersprache für die phonetische **Tra**nskription. Sie ist kon-
textsensitiv, d. h., sie beruht auf dem bekannten Regelansatz von Chomsky und Halle:
A wird zu B, wenn X vorausgeht und Y folgt.

Dieser Ansatz ist bei P-tra mit Elementen der Aussagenlogik untersetzt worden, so
dass der Zusammenhang zwischen den Graphemketten und ihren möglichen bzw. un-
zulässigen Kontexten einerseits und den Transkripten andererseits durchschaubar ist.
Das System ist außerdem so angelegt, dass unserer Forderung gemäß jede einzelne
Regel modifizierbar und sofort überprüfbar ist. Es operiert innerhalb des Wortes und
lässt dabei Silben- und Morphemgrenzen außer Acht. Es arbeitet in beliebig langen
Graphemfolgen die einzelnen Grapheme von links nach rechts ab. Dabei werden neben dem Graphemkontext auch die bereits transkribierten Zeichen in die Entschei-
dungsfindung einbezogen (D. Stock 1992, 223 ff).

Diese Trankriptionen weichen in mehrfacher Hinsicht von unseren Vorstellungen
ab. P-tra musste modifiziert werden, und zwar hinsichtlich

(1) des Schrift-Fonts für die Transkriptionsseite
(2) einzelner Transkriptionszeichen
(3) einer größeren Zahl einzelner Regeln.

Diese außerordentlich aufwändige und diffiziele Arbeit wurde von PD Dr. Ines Bose und Peter Müller, Dipl. Ing. für Elektrotechnik, beide Institut für Sprechwissenschaft und Phonetik in Halle, geleistet. Dr. Uwe Hollmach, PD am gleichen Institut, gelang es, nach mehrfachen schwierigen Umformungen die verbesserten P-tra-Transkriptionen vor allem mit lexikalisierten Wortakzenten zu komplettieren. Zum Inhalt der einzelnen Arbeitsschritte:

1. Einführung eines neuen Schriftfonts für die Transkriptionsseite.
Das geplante „Sprechende Wörterbuch" wird in Kooperation mit dem Institut für Akustik und Sprachkommunikation der TU Dresden entwickelt. Die Dresdener arbeiten seit langem an der Di-Phon-Synthese und haben aus rechtlichen Gründen nicht den Font IPA-Kiel genutzt, sondern eine auf dessen Basis weiterentwickelte Transkriptionsschrift IPA-samd, deren Zeichen günstigerweise austauschbar sind. Diese Schrift wurde über komplizierte Transformationen in das System P-tra eingeführt und steht nun zur Verfügung.

2. Ersetzung und Einführung einzelner Transkriptionszeichen in das System P-tra
Ersetzt wurden die R-Allophone (R als Frikativ und als Vokalisierung), die Zeichenkombinationen für die Diphthonge, das frikative j u. a.
    Eingeführt und im Regelsystem verkettet wurden die Zeichen für den Glottisplosiv, für ein Linking bei homorganen Konsonanten, für die Stimmlosigkeit von Lenes- nach Fortiskonsonanten usw.

3. Modifizierung von Einzelregeln
Dieser Arbeitsschritt erforderte den größten Aufwand. P-tra umfasst ungefähr 1.000 Einzelregeln, darunter Auflistungen von vollständigen Wörtern, auch von Phonemen und insbesondere von sämtlichen Präfixen, daneben komplexe Aussagen über die Konvertierung der verschiedenen Grapheme in verschiedenen Kontexten. Präfixe sind wegen ihrer wortinitialen Position leicht aufzufinden und für die Wortakzentuierung bestimmend. Akzentuierungen im Zusammenhang mit Präfixen sind denn auch die einzigen Akzentangaben, die P-tra ausgibt.

Die Grundlage der Konvertierung war eine im wesentlichen am Siebs orientierte Kodifizierung, die schriftnah und im hohen Grade phonologisch bestimmt ist. Die hallesche Gegenposition ist hinlänglich bekannt: Wir stützen uns auf unsere Untersuchungen und sind vorwiegend deskriptiv orientiert. Wir halten uns an die Realität und kodifizieren stärker allophonisch auf der Basis der phonologischen Prozesse der Elision (speziell Schwa-Elision), der schrittweisen Reduzierung (speziell bei homorganen Konsonanten) und der Assimilation (speziell die progressive Stimmlosigkeitsassimilation und die Assimilation nach Schwa-Elision). Dies zeigt sich in den Regelformulierungen und muss sich auch in den Transkriptionen widerspiegeln. Die Transkriptionen von P-tra nach unseren Modifikationen sind in Tabelle 1 wiedergegeben.

Tabelle 1: P-tra-Transkriptionen

Stichwort	P-tra original	P-tra modifiziert
laben	laːbən	lˈaːbm̩
labial	laːbiaːl	laːbi̯ˈaːl
Labkraut	laːpkra͜ot	lˈaːpkʀa͜ot
labsalben	laːpzalbən	lˈaːpz̥albm̩
lachen	laxən	lˈaxn̩
Lächerlichkeit	lɛçərlɪçka͜et	lˈɛçɐlɪçka͜et
lachsfarben	laksfarbən	lˈaksfaʁbm̩
Lachsschinken	laksʃɪŋkən	lˈaksʃɪŋkŋ̩
Lähmungserscheinung	lɛːmʊŋsɐˈʃa͜enʊŋ	lˈɛːmʊŋsʔɐʃa͜enʊŋ

Die Verbesserung in unserem Sinne ist unübersehbar. Zwei Probleme konnten bisher noch nicht zufrieden stellend gelöst werden:

(1) Die Modifikation der Konvertierungsregeln bei Wörtern fremder Herkunft. Hierzu müssen getrennte Wortlisten für Wörter mit engl. Herkunft, mit frz. Herkunft usw. hergestellt werden.

(2) Die Verteilung der Wortakzente in Komposita, insbesondere die Festlegung der Nebenakzentpositionen und die Berücksichtigung der Akzentverschiebungen bei Akzentzusammenstößen wie in *Hauptbahnhof*.

Die P-tra-Modifikationen sind eine unentbehrliche Hilfe für unsere Arbeit, was aber nicht bedeutet, dass nicht jede einzelne Transkription Zeichen für Zeichen überprüft werden muss. Diese Aufgabe wird mit Hilfe von Institutsmitarbeitern, Kooperationspartnern und Doktoranden gelöst.

Das neue hallesche Aussprachewörterbuch wird gegenüber bisherigen (Aussprache-)Wörterbüchern zahlreiche Veränderungen aufweisen und damit einen gewichtigen Beitrag zur Orthoepiediskussion und zur weiteren Untersuchung der Standardaussprache darstellen.

Literatur

Ammon, U. (1995): Die deutsche Sprache in Deutschland, Österreich und der Schweiz: Das Problem der nationalen Varietäten. de Gruyter, Berlin/New York

–   u. a. (2004): Variantenwörterbuch des Deutschen. Die Standardaussprache in Österreich, der Schweiz und Deutschland sowie in Liechtenstein, Luxemburg, Ostbelgien und Südtirol. de Gruyter, Berlin

Duden Band 6. Aussprachewörterbuch (2000). Bearb. von M. Mangold in Zusammenarbeit mit der Dudenredaktion, 4. Auflage. Dudenverlag, Mannheim/Leipzig/Wien/Zürich. (1. Aufl. 1962., 2. Aufl. 1974, 5. Aufl. 2003)

Duden Band 4. Die Grammatik (2005). 7., völlig neu erarbeitete und erweiterte Aufl. Herausgegeben von der Dudenredaktion. Dudenverlag, Mannheim/Leipzig/Wien/Zürich

Großes Wörterbuch der deutschen Aussprache (1982). Verlag Enzyklopädie, Leipzig

Heinemann, R., Sieber, W. (2003): Sprechen und Verstehen von Fremdwörtern in Radio- und Fernsehprogrammen. Zum methodischen Ansatz der Aussprache-Datenbank der ARD. In: Anders, L. CH., Hirschfeld, U. (Hrsg.): Sprechsprachliche Kommunikation. Probleme, Konflikte, Störungen. P. Lang, Frankfurt/M., 153–160. (Hallesche Schriften zur Sprechwissenschaft und Phonetik 12)

Hirschfeld, U., Stock, E. (2005a): Zur Betonung von Komposita in der (schweizer)deutschen Standardaussprache. In: Heilmann, Ch. (Hrsg.): Kommunikationskulturen intra- und interkulturell. Festschrift für Edith Slembek. Röhrig Universitätsverlag, St. Ingbert, 61–68. (Sprechen und Verstehen, Band 23)

– (2005b): Zur Praktikabilität orthoepischer Nachschlagewerke des Deutschen. In: Himstedt, K., El Mogharbel, Ch (Hrsg.): Festschrift für Magnus Petursson. (im Druck)

Hollmach, U. (2004): Untersuchungen zur Kodifizierung der Standardaussprache in Deutschland. Habil.schrift (unveröff.), Martin-Luther-Univ. Halle-Wittenberg

Hove, I. (2002): Die Aussprache der Standardsprache in der deutschen Schweiz. Tübingen (= Phonai 47)

König, W. (1989): Atlas zur Aussprache des Schriftdeutschen in der Bundesrepublik Deutschland. 2 Bde., 1. Aufl. Hueber Verlag, Ismaning

Moosmüller, S. (1991): Hochsprache und Dialekt in Österreich. Soziophonologische Untersuchungen zu ihrer Abgrenzung in Graz, Salzburg und Wien. Böhlau, Köln/Weimar. (Sprachwissenschaftliche Reihe. Bd.1)

– (1995): Evaluation of language use in public discourse. In: Stevenson, P. (ed.): The German Language and the Real World. Sociolinguistic, Cultural, and Pragmatic Perspectives on Contemporary German. Clarendon Press Oxford, 257–278

– (1996): Die österreichische Variante der Standardaussprache. In: Krech, E.-M., Stock, E. (Hrsg.): Beiträge zur deutschen Standardaussprache. Verlag Werner Dausien, Hanau/Halle, 204–213. (Hallesche Schriften zur Sprechwissenschaft und Phonetik 1)

Muhr, R. (2001): Österreichisches Sprachdiplom Deutsch. öbv&hpt Verlagsgesellschaft, Wien

– (2003): ADABA – Aussprachedatenbank Deutsch. The Pronunciation Database of the National Standrad Varieties of German. In: Solé, M. J., Recasens, D., Romero, J. (Hrsg.): 15th International Congress of Phonetic Sciences. Barcelona, 03.–09.08.2003. CD-ROM

Österreichisches Wörterbuch (2001). Wien (39. neubearb. Aufl.)

Siebs (1969): Deutsche Aussprache. Reine und gemäßigte Hochlautung mit Aussprachewörterbuch. Hrsg. v. de Boor, H., Moser, H., Winkler, Ch., de Gruyter, Berlin

– (2000): Deutsche Aussprache. Reine und gemäßigte Hochlautung mit Aussprachewörterbuch. Hrsg. v. de Boor, H., Moser, H., Winkler, Ch., de Gruyter, Berlin. (= 19. Aufl. 1969)

Stock, D. (1992): P-TRA – Eine Programmiersprache zur phonetischen Transkription. In: Hess, W., Sendlmeier, W. F. (Hrsg.): Beiträge zur angewandten und experimentellen Phonetik. Stuttgart, 222–231 (Zs. für Dialektologie und Linguistik, Beiheft 72)

Stock, E. (1996): Deutsche Intonation. Langenscheidt, Leipzig u. a.

Stötzer, U. (1975): Deutsche Aussprache. Verlag Enzyklopädie, Leipzig

Trenschel, W. (2000): Standardaussprache und Bühnenaussprache in ihrer nord- und niederdeutschen Prägung. In: Jahrbuch des Vereins für niederdeutsche Sprachforschung 123, 103–114

Ulbrich, Ch. (2005): Phonetische Untersuchungen zur Prosodie der Standardvarietäten des Deutschen in der Bundesrepublik Deutschland, in der Schweiz und in Österreich. Frankfurt/M. (Hallesche Schriften zur Sprechwissenschaft und Phonetik 16)

Wiesinger, P. (1992): Zur Interaktion von Dialekt und Standardsprache in Österreich. In: Leuvensteijn, J. A. van, Berns, J. B. (eds.): Dialect and Standard Language in the English, Dutch, German and Norwegian Language Areas. Koninklijke Nederlandse Akademie van Wetenschappen, Verhandelingen, Afd. Letterkunde, N. R. 150, Amsterdam et al., 290–311

Wiesinger, P. (1999): Die besonderen Wortakzentuierungen des österreichischen Deutsch. In: Krech, E.-M., Stock, E. (Hrsg.): Sprechwissenschaft – Zu Geschichte und Gegenwart. Festschrift zum 90jährigen Bestehen von Sprechwissenschaft /Sprecherziehung an der Universität Halle. P. Lang, Frankfurt/M. u. a., 381–406. (Hallesche Schriften zur Sprechwissenschaft und Phonetik 3)

–   (2001): Das Deutsche in Österreich. In: Helbig, G., u. a. (Hrsg.): Deutsch als Fremdsprache. Ein internationales Handbuch. Halbbd. 1. de Gruyter, Berlin/New York, 481–491

–   (2006): Das österreichische Deutsch – Gegenwart und Geschichte. Münster u. a. (Austria: Forschung und Wissenschaft 2)

UWE HOLLMACH

Gültigkeitsbereiche des aktuellen Aussprachestandards

Problemstellung

Der aktuelle deutsche Aussprachestandard steht bekanntermaßen in einem besonderen Verhältnis zur Sprechrealität, das durch graduelle Bezüge beispielsweise zur Regionalität, Sozialität und der Kommunikationssituation bestimmt ist; hinzu kommt die Problematik der Plurizentrizität des Deutschen. Da diese Komponenten selbst wiederum variable Eigenschaften aufweisen, könnten aus den jeweiligen Festlegungen sich unterscheidende Standards mit verschiedenen Gültigkeiten ableiten lassen. Diese Auffächerung würde zwar differenzierter auf bestimmte reale Gegebenheiten in der Kommunikation Rücksicht nehmen, aber andererseits sich nicht als praktikabel erweisen und keinen überregionalen Aussprachestandard mit ausreichender Gültigkeit hervorbringen können. Zudem würde ausschließlich von der produktiven Seite ausgegangen und Hörerbedürfnisse ignoriert. Aus diesem Grund sollte man die Fragerichtung umkehren und erkunden, ob sich über den Gebrauch ein überregionaler Aussprachestandard feststellen lässt, der dann Gültigkeit erringt.

Dualismus des Standards

Als ein entscheidendes Moment für die Gültigkeitsbereiche, die an Hörerwartungen und Anerkennungen bzw. Akzeptanzen gebunden sind, erweist sich der dualistische Charakter des standardsprachlichen Gebrauchs. Denn bisher wurde die Aussprache zu einseitig vom Produzenten in den Mittelpunkt gerückt, aber die permanente standardsprachliche Versorgung des Perzepienten über die elektronischen Medien bildet stabil verankerte Hörerwartungen, die aus heutiger Sicht nicht außer Acht gelassen werden darf.

Die Existenz der Standardaussprache/Standardvarietät wird durch ihren Gebrauch legitimiert, den man in die **Produktion und Perzeption** untersetzen kann. Aus den Kommunikationssituationen erwachsen verschiedene Anforderungen an den Sprecher, was sich im Gebrauch in unterschiedlichen standardsprachlichen Prägungen, aber gebunden an den Rahmen sprachlicher Akzeptanz des Perzepienten äußert. Das Streben nach einer schriftnahen Aussprache mit geringer phonetischer Varianz obliegt dem Nachrichtensprecher, weil es die Perzepienten erwarten, worauf sich die standardsprachliche Verwendung auf Grund der kommunikativen Besonderheit weder begrenzen noch ausschließlich gründen lässt. Zwar erfolgt der standardsprachliche Gebrauch ebenso in der Spontansprache, allerdings schwankt er stark regional- und sozialkategorienabhängig im situativen Kontext. Ein anderes Verhalten beobachtet man beim Perzipienten, bei dem gefestigt durch Hörgewohnheiten, die sprachliche Einstellung und den hohen Standardisierungsgrad der deutschen Sprache quasi perzeptive standardsprachliche Muster vorhanden sind. Die perzeptive Vorstellung von einer standardisierten Aussprache existiert offensichtlich in verschiedenen Ebenen, wenn man bedenkt, dass beispielsweise in Österreich sowohl Standardvarietät als auch Standardaussprache gleichermaßen verstanden, aber situativ unterschiedlich akzeptiert werden.

Es kann davon ausgegangen werden, dass eine standardisierte Aussprache kein statisches, sondern durch ihren Gebrauch ein wandelbares Objekt darstellt. Inwieweit die Ausspracheveränderungen gleichlaufend die perzeptiven Muster mit erfassen, ist bisher wenig bekannt. Vermutlich basieren sie auf einer tieferen Verankerung, was ihre Stabilität deutlich stärkt. Aus dieser Annahme geht hervor, dass der standardsprachliche Gebrauch im Sprechen und bei der Perzeption im Allgemeinen ein verschieden breites Spektrum aufweist und deshalb nicht kongruent sein kann, so dass ein produktiver und ein perzeptiver Standard zu unterscheiden sind. In welchem Verhältnis beide Komponenten zueinander stehen können, zeigt die Eigenbeurteilung einer Sprechprobe, die zumeist kritischer als eine hypothetische Einschätzung ohne akustische Konfrontation ausfällt. Nur während des Vorlesens versucht offenbar der Sprecher, mit dem Umsetzen optisch erfasster Cluster – der Schrift – in Lautsprache seiner inneren Vorstellung von einer standardsprachlichen Vorlesesprache zu folgen. Aus dem spontanen Sprechen folgt dagegen naturgemäß eine hohe phonetische Variabilität. Einen Widerspruch zum Aussprachestandard stellt die große Varianz im Gespräch indes nicht dar, sie ist lediglich typisch.

Standardvarietät/Plurizentrizität/regionale Standards

Die derzeitige Auffassung zum Standardbegriff ist maßgeblich durch das Varietätenkonzept bestimmt. Dabei wird die Nationalsprache als Gesamtsystem sprachlicher Varietäten aufgefasst, indem die Einzelvarietäten sich wechselseitig bedingen, was durch strukturelle und situative Faktoren bzw. die Sprachverwendung möglich ist (Schönfeld 1989, 21ff). Aus diesem Ansatz heraus ergibt sich eine große Anzahl von Varietäten, zu denen ebenfalls die Standardvarietät gehört. Ihre Teilmengen verteilen sich auf die Nationen Deutschland, Österreich und die Schweiz, in denen sie Gültigkeit erringen (Plurizentrizität). Diese Nationen verfügen demzufolge über Varianten, deren Verwendung in einer standardvarietät-typischen Situation (Öffentlichkeit, Sachbezug) als korrekt anerkannt wird. Das Anpassen der Geltungsregionen an nationale Grenzen hat mit ihrer Regulierung über die Schulen und mit ihrer amtssprachlichen Funktion zu tun. Zwischen Kulturhoheit, politischen Grenzen (Nationen) und den Standardvarietäten besteht eine Abhängigkeit (Ammon 1997, 6). Neben der plurinationalen Struktur wird in der Linguistik auch eine regional standardsprachliche Zuordnung innerhalb Deutschlands von Forschern wie Ammon oder Auer ins Gespräch gebracht. Sie unterscheiden aus ihrer Beobachtung heraus sechs regionale Standards (vgl. Auer 2004; Ammon 2004).

Die hier aufgeführten Standards begegnen uns auf unterschiedlichem Gültigkeitsniveau.

(1) Standardvarietäten (Staaten mit der Amtsprache Deutsch)
(2) Regionale Standards (innerhalb eines Staates mit der Amtsprache Deutsch)

Die Standardvarietäten sind nicht nur in offiziösen Situationen im Gebrauch, sie werden zudem von den Medien als akzeptiert vorausgesetzt. Ihre regelhafte Niederlegung in Aussprachewörterbüchern bietet eine Orientierungshilfe und gewährt eine vereinheitlichte Sprachpflege. Umfangreiche Kodifizierungen liegen bisher nur für Deutschland vor, allerdings strebt man vor allem in Österreich, aber auch in der Schweiz nach eigenen Aussprachevorschlägen, die teilweise vorliegen (vgl. Variantenwörterbuch; Aussprachedatenbank). Es fehlen jedoch Multiplikatoren wie Sprechpädagogen, die nach diesen Standards ausgebildet sind und diese lehren können.

In der orthoepischen Forschung erkennt man grundsätzlich die Plurizentrizität des Deutschen an, entsprechende Hinweise einschließlich einer erweiterten Auffassung zum Standardbegriff findet man bei Stock, Krech und Hirschfeld, die zu dem Herausgeberkreis des neuen Aussprachewörterbuches zählen. Es bleiben dennoch eine Reihe von Ungereimtheiten, wie die aufgewertete regionale Aussprache in den süddeutschen Medien (Bayern), wenn auch nicht in aller Konsequenz, und die Einordnung des historisch an Österreich gebundenen Südtirol, das in den Medien eher der in Deutschland verwendeten Aussprache zugeneigt ist. Ein weiteres Faktum besteht in der unbestrittenen Gültigkeit der in Deutschland kodifizierten Aussprache für den Bereich Schauspiel sowie den klassischen Gesang. Hinzu kommt die beobachtete Auffälligkeit im österreichischen Fernsehfunk, Mischformen zu verwenden, entweder alternierend mit der Standardvarietät in Deutschland oder in einer phonetisch angenäherten Variante beider Standards. Beim Blick auf die Fernsehwerbung wird man feststellen, dass die Werbefilmregisseure die Produkte mit ästhetischem oder seriösem Anspruch (Auto, Parfüm, Geldanlage) – selbst wenn sie österreichischer Herkunft sind (Österreichische Versicherungen) – in überregionalen Aussprachestandards darbieten. Da bekanntlich in heutiger Zeit der Verkaufserfolg stark von der Produktpräsentation abhängt, muss die sprachliche Verpackung bei dem Kunden höchste Anerkennung erreichen. Tatsache ist, dass durch die globalisierte Medienwelt (Rundfunk, Fernsehen, Synchronisationen, Videospiele, Handys) die Bevölkerung in der deutschen Sprach- und Kulturgemeinschaft eher mit einer einheitlichen Aussprache versorgt wird, was vor allem die Hörgewohnheiten der jüngeren Generation prägt. Meine Beobachtungen im süddeutschen Raum lassen die Annahme zu, dass vor allem die jüngeren Österreicher neben ihrer regionalen oder der Standardvarietät einen überregionalen Standard durchaus in bestimmten Situationen anerkennen. Einen Widerspruch zur Legitimität der Standardvarietät besteht indes nicht, im Gegenteil, das Besinnen auf eine nationalabhängige vorbildhafte Aussprache eröffnet erst den Raum für die Anerkennung eines weiter greifenden Standards in der deutschen Sprach- und Kulturgemeinschaft. Sicherlich geschieht dieser Ausgleich auch unter dem Eindruck schwächer werdender nationaler Grenzen innerhalb der EU bei gleichzeitiger Aufwertung der deutschen Sprache, wonach die Standardvarietät für Österreich zwar als gültig, jedoch als regional begrenzt wahrgenommen wird.

Betrachtet man die sprachliche Verwendung innerhalb Deutschlands, wird man sicherlich die in dem neuen Variantenwörterbuch dargestellte Sechsereinteilung regionaler Standards bestätigt finden. Die Grenzziehung entspricht hierbei etwa den Vorschlägen, die im Rahmen der soziophonetischen Untersuchungen in den 90er Jahren für das hallesche Wörterbuchprojekt vorgenommen worden sind. Diese regionalen Standards erreichen zwar nicht das Gültigkeitsniveau der Standardvarietäten, sie sind aber durchaus in den lokalen Medien zu hören und im Umgang gebräuchlich.

Die wissenschaftliche Diskussion um das Varietätenkonzept ist häufig durch eine Abgrenzungspolitik geprägt, die dazu führt, dass die Sichtweise auf den Standardisierungsprozess in der deutschen Sprach- und Kulturgemeinschaft zu einseitig abgehandelt wird und ausgleichende Momente ausgespart bleiben. Aber eine regionalsprachliche Angleichung – wenn sie keine neue Varietät hervorbringt – erwächst aus der Bewusstheit gegenüber einem überregionalen Standard, der dann im Gebrauch landschaftstypische Züge trägt. Folgt man nun der Auffassung, dass ein überregionaler Standard auf seine Verwendung zu gründen ist, dann wird man zumindest für die Spontansprache die kodifizierte Standardisierung mit einer größeren Variabilität versehen müssen.

regionale Varietäten ⟵ ⟶ *Standardvarietäten* ⟵ ⟶ *überregionale Standardaussprache*

Indizien für den derzeit stattfindenden überregionalen/ übernationalen Standardisierungsprozess findet man im standardsprachlichen Gebrauch selbst, der eine phonetische Öffnung zum Süden hin erkennen lässt. So verwenden zunehmend auch die Moderatoren aus den nördlichen Regionen [ɪk] im Inlaut beispielsweise bei „beschäftigt" statt [ɪç], was Jahre zuvor noch als undenkbar schien. An einem Tonbeispiel, dass man auf der halleschen sprechwissenschaftlichen Internetseite hören kann – es handelt sich hierbei um den Modellsprecher A36 – bewerteten die Akteure sowohl die Lautung als auch die Prosodie sehr positiv. Ein Hörer fasste den überregionalen Erfolg des Sprecher in folgender Weise zusammen: „Er verwendet die Lautung des Nordens mit dem warmen Ton des Südens." Offenbar findet man neben dem lautungsbezogenen Verständnis von „standardsprachlich", eine ebenfalls relevante innere Vorstellung von prosodischen Größen vor.

Aber gerade weil hier die Frage nach der weiträumigsten landschaftlichen Gültigkeit im Zentrum steht, kann sie nicht ohne regionale Rücksicht beantwortet werden. Doch welchen sozialen Gruppen will man die Entscheidung über eine anerkannte Aussprache zugestehen, wenn sie allgemeine Gültigkeit erreichen soll? Sie steht dann auf breitem gesamtgesellschaftlichen Grund, wenn die Allgemeinheit fähig ist, nach ihrer perzeptiven Vorstellung mit ausreichender sprachlicher Kompetenz, somit einheitlich, für Modellsprecher votieren zu können. Diese Vorgabe ist erreicht, wenn folgende Nachweise zutreffen:

(1) Der überregionale Standard wird in allen Regionen und sozialen Kategorien anerkannt.
(2) Der überregionale Standard verfügt über hohes Prestige.
(3) Die perzeptive Vorstellung zeichnet sich durch Einheitlichkeit aus.
(4) Typisch für verlesene und spontane Sprache in den Medien ist die Variabilität.

Für die empirische Beweisführung werden die Ergebnisse einer soziophonetischen Untersuchung herangezogen, bei der ca. 1740 Akteure unterschiedlicher sozialer Kategorien aus verschiedenen sprachlandschaftlichen Regionen 43 Sprechproben einzuschätzen hatten. Zudem äußerten sich die Teilnehmenden zu Gebrauch und Prestige des Standards (vgl. Hollmach 2003). Aus dem umfangreichen Feldversuch werden folgende Items herausgegriffen:

Fragen zum Prestige des Standards (Meinungsfragen)

1a) Hängt die Wirksamkeit einer Person auch von der Aussprache ab?
1b) Hängt die Beurteilung der fachlichen Kompetenz einer Person auch von der Aussprache ab?

Frage zur Akzeptanz einer Sprechprobe (Einschätzung von Sprechbeispielen)

2a) Gefällt es Ihnen, wenn die Nachrichten in Radio oder Fernsehen mit dieser Aussprache verlesen werden?
2b) Gefällt es Ihnen, wenn ein Moderator, Gesprächsleiter oder Interviewer in Radio oder Fernsehen diese Aussprache hat?
2c) Aus welcher Region Deutschlands kommt der Sprecher seiner Aussprache nach?

Um valide Ergebnisse insbesondere im soziophonetischen Teil sichern zu können, waren Vortests zu folgenden Fragen unumgänglich:

(1) In welcher Weise beeinflussen der Inhalt des Gesprochenen, die Stimme, Sprechweise und die Sympathie gegenüber dem Gesprochenen die Ergebnisse?
(2) Reicht die sprachliche Kompetenz der Akteure für die Feststellung des deutschen Aussprachestandards aus?

Die vorliegenden Ergebnisse zur Fehlerabschätzung, auf die hier nicht näher eingegangen wird, lassen erwartungsgemäß Einflüsse der Faktoren im Punkt (1) erkennen, sie beeinträchtigen jedoch nicht die Validität und Reliabilität bezüglich der wissen-

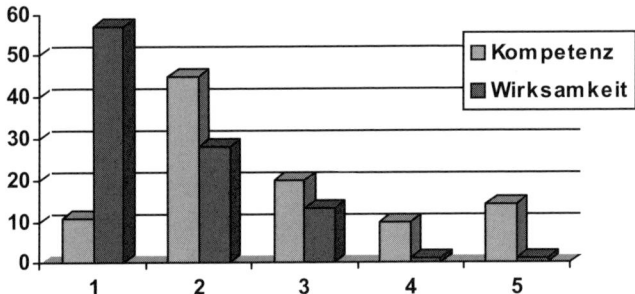

Abbildung 1: Hängt die Wirksamkeit einer Person und die Beurteilung ihrer fachlichen Kompetenz auch von der Aussprache ab?

1 trifft sehr zu
5 trifft überhaupt nicht zu

schaftlichen Fragestellung. Eine ebenfalls positive Aussage gestatten die Ergebnisse zur sprachlichen Kompetenz der Akteure (Punkt 2). Als wesentlicher Argumentationspunkt erwies sich hierbei ihr übereinstimmendes Urteilsvermögen bei den standardsprachlichen Vorschlägen.

Tabelle 1: Modellsprecher für die Nachrichtenaussprache

Spr	Mean	SD	Reg	Komm.	Region	Ausprägung
A36	1,45	0,67	8	Nachrichten		keine Reg
A6	1,70	0,77	8	Nachrichten	Nord-West	gering
B12	*2,88*	*0,74*	*8*	*Nachrichten*	*Mitte-Ost*	*Sehr gering*

Legende:
Spr   Sprechbeispiel
Mean   arithmet. Mittelwert (Standard < 2,5 < nicht Standard)
SD   Standardabweichung
Reg   regionale Zuordnung (Frage 1c) (Code 8 – überregional)
Komm   Kommunikationsform
Region   regionale Aussprachemerkmale
Ausprägung   Ausprägung der regionalen Aussprachemerkmale
Kursiv   nicht akzeptiert

Tabelle 2: Modellsprecher für die Moderation

Spr	Mean	SD	Reg	Komm.	Region	Ausprägung
A16	1,89	0,80	8	Moderation	Nord-West	sehr gering
P2	1,91	0,97	8	Gespräch		keine Reg
A34	1,97	0,88	8	Gespräch		keine Reg
A6	2,03	0,82	8	Nachrichten	Nord-West	gering
A27	2,26	0,84	8/1	Gespräch	Nord-West	gering
A33	*2,65*	*0,99*	*6*	*Moderation*	*Süd-Ost*	*sehr deutlich*
A10	*2,69*	*0.81*	*1*	*Gespräch*	*Nord-West*	*sehr deutlich*

Über das Prestige des standardsprachlichen Gebrauchs gibt die Säulengrafik Auskunft. Daraus lässt sich verallgemeinernd ablesen, dass vordergründig die Wirksamkeit einer Person mit ihrer Aussprache in Zusammenhang gebracht wird. Etwas weniger, aber doch zustimmend folgt die fachliche Kompetenz.

Die Fragen 2a und 2b können über die folgenden Tabellenauszüge beantwortet werden. Einen Überblick gewähren hierbei die Spalten: Mean (arithmetischer Mittelwert) und SD (Standardabweichung). Sie zeigen allerdings nur einen Ausschnitt, sämtliche Aussagen basieren darüber hinaus auf statistischen Prüfverfahren, bei denen nach den signifikanten Einflüssen der sozialen Kategorien und Sprachlandschaften gesucht wird (vgl. Hollmach 2003). Demnach sind die Modellsprecher nicht nach einem durchschnittlichen Wert, sondern nach der allgemeinen Anerkennung gewonnen worden.

Für das Verlesen von **Nachrichten** ist mit großer Übereinstimmung der **Sprecher A36** seiner Aussprache nach als vorbildlich bewertet worden, die damit überregional dem perzeptiven Standard entspricht und gleichzeitig regionale Besonderheiten in seiner Sprechweise vereint. Beim Hören der Aufnahme von 1990 fällt mit dem Abstand von etwa 15 Jahren (Jahr 2005) eine als stark ausgeformt empfundene r-Aussprache auf, was auf eine veränderte Standardisierung des r-Lauts hindeutet.

Die **Aufnahme A16** gilt als mustergültig für die Aussprache im **Gespräch** (Spontansprache), sie hebt sich gegenüber dem Sprechbeispiel für Nachrichten durch eine verbindlichere Ansprechhaltung auf Grund der moderierenden Form ab. Es treten wesentlich häufiger und graduell verstärkte Assimilationen auf, was als typisch für das

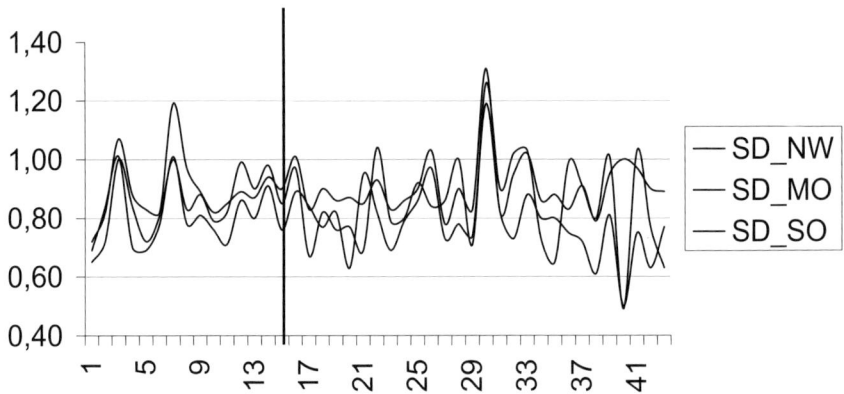

Abbildung 2: Homogenität der auditiven Einschätzungen

Gespräch zu werten ist, deshalb steht die Sprecherin in der Rangfolge vor dem Nachrichtensprecher A36. Daraus wird ersichtlich, dass die Akteure bei ihren Ausspracheanforderungen zwischen verlesener Nachrichtenaussprache und einer verbindlicheren Form wie der Moderation bzw. dem Gespräch differenzieren.

Beim Gegenüberstellen der Spalten: Mean (auditive Einschätzung) und Reg (regionale Herkunft nach auditiver Einschätzung) fällt eine Konvergenz in den Bewertungen auf. Die Sprechproben werden akzeptiert und dabei gleichwertig als „überregional" gültig von den Akteuren anerkannt. Damit ist belegt, dass die Akteure von der Existenz einer überregionalen Aussprache (überregionale Standardaussprache) ausgehen, die offenbar in jedem Individuum in einer angenäherten Form vorzufinden ist. Auskunft darüber erhalten wir in der nächsten Grafik, in der für die drei großlandschaftlichen Sprachregionen Nord-West, Mitte-Ost und Süd-Ost die Standardabweichungen für die Akzeptanzwerte als Kurvenverläufe dargestellt sind.

Die Standardabweichungen verdeutlichen, wie übereinstimmend die Hörer in den drei verschiedenen Regionen die Sprechbeispiele selbst während eines Anstiegs der Werte einschätzen. Die Kurven verlaufen in geringem Abstand ohne Kreuzungen bis etwa zur Akzeptanzgrenze (Linie), danach wirkt die Kurvenschar eher unharmonisch. Wie zu erkennen ist, werten die Akteure aus diesen drei Regionen mit großer Übereinstimmung. Die Homogenität nimmt zur Akzeptanzgrenze hin noch zu, unterstreicht damit so die Stabilität des Aussprachestandards gegenüber äußeren Einflüssen. Für die Moderatorenaussprache fällt die Übereinstimmung etwas geringer aus, weil sie mehr regionale Merkmale zulässt, deshalb vergrößert sich hier der Einfluss der unabhängigen Variablen stärker (regionale Herkunft).

Gebrauch und Gültigkeit

Der aktuelle Aussprachestandard begegnet uns nach den empirischen Ergebnissen als perzeptiv erfassbare Größe, die sich in verlesene und spontan gesprochene Form differenzieren lässt. Der Unterschied besteht vor allem in der soziophonetischen Toleranz sowie der phonetischen Varianz, die aus dem Gebrauch resultierend, aber lediglich gradueller Art ist, also ohne den standardsprachlichen Gesamteindruck zu verlassen. In dem im kommenden Jahr zu erwartenden konzeptionell neu ausgerichteten halleschen Aussprachekodex wird nun erstmals auf die Spontansprache eingegangen. Da sowohl die Standardisierungen als auch die Kodifizierungen grundsätzlich generalisierte Formen des wirklichen Sprechens sind, kann von einer allgemeinen Gültigkeit ausgegangen werden. Auf Einzeldarstellungen in der Benutzung bei Lehrern, Professoren u. a. m. muss einerseits aus pragmatischen Gründen verzichtet werden, andererseits widerspräche die situationsvorbestimmte Kleinteiligkeit der natürlichen Variabilität in der produktiven Verwendung.

Durch die dualistische Auffassung des standardsprachlichen Gebrauchs gelingt über das Hören eine relativ einheitliche Verständigung mustergültigen Sprechens, die besonders für den sprechpädagogischen Bereich bedeutsam ist. Inwieweit es nun als nötig erachtet wird der perzeptiven Vorstellung nachzustreben, hängt nicht zuletzt vom Wissen der Individuen über die situationsabhängige Wirksamkeit des standardsprachlichen Gebrauchs sowie von den anstehenden Kommunikationsabsichten ab. Die dafür notwendige sprachliche Kompetenz erwerben die Einzelnen über die häufige auditive Begegnung mit Vorsprechern. In Anbetracht der wachsenden elektronischen Mobilität, beispielsweise das ständige Hören von Ansagen in S- und U-Bahnen – mit der neuen U-Bahnwagengeneration verabschiedet man sich auch in München von der personengebundenen Ansage – stellt sich ein Bewusstsein (Prestige) gegenüber dieser vorgesprochenen Lautung ein, was gleichzeitig zur inneren Standardisierung führt. Es könnte sogar sein, dass es stärker über die allgemeine standardsprachliche Versorgung geprägt wird als durch die bisherigen Bildungsbemühungen in der Schule. Aus der nachgewiesenen Abhängigkeit von der äußeren Wirksamkeit einer Person, aber auch ihrer fachlichen Kompetenz (siehe Abb. 1), von der Aussprache sowie der regional abhängigen Stigmatisierung von sprachlandschaftlichen Eigenarten, muss nicht zwangsläufig eine Dialektvermeidung erwachsen. Im Gegenteil, besonders jüngere Menschen betreiben eher ein situationsbestimmtes „code-switching" von standardsprachlicher Näherung in größerer Öffentlichkeit und einer dem Dialekt zugeneigteren Umgangssprache. Die Ursachen hierfür liegen sicherlich auch in dem ständigen Ruf nach Eigenverantwortlichkeit in einer globalisierten Welt, wodurch ein jeder darauf bedacht ist, mit seinem Erscheinungsbild gesellschaftlichen Normen genügen zu wollen. Mit dem folgenreichen gesellschaftlichen Phänomen der zunehmenden Individualisierung setzt sich in seinen Publikationen vor allem der Soziologe Ulrich Beck (z. B. Risikogesellschaft) auseinander. Die überregionale Anerkennung des Standards erscheint dadurch ambivalent: zum einen im gesellschaftlich kulturellen Kontext und als Entfremdung des Individuums von regionalen Bezügen. Ein Beispiel für „code-switching" in der jüngeren Generation beruht auf meiner Beobachtung während des Vorsprechens für das Studienfach Schauspiel an der Bayerischen Theaterakademie. Mit Rückblick auf die letzten zehn Jahre war bei dem jährlichen Vorsprechen von den etwa 700 Bewerbern eine deutlich abnehmende Tendenz von regionalen Aussprachemerkmalen zu bemerken. Das betrifft die Herkunftsregionen innerhalb Deutschlands ebenso wie die Schweiz, Österreich oder Südtirol. Offensichtlich erreicht der aktuelle Aussprachestandard nicht zuletzt über das „code-switching" die nötige räumliche Ausdehnung, um als allgemein bzw. überregional akzeptiert gelten zu können. Angesichts der situationsbestimmten standardsprachlichen Verwendung ist es empfehlenswert, vor allem das sprachliche Bewusstsein angefangen bei den Lehramtsstudenten zu fördern, was die Vermittlung phonetischen Basiswissens nicht ausschließt. Warum sollte man auch dem Lernenden Hinweise zur standardsprachlichen Lautung vorenthalten, die von ihm in den Medien, bei Ansagen, auf Baumärkten, in Drogerien u. v. a. m. permanent gehört werden.

Unbestritten gilt die Medienaussprache beim Verlesen von Nachrichten in der deutschen Bevölkerung als mustergültig. Besonders die privaten Rundfunk- und Fernsehanstalten, wenn deren Wirkungskreis weiträumig ausgelegt ist, setzen konsequenter als die ARD auf eine überregionale Aussprache. Die allgemeine Erreichbarkeit des Medienkunden steht hierbei vor der Rücksichtnahme auf die sprachkulturelle Vielfalt, was als Beleg für die fortschreitende Ausdehnung der überregionalen Standardaussprache zu werten ist.

Im Theater findet man einen weiteren Hinweis für die allgemeine Gültigkeit des überregionalen Standards, die aber auf andere Weise erreicht wird als zur Zeit von Theodor Siebs im ausgehenden 19. Jahrhundert, der die Bühnenaussprache teilweise künstlich und realitätsfern vereinheitlichte. Nunmehr hat der Gebrauchsstandard die Bühne in künstlerisch gestalteter Form betreten, damit steht sie der allgemeinen Benutzung näher als je zuvor. Die eigenständige Sprechbehandlung für das so genannte Bühnensprechen ist damit weitgehend aufgehoben. Nunmehr wird die standardsprachliche Gebrauchslautung über das handlungsorientierte gestische Prinzip im Dienste der Kunst auf die Bühne in Funktion gebracht.

Schlussfolgerungen

Aus der allgemeinen Versorgung mit einer einheitlichen Aussprache war davon auszugehen, dass die sprachliche Kompetenz ausreicht, die deutsche Bevölkerung nach einer mustergültigen Aussprache in diesen Kommunikationsereignissen zu befragen. Ihr eindrucksvolles Votum, das einvernehmlich und mit großer Sicherheit zu Stande kam, spiegelt die Bedeutung des Aussprachestandards in offiziösen Kommunikationen wider, die eng an eine Vorstellung von „gebildet sein" und die Wirkung einer Person gebunden ist. Damit stellte sich heraus, dass der Aussprachestandard nicht nur eine Frage der Regionalität ist, die als nivellierte Größe erscheint, sondern auch den Eindruck von kultiviertem Umgang hinterlässt. Die Darstellungen und empirischen Ergebnisse aus den soziophonetischen Untersuchungen belegen damit die allgemeine Gültigkeit eines aktuell nachweisbaren Aussprachestandards, der zumindest für die in Deutschland lebenden Muttersprachler seine Rechtfertigung hat. Darüber hinaus wird der aktuelle Aussprachestandard in der Sprechkunst, der Werbung und teilweise in den Medien (Rundfunk, Fernsehen, Videospiele) auch zunehmend im gesamten deutschen Sprach- und Kulturraum benutzt, ohne die plurizentrische Struktur des Deutschen zu stören. Besonders bei den Medien mit großem Wirkungskreis hört man in ungestelzter Form eine mustergültige Aussprache. Sie steht wie nie zuvor dem realen Gebrauch nahe, weil im Rund- und Fernsehfunk die Vorlesesprache früherer Jahre um das Gespräch erweitert ist, wodurch sie an Varianz gewinnt und an Strenge verliert, so dass nun die verlesene Nachrichtenaussprache und Gesprächsformen die Grundlage einer Kodifizierung bilden müssen.

Literatur

Ammon, U. (1997): Nationale Varietäten des Deutschen. In: Hellmann, M. W. (Hrsg.): Studienbibliographien Sprachwissenschaft 19. Heidelberg

– (2004): Sprachenpolitik in Europa unter dem vorrangigen Aspekt von Deutsch als Fremdsprache. In: Deutsch als Fremdsprache 41, 1, München, 3–10

Auer, P., Spiekermann, H. (2004): Regionale Standardisierung – nationale Destandardisierung. In: Standardvariation – Wie viel Variation verträgt die deutsche Standardsprache? 40. Jahrestagung des Instituts für Deutsche Sprache *http://www.ids-mannheim.de/org/tagungen/program2004.html*

Beck, U. (1986): Risikogesellschaft. Frankfurt/M.

Hirschfeld, U. (1996): Aussprachestandard und Deutsch als Fremdsprache. In: Lemke, S., Thiel, S. (Hrsg.): Sprechen Reden Mitteilen (Sprache und Sprechen 32). Reinhardt, München/Basel, 225–231

Hollmach, Uwe (2003): Untersuchungen zur Kodifizierung der deutschen Standardaussprache in Deutschland. Halle/S. Habilschrift (Veröffentlichung 2006)

Krech, E.-M. (2002): Neukodifizierung der deutschen Standardaussprache. Zur Orthoepieforschung an der Universität Halle. In: Braun, A., Masthoff, H. R. (Hrsg.): Phonetics and its Applications. Wiesbaden, 506–515

Schönfeld, H. (1989): Sprache und Sprachvariationen in der Stadt. Zu sprachlichen Entwicklungen und zur Sprachvariation in Berlin und anderen Städten im Nordteil der DDR. In: Linguistische Studien 197, Berlin

Stock, E. (2001): Die Standardaussprache des Deutschen. In: Helbig, G. (Hrsg.): Deutsch als Fremdsprache. Ein internationales Handbuch, 2. Halbbd., Berlin, 162–174

SIEGRUN LEMKE

Die sprecherische Gestaltung von Texten –
Zur Lesefähigkeit Studierender

1 Hintergrund

Die Studienordnungen der Universität Leipzig sehen für ausgewählte Studiengänge obligatorische Lehrveranstaltungen zur stimmlich-sprecherischen Ausbildung vor. Seit langem beobachten wir in diesen Lehrveranstaltungen für Dolmetscher, Lehramtsanwärter und Magister mit dem Hauptfach Germanistik u. a. Defizite bei der sprecherischen Gestaltung von Texten (sprechkünstlerische Interpretationen ausdrücklich ausgenommen). Viele Studierende sind nicht in der Lage, Texte inhalts- und situationsadäquat – hörerbezogen und hörverständlich – vorzulesen.

Gewiss versteht es eine kleine Gruppe Studierender, die Zuhörer in ihren Bann zu ziehen, überrascht mit anschaulichen lebendigen engagierten Textfassungen. Eine andere, nicht so kleine Gruppe, zeigt deutliche Auffälligkeiten: überhöhtes Sprechtempo, sinnwidrige Gliederung und/oder Akzentuierung, das Fehlen jeglicher Mitteilungs- oder Ansprechhaltung. Und dann gibt es die große Gruppe Studierender, die sich redlich müht. Aufmerksame gutwillige Zuhörer können noch folgen, aber Nuancen des Textes werden entweder nicht erfasst, oder der Lesende hat auch während seiner höheren Schulbildung nicht gelernt, sie sprecherisch umzusetzen. Dieses höchst unterschiedliche Ausgangsniveau und der geringe zeitliche Umfang der Lehrveranstaltungen (in Abhängigkeit vom jeweiligen Studiengang 1–2 Semesterwochenstunden) stellen wesentliche Prämissen für die Erarbeitung sinnvoller Lehrkonzeptionen dar. Folgende Arbeitsschritte waren zu leisten:

- Erarbeitung eines Kriterienkataloges und einer unter unseren konkreten Arbeitsbedingungen praktikablen Methode zur Beurteilung der sprecherischen Gestaltungsfähigkeit,
- Erfassung der Studierenden mit deutlichen Auffälligkeiten bei der Textgestaltung,
- Erarbeitung eines Lehrkonzeptes, das unter den gegebenen Umständen effektives Arbeiten erlaubt und Fortschritte ermöglicht.

2 Beobachtungskriterien

Nach welchen grundsätzlichen Kriterien kann die Lesefähigkeit, die stimmlich-sprecherische Gestaltung eines Textes eingeschätzt werden – unabhängig davon, ob es sich um einen Gebrauchstext oder einen literarischen Text handelt? In unserer Arbeit haben sich als Beobachtungskriterien bewährt:

- War der Gesamteindruck überzeugend?
  Wirkte der Sprecher engagiert?
  Wurde die Grundhaltung des Textes sprecherisch umgesetzt? War die Wirkungsabsicht klar?
- War die Ansprechhaltung, einschließlich Blickkontakt, angemessen?
- Wurden die sprecherischen Gestaltungsmittel
  Sprechspannung,
  Gliederung und Akzentuierung,
  Melodieführung,
  Sprechtempo und Lautstärke,
  Klangfarbe,
  Artikulation
  sinndeutend und differenziert eingesetzt?
- War das nonverbale Verhalten auffällig?

Zusammengefasst: Hat der Sprecher selbst den Sinn erfasst? Wurde er seiner Mittlerfunktion gerecht? War in seiner Vortragsweise zu spüren: Ich lese nicht als Fähigkeitsnachweis, sondern gestalte für Hörer, will sie erreichen, sie anrühren, etwas bei ihnen bewirken?

3 Auffälligkeiten

Wie oft müssen diese Fragen mit „nein" oder „nur unzureichend" beantwortet werden? Wie viele Studierende können nicht vorlesen? Im Folgenden werden einige Ergebnisse einer aktuellen Untersuchung zu stimmlich-sprecherischen Auffälligkeiten Studierender mit sprechintensiven Berufszielen vorgestellt. Eine ausführliche Beschreibung der Vorgehensweise liegt bereits vor (Lemke 2003; 2006).

Zur Erläuterung nur so viel: In 10 Bundesländern (Baden-Württemberg, Berlin-Brandenburg, Hessen, Mecklenburg-Vorpommern, Nordrhein-Westfalen, Rheinland-Pfalz, Saarland, Sachsen, Sachsen-Anhalt und Thüringen) wurden an Hochschulen und Universitäten deutliche Auffälligkeiten Studierender bezüglich der Funktionskreise Respiration, Phonation, Artikulation, der sprecherischen Gestaltung von Texten und des rhetorischen Kommunikationsvermögens mit Hilfe vorgegebener einheitlicher Beobachtungsbögen erfasst. Als *deutliche Auffälligkeit* definierten wir Auffälligkeiten, die die Berufsfähigkeit einschränken, stimmliche und sprecherische Wirksamkeit deutlich herabsetzen, das Hörverstehen beeinträchtigen oder zum Nicht-Erreichen von Hörer- und Situationsbezug führen können – Beeinträchtigungen der sprechsprachlichen Kommunikation im Sinne von Störfaktoren.

Im Hinblick auf die Fragestellung konzentrieren wir uns hier ausschließlich auf Auffälligkeiten bei der sprecherischen Gestaltung von Texten. Die Gesamtzahl der Versuchspersonen beträgt 3.767. Die Unterschiede der Stichprobenanteile liegen in den Immatrikulationszahlen begründet.

Tabelle 1: Stichprobenanteile

Studienrichtung	Anzahl Studierende
Lehramtsanwärter	2.948
Magister mit dem Hauptfach Germanistik	684
Dolmetscher	135
Gesamt	3.767

Fast 30% aller Studierenden fielen durch deutliche Mängel bei der Textgestaltung auf: ca. 15% durch fehlenden Hörerbezug, rund 13% durch ein Sprechtempo, das Hörverstehen verhindert oder zumindest deutlich erschwert. Nahezu 10% der Versuchspersonen waren nicht in der Lage, sprecherische Gestaltungsmittel text- und situationsadäquat differenziert einzusetzen und immerhin fast 6% vermochten es nicht, den Inhalt sinnrichtig wiederzugeben. Die Unterschiede zwischen den einzelnen Studiengängen waren unbedeutend.

Die Zahlen in Tab. 2 sprechen für sich. Fast ein Drittel aller Studierenden und damit auch aller Lehramtsanwärter ist nicht in der Lage, Texte hörverständlich und hörergerichtet vorzulesen. Handelt es sich gar um künftige Deutschlehrer, muss ein solches Defizit bedenklich stimmen mit Blick auf die späteren Schüler dieser Lehrer, von denen einige wiederum Lehrer werden ...!

Was wird offensichtlich unter gutem Lesen oder Vortragen verstanden? Wer bekommt in der Schule eine Eins? Derjenige, der flüssig, ohne Stocken einen Text vorliest oder ein Gedicht vorträgt. Das haben viele Studierende so erlebt, und das hat ihr

Tabelle 2: Häufigkeiten der Auffälligkeiten bei der sprecherischen Gestaltung von Texten

Merkmal	Anzahl Studierende	%
auffällig gesamt	*1.035*	*27,5*
Einzelmerkmale		
mangelnde Sinnerfassung	206	5,5
monotones, undifferenziertes Sprechen	342	9,1
überhöhtes Sprechtempo	504	13,4
fehlende Ansprechhaltung	548	14,5

Vorleseverhalten natürlich geprägt. Damit wird keineswegs ein verallgemeinernder Vorwurf in Richtung Schule ausgesprochen oder behauptet, es sei in jeder Schule, bei jedem Lehrer so. Gewiss nicht, lediglich, dass solches Vorgehen weit verbreitet ist. Hinzu kommt ein weiterer Fakt: Wofür Lehrer nicht sensibilisiert wurden, was sie während der eigenen Schulzeit und während ihres Studiums selbst nicht gelernt und trainiert haben, werden sie schwerlich fachgerecht vermitteln können. Es steht die Frage, wie diesem Zustand abzuhelfen ist, sofern entsprechende curriculare Anteile zur Verfügung stehen.

4   Lehrkonzept

In Leipzig ist für die gesamte stimmlich-sprecherische Ausbildung der Lehramtsanwärter eine Semesterwochenstunde vorgesehen, für künftige Dolmetscher und für Magister mit dem Hauptfach Germanistik sind es zwei. Dieses offensichtliche Missverhältnis ist ausschließlich personalpolitisch begründet und entzieht sich daher der Diskussion.

Es gelingt meist recht schnell, das Interesse Studierender zu wecken, sie, selbst bei anfänglichen Vorbehalten gegen das Fach, „aufzuschließen", neugierig zu machen. Auch Kenntnisvermittlung ist nicht das Problem. Problematisch ist die Entwicklung praktischer Fähigkeiten und Fertigkeiten. Aber selbst bei einem so geringen Zeitlimit sind augen- und ohrenfällige Veränderungen der sprechgestalterischen Fähigkeiten möglich.

Grundlage unserer Arbeit ist eine *Anfangsaufnahme* (Videomitschnitt) jedes Studenten und ihre differenzierte Auswertung. Jeder Studierende weiß danach um seine speziellen stimmlich-sprecherischen Problemfelder und erhält gewissermaßen einen individuellen Arbeitsplan. In einem *Abschlussgespräch* am Semesterende werden Ausgangs- und Endstand verglichen, Hinweise für die Weiterarbeit gegeben sowie die Ergebnisse und der weitere Verlauf u. U. notwendiger *Zusatzbetreuung* besprochen. So werden z. B. außerhalb der regulären Lehrveranstaltungen zusätzlich Übungen zum Artikulations- und Intonationstraining angeboten. Darüber hinaus garantiert die langjährige enge Zusammenarbeit mit Fachärzten für Phoniatrie und Pädaudiologie sowie mit Therapeuten für Stimm-, Sprach- und Sprechstörungen, dass alle diesbezüglich auffälligen Studierenden phoniatrisch untersucht werden und im Bedarfsfall eine entsprechende Therapie erhalten.

Die *Lehrveranstaltungen* gliedern sich in Vorlesungen und Übungen. Zwei Vorlesungen zur Stimmphysiologie sowie zu häufigen Stimm-, Sprach- und Sprechstörungen vermitteln theoretische Grundkenntnisse. Zu Beginn einer jeden Übung werden grundsätzlich durchschnittlich etwa zehn Minuten für berufsorientiertes Stimmtraining genutzt (Übungen zum Bewusstmachen des Zusammenhangs zwischen Körperhaltung, Atmung, Stimmerzeugung und Artikulation in unterschiedlichen Spannungsstufen bis hin zur Kraftstimme). Dann folgen jeweils Übungen zur Textgestaltung oder zu rhetorischen Schwerpunkten. Auf speziell entwickelten Arbeitsblättern sind in knapper Form theoretische Grundlagen für die Übungen bzw. Hinweise für die Praxis zusammengefasst.

Die Arbeit an Texten, die etwa vier bis fünf Übungsstunden in Anspruch nimmt, beginnt mit Übungen zu den sprecherischen Gestaltungsmitteln. In Wortgruppen und Einzelsätzen wird sinndeutende Gliederung, Akzentuierung und Melodieführung geübt, z. B. Sinnveränderung durch Akzentverschiebung oder Veränderung der Sprechmelodie. Es folgen Ausdrucksübungen, wieder zuerst an Einzelsätzen, dann an Minidialogen und Kurztexten. So werden z. B. Nonsens-Texte in unterschiedlichen Haltungen und Stimmungen vorgetragen: Ein Student spricht den Text und die Gruppe beschreibt, wie sie ihn verstanden hat. Dann wird geklärt, woran es lag, dass die Botschaft ankam bzw. nicht ankam; oder ein solcher Text wird als Gespräch gestaltet usw.

Danach erhalten die Studierenden einige Texte (Gebrauchstexte) zur Auswahl, und sie reichen einen literarischen Text ein. Es soll ein für sie besonders schwieriger Text sein: der ihnen nicht „liegt", der ihnen schwer sprechbar erscheint, mit dem sie wenig anfangen können. Beide Texte werden in der Sprachlehranlage unter Kopfhörern geübt. Die Studierenden werden aufgefordert, sich einen konkreten Hörerkreis und eine konkrete Situation vorzustellen und sich zu überlegen, mit welchem Ziel sie diesen Text diesen Hörern vortragen, was sie mitteilen, bei ihren Hörern bewirken wollen. Sie sollen möglichst von Beginn an versuchen, den Blick vom Blatt zu lösen, um sich auf das Lesen mit Blickkontakt vorzubereiten. Wir hören hinein, geben Anregungen und Hinweise. Dieses Vorgehen ermöglicht intensives Arbeiten und differenziertes Eingehen auf spezifische Bedürfnisse und Fähigkeiten: Alle Studierenden sind aktiv, arbeiten an unterschiedlichen Texten und haben jederzeit die Möglichkeit, mit der Lehrkraft zu kommunizieren.

Im Anschluss trägt jeder unter Angabe von Hörerkreis, vorgestellter Situation und Ziel mindestens einen der gearbeiteten Texte vor der Gruppe vor, kann auf der Grundlage eines Videomitschnitts die eigene Wirkung einschätzen und erhält von der Gruppe ein differenziertes Feedback, im Bedarfsfall ergänzt und präzisiert durch die Lehrkraft. Der Zuwachs an stimmlich-sprecherischer Variabilität, in der Fähigkeit zur Nuancierung und das bewusste Bemühen um Hörerbezug sind bei allen Studierenden nachweisbar. Verglichen mit der Anfangsaufnahme konnten die eingangs beschriebenen Auffälligkeiten deutlich gemindert oder abgebaut werden.

5 Schlussfolgerungen

Heißt das aber auch, dass z. B. Lehramtsanwärter in der Lage sind, ihre Schüler entsprechend anzuleiten, dass sie in der Lage sind, diese Inhalte und Fähigkeiten vermitteln zu können? Es muss bezweifelt werden, dass dies derzeit erreicht wird – vielleicht in Ansätzen oder bei einzelnen Studierenden. Unter den gegebenen Bedingungen können die Lehrveranstaltungen zur stimmlich-sprecherischen Ausbildung Studierender nur bewusst, nur aufmerksam machen. Die Chance zur Festigung, zur Stabilisierung des momentan Erreichten ist nicht gegeben. Wir benötigen mehr Zeit, um künftige Lehrer zu befähigen, mit ihren Schülern auch auf diesen Gebieten fundiert arbeiten zu können. Die Ergebnisse zeigen jedoch, unsere Arbeit kann erheblich zur Verbesserung des eingangs geschilderten Zustands beitragen.

Die Argumentation für die Stabilisierung und Erweiterung der stimmlich-sprecherischen Ausbildung Studierender (Lemke et al. 2004), für eine den beruflichen Herausforderungen angemessene sprecherzieherische Ausbildung Studierender mit sprechintensiven Berufszielen, insbesondere natürlich für die künftiger Lehrerinnen und Lehrer, muss konsequent fortgesetzt werden.

Männliche Personenbezeichnungen stehen auch für weibliche.

Literatur

Lemke, S. (2003): Stimmliche und sprecherische Auffälligkeiten Studierender. In: Anders, L. Ch., Hirschfeld, U. (Hrsg.): Sprechsprachliche Kommunikation. Probleme, Konflikte, Störungen. Peter Lang, Frankfurt/M., 193–200
–   (2006): Die Funktionskreise Respiration, Phonation, Artikulation – Auffälligkeiten bei Lehramtstudierenden. In: Sprache – Stimme – Gehör 1, 24–28
–, Thiel, S., Zimmermann, S. (2004): Zur Notwendigkeit der Überprüfung stimmlich-sprecherischer Eignung für den Lehrerberuf. In: Gutenberg, N. (Hrsg.): Sprechwissenschaft und Schule. Sprecherziehung – Lehrerbildung – Unterricht. Reinhardt, München/Basel, 164–171

BALDUR NEUBER

Die Rhetorizität der Stimme – Ein Forschungsbericht

1 Forschungsanliegen und Ziel des Beitrags

In den Jahren 1997 bis 2005 bildete die Prosodieforschung einen wissenschaftlichen Schwerpunkt der Arbeit des Lehrstuhls für Phonetik und Sprechwissenschaft der Friedrich-Schiller-Universität Jena.

Im Mittelpunkt des Interesses stand die empirisch gestützte Ermittlung kommunikativer Funktionen der Prosodie (Sprechmelodie, Temporalität, Dynamik, Stimmklang, Rhythmizität, Akzentuierung) sowie die Deskription der zugehörigen Form-Funktionsbeziehungen (z. B. Prosodie und Emotionssignalisation, Prosodie und Zuweisung von Persönlichkeitsmerkmalen usw.).

Hauptgrund für diese Ausrichtung waren gravierende Forschungslücken in der Beschreibung der paralinguistischen Funktionen prosodischer Signale, insbesondere für den deutschen Sprachraum.

Ein für die Rhetorik besonders interessanter Ausgangspunkt ist eine offensichtliche Lücke zwischen unserem Alltagsbewusstsein über die kommunikative Relevanz prosodischer Ereignisse, den Aussagen der rhetorischen Empfehlungsliteratur und der tatsächlichen Datensituation.

Aus unserer Alltagserfahrung wissen wir genau, dass das „Wie" des Gesagten erheblichen Einfluss auf den Erfolg unserer mündlichen Kommunikation hat und dass

Tabelle 1: Jenaer Arbeiten zur Rhetorizität ab 2001

Thematik	Autor, Jahr	Typ/Anmerkung
Prosodie und Textverstehen	Neuber 2001, 2002	Habilschrift, Monographie
Sprechwirkungsforschung in der Rhetorik	Jäkel 2002	Hausarbeit (unveröff.)
Prosodie und Emotionssignalisation	Kranich 2003	Dissertation, Monographie
Prosodie und Behaltensleistung	Beutler 2004	Hausarbeit (unveröff.)
Prosodie und Persönlichkeit	Hoppert 2005	Hausarbeit (unveröff.)
Stimm- und Sprechwirkung in Werbespots	Redecker 2006	Dissertation – lfd. Arbeit
Nasalresonanz und Stimmqualität	Baumgarten 2006	Dissertation – lfd. Arbeit

wir differenziert beurteilen, ob jemand den „guten Ton wahrt" oder ob er sich „im Ton vergreift". In der Ratgeberliteratur können wir lesen, dass wir kompetenter wirken, wenn wir schneller und lauter sprechen oder gar, dass für das Verstehen der Wortlaut „nur zu 9% ausschlaggebend" sei, jedoch der „Tonfall [...] mit 37% zu Buche" schlage (Huth 2000, 173). Eine grundlegende Kritik an derartigen numerischen Angaben für rhetorische Alltagssituationen, die sich in diesem Beispielfall aus Ein-Wort-Experimenten im amerikanischen Sprachraum in Kombination mit langjähriger wissenschaftlicher Mythenbildung herauskristallisiert haben, geben Lehnhart und Wachtel 2001 (74–79), und dieser Kritik ist in jeder Hinsicht zuzustimmen.

Welche Aussagen sind jedoch „mit gutem wissenschaftlichen Gewissen" möglich? Dieser Frage gingen und gehen die folgenden Jenaer Arbeiten aus den Jahren 2001–lfd. in verschiedenen Teilfragestellungen nach (Tab. 1).

Im Folgenden werden Methodik und grundlegende Resultate der Arbeiten dargestellt.

2 Untersuchungsdesign und Methodenkritik

Bei den vorgestellten Arbeiten handelt es sich überwiegend um Experimente, die mit jeweils 60 weiblichen und männlichen Probanden im Minimum und 200 im Maximum durchgeführt wurden.

Für die einzelnen Experimente wurden gesprochene Logatome, satzwertige Äußerungen, Sätze, Texte und Dialoge aufgenommen, z. T. mit zusätzlicher Bild- bzw. Videoinformation.

Die sprachliche Information wurde in allen Versuchen grundsätzlich konstant gehalten, gleiches gilt für alle anderen Informationsanteile (Bildinformationen, äußere Situation des Experiments).

Verändert wurden jeweils ausschließlich die prosodischen Anteile der Äußerungen. Hierzu wurden verschiedene Personen (Laien, Studierende, Profisprecher) gebeten, unter Vorstellung bestimmter Rahmensituationen die jeweils für sie (und die Situation) typische Sprechweise anzuwenden.

Die Aufnahmen wurden im Bedarfsfall Voruntersuchungen hinsichtlich ihrer Authentizität und der Identifizierbarkeit der jeweils intendierten Funktionen unterzogen.

Den Probandengruppen wurden die Aufzeichnungen nur einmal und in einer Version dargeboten, so dass für sie keinerlei Vergleichsmöglichkeiten gegeben waren. Es handelte sich ausschließlich um sprechwissenschaftlich bzw. phonetisch nicht vorgebildete Personen. In den Aufgabenstellungen wurde niemals angedeutet, dass prosodische Parameter verändert und untersucht werden.

Die Auswertungen erfolgten über Befragungen, Polaritätenprofile, Item-Auszählungen und Behaltensleistungstests.

Alle Ergebnisse wurden mit unterschiedlichen Tests statistisch geprüft und abgesichert. Teilweise erfolgte eine ohren- und apparatephonetische Analyse der Sprechver-

sionen mit dem Ziel, über die nachgewiesenen Funktionen hinaus auch die Form-
unterschiede differenziert beschreiben zu können.

Die jeweils verwendeten Einzelmethoden können hier nicht erörtert werden. Sie
sind in jeder der zitierten Arbeiten detailliert beschrieben.

Nachteil der verwendeten Methodik ist die fehlende „Spontaneität" der kommunikativen Situation, die eine eingeschränkte Übertragbarkeit auf authentische Kommunikationssituationen mit sich bringt. Allerdings ist diese Einschränkung nur von
geringer Bedeutung, da nahezu alle sprechkommunikativen Ereignisse Hand-
lungscharakter haben, d. h. prinzipiell plan- und steuerbar sind. Das bedeutet z. B.,
dass uns freundliche oder engagierte Sprechweise auch im Alltag nicht einfach
„spontan widerfährt", wie etwa Erschrecken oder Erröten, sondern dass wir sie aus
einem komplexen Gefüge innerer und äußerer situativer Einstellungen (wie z. B. psy-
chisches Geschehen, Kompetenzbewusstsein, Einschätzung der aktuellen Situation)
zumeist unbewusst oder teilbewusst „produzieren" bzw. signalisieren, wobei für den
Rezipienten und für den Forscher nur die (Schall-)Signale unmittelbar zugänglich
werden, während das intrapsychische Geschehen Interpretationssache ist. Ähnlich
wie beim Auftritt eines Schauspielers wissen wir auch im Alltag nicht, wie sich die
Anteile von „Echtheit" und (wissentlicher oder unwissentlicher) „Inszenierung" der
Sprechkommunikation von Moment zu Moment gestalten und verändern. Eine Ausnahme bildet das Sprechen in Situationen, die von primären Affekten begleitet werden, also z. B. von „echter" Angst oder Euphorie, wobei eben auch hier nur aus di-
stalen Hinweisreizen (Erkennbarkeit des angstauslösenden Reizes oder der Ursache
der Euphorie) mittelbar auf Authentizität und Ausprägungsgrad des Geschehens geschlossen werden kann. Derartige Ereignisse wurden in den hier vorgestellten Arbeiten nicht untersucht.

Der große Vorteil der experimentellen Vorgehensweise liegt in der guten Kontrollier-
barkeit der Situation und in der gezielten Ausschlussmöglichkeit intervenierender Variablen. Gerade dieser Fakt schien angesichts der gegenwärtigen Forschungssituation
besonders wichtig, da z. B. bei jeder Veränderung des Textes oder der außersprachli-
chen Information zwangsläufig deren Informationsanteile intervenieren (z. B. für Be-
deutungsgehalt, Emotionalität, Behaltensleistung).

Das hier gewählte methodische Vorgehen lässt jeweils den deduktiven Schluss zu,
dass im Experiment ausschließlich die Prosodie bestimmte kommunikative Effekte bewirkt hat, und erlaubt zudem graduelle bzw. numerische Angaben über diesen Effekt und
über seine Wiederholbarkeit bzw. Nutzbarkeit unter „authentischen" Bedingungen, hier
freilich ohne absolut sichere oder gar quantitative Vorhersagbarkeit. Eine sichere Prognose ist niemals gegeben, da jede Sprechsituation einzigartig ist und sich die relevanten Einflussvariablen von einer Situation zur nächsten nicht vorherbestimmen lassen.

Es kann also z. B. niemals das Ziel sein vorherzusagen, wieviel Prozent Verbesserung der Behaltensleistung durch eine bestimmte Sprechweise erzielt wird, da man
z. B. die Motivation und Konzentration des Rezipienten in einer authentischen Situa-

tion nicht vorhersagen kann. Ziel kann es jedoch sein, im Experiment *prototypische* Sprechweisen zu finden und zu beschreiben, die die Behaltensleistung begünstigen, und die entsprechenden Parameter erkennbar und lehrbar werden zu lassen.

Diese Grundsätze sind für die wissenschaftliche und didaktische Qualität von Aussagen zur rhetorischen Kommunikation so wichtig, dass sie etwas ausführlicher geschildert werden mussten. Sie gelten als inhaltliches und programmatisches Fundament für die Interpretation aller folgenden Ergebnisse.

3   Prosodische Beeinflussung von Textmerkmalen und Behaltensleistung

Hauptziel dieser Untersuchungen (Neuber 2001 und 2002; Beutler 2004) war es, die Auswirkung des gezielten Einsatzes prosodischer Mittel auf die sogenannte „globale Kohärenz" von gesprochenen Texten zu testen. Es ging also darum, die Auswirkungen prosodischer Parameter auf die Rezeption von Bedeutungs- und Sinnzusammenhängen zu untersuchen. Da sich die Begriffe von der „Bedeutung" oder auch der „Semantik" eines Textes (z. B. gegenüber der Semantik einzelner Wörter) sehr komplex gestalten und im nichtwissenschaftlichen Alltag nicht zielsicher paraphrasiert werden können, wurden einzelne „alltagstaugliche" und damit zugleich rhetorisch relevante Textmerkmale bestimmt und getestet, die die globale Kohärenz ausmachen bzw. in enger Verbindung zu ihr stehen.

Es stellte sich hierbei heraus, dass prosodische Merkmale – entgegen zahlreichen Meinungen in der linguistischen Fachliteratur – immense konkrete Effekte auf die Bedeutungsrezeption und -interpretation von Texten ausüben. So hängt es nachgewiesenermaßen hochgradig vom „Wie" des Gesagten ab, in welchem Maße wir einen Text für „strukturiert" oder auch „bedeutungsreich" halten.

Insbesondere die folgenden Textmerkmale zeigten (bei 200 Versuchspersonen) statistisch hoch signifikante Abhängigkeiten, die auf Grund der eingangs geschilderten Vorgehensweise ausschließlich von der Sprechweise bzw. Prosodie abhingen:

- Verständlichkeit,
- Zusammenhang,
- Interessantheit,
- Einprägsamkeit,
- Strukturiertheit,
- Bedeutung,
- Behalten(seindruck).

Hingegen gab es auch Textmerkmale, die von der Prosodie unbeeinflusst blieben, und zwar insbesondere:

- Wichtigkeit,
- Abstraktheit/Konkretheit,

- Sinn(eindruck),
- Glaubwürdigkeit.

Zum Kriterium „Behaltensleistung" ist zu ergänzen, dass sich sowohl der Eindruck der Rezipienten von ihrer Behaltensleistung als auch die tatsächliche Leistung (gemessen an der Auszählung standardisierter Items anhand der schriftlichen inhaltlichen Wiedergabe der Texte) prosodieabhängig zielsicher beeinflussen lassen. Besonders interessant dabei ist, dass einerseits ein unmittelbarer statistischer Zusammenhang zwischen der korrekten Einschätzung des Eindrucks der Behaltensleistungen und dem tatsächlichen Verbleib von Inhalten im Gedächtnis besteht, dass aber auch grobe Fehleinschätzungen bei einigen Probanden auftraten. Dies legt die Schlussfolgerung nahe, dass wir auch (und gerade) im Alltag einen engen Funktionszusammenhang zwischen Form und Wirkung prosodischer Merkmale erleben, dessen Ursachen aber oftmals nur sehr diffus oder gar nicht beschreiben können. Gleichwohl lässt sich die für eine optimale Behaltensleistung geeignete Sprechweise gut beschreiben: Wichtig ist neben sinngerechter Akzentuierung und Pausierung eine melodisch, dynamisch und temporal lebhafte sprecherische Umsetzung des Textes, die deutliche (aber nicht übertriebene) Emotionalisierungstendenzen sowie eine enge Kongruenz von Inhalt und Gestaltung aufweisen sollte und zudem einen gewissen prosodischen Überraschungswert (Agogik, Häsitationen etc.) bieten muss. Stark abträglich sind gleichförmig monotones Sprechen, aber auch stilisiert überzogene Sprechweise mit extensiven regelmäßig wiederkehrenden Mustern, wie man sie z. B. manchmal bei Stadtführungen oder Bahnhofsdurchsagen beobachten kann.

Da die phonetische Form in allen Parametern präzise beschreibbar ist (Neuber 2002), sind die Zusammenhänge zwischen Sprechweise und Texteigenschaften prinzipiell auch für rhetorische Belange gut didaktisierbar.

4   Erkennbarkeit prosodischer Emotionssignale

Im Kontext der bisher beschriebenen Untersuchungen und der ihnen zugehörigen Vor- und Begleitversuche zeigte sich u. a., dass insbesondere emotionale Merkmale der Sprechweise bei vielen Probanden auf sensible Ohren stießen. So kann man z. B. in Versuchen zu freien Assoziationen gesprochener Logatome (oder auch sinnvoller Wörter und Äußerungen) feststellen, dass phonetisch unvorgebildete Hörer die Äußerungen gehäuft mit Attributen aus dem Bereich der Emotionalität belegen (z. B. … klingt freundlich, heiter, überrascht usw.), während z. B. Texteigenschaften durch naive Hörer nicht primär bzw. spontan mit prosodischen Signalen in Verbindung gebracht werden.

Dies gab den Anlass, dem Zusammenhang zwischen Prosodie und Emotionssignalisation systematisch nachzugehen. Da zu dieser Thematik eine umfangreiche Literatur existiert, deren Diskussion nicht Ziel dieses Aufsatzes sein kann, werden im Folgenden nur die rhetorisch interessantesten Ergebnisse der eigenen Untersuchungen kurz umrissen.

Kranich (2003) führte eine umfangreiche Batterie von Tests zur Emotionssignalisation mit prosodischen Mitteln durch, die u. a. Folgendes erbrachten:

Prinzipiell können Emotionen mit prosodischen Mitteln signalisiert und erkannt werden. Eine relativ sichere Erkennung gibt es jedoch nur bei Basisemotionen. Die Experimente ergaben u. a. die folgende Hierarchie in der Erkennungssicherheit: Wut (als erkennungssicherste Emotion), danach Angst, Freude, Traurigkeit, Ärger, Fröhlichkeit, Verzweiflung, Überraschung und schließlich Abneigung (als unsicherste Signalisation in dieser Reihe).

Während „Wut" sich problemlos über stimmliche Mittel signalisieren lässt, benötigen wir für die sichere Erkennung von „Abneigung" weitere Informationen, z. B. Vorkenntnisse (Inferenzen) über den jeweiligen Sachverhalt oder auch einfach Hinweise über eine mögliche Agens-Patiens-Konstellation („Wer hat Abneigung gegen wen/was?").

Rhetorisch interessant sind auch die Nebenresultate: Es gab in den Experimenten „prototypische" Sprecher, die zahlreiche Emotionen mit hoher Erkennbarkeit signalisieren konnten. Andererseits gab es nicht wenige Sprecher, denen dies trotz größter Mühe nur sehr mangelhaft gelang, obwohl es sich ausschließlich um Profisprecher (Schauspieler und Sänger) handelte.

Auch hörerseitig ließ sich feststellen, dass die Sensibilität in der Wahrnehmung von prosodischen Emotionssignalen sehr unterschiedlich ausgeprägt ist.

Für die Nutzung der Rhetorizität der Emotionssignalisation über Stimme und Sprechweise lässt sich schlussfolgern, dass:

- nur Basisemotionen einigermaßen sicher ausschließlich auf diesem Kanal kommuniziert werden können,
- eine „prototypische" Realisation der Emotion von großer Bedeutung ist,
- fein abgestufte Emotionssignalisationen wahrscheinlich nur bedingt bewusst „umgelernt" werden können,
- eine Absicherung auf mehreren Kommunikationsebenen (verbal, visuell, Nutzung situativer Ereignisse und Gegebenheiten) kaum zu umgehen ist.

5   Prosodie und Persönlichkeitsmerkmale

Für rhetorische Fragestellungen ist es äußerst relevant, Erkenntnisse über den Zusammenhang von Prosodie und Persönlichkeitsmerkmalen zu sammeln. Im Rahmen unserer Untersuchungen ging Hoppert (2005) dieser Problematik nach. Sie zeichnete mehrere wortlautgleiche mündliche Wegbeschreibungen auf und ließ ihre Probanden die (vermeintlichen) Persönlichkeitseigenschaften der gehörten Sprecherinnen einschätzen. Hierzu verwendete sie einen Fragebogen, der sich eng an den Überlegungen von Cattell sowie ferner an den sog. „Big Five"-Faktoren orientierte.

Es stellte sich heraus, dass die Zuweisung von Persönlichkeitsmerkmalen in außerordentlich hohem Maße von prosodischen Merkmalen beeinflusst wird. Nur vier der siebzehn gestellten Fragen wurden über beide Sprechweisen hinweg von den (unterschiedlichen) Probandengruppen ähnlich beantwortet, dreizehn hingegen signifikant bzw. hoch signifikant unterschiedlich. Besonders starke Abhängigkeiten von der Prosodie zeigten die Eigenschaften

- Sozialkompetenz,
- Kontaktfreudigkeit und
- Zuverlässigkeit,

während die Einschätzung der

- Regelbewusstheit,
- Empfindsamkeit und
- Besorgtheit

nicht sprechweisenabhängig variierten.

Besonders hervorhebenswert an diesem Experiment ist die Tatsache, dass die signifikant verschiedenen (scheinbaren) Persönlichkeitseigenschaften auch der gleichen Person zugewiesen werden, wenn diese zuvor gut instruiert wurde und authentizitätsnahe sprecherische Umsetzungen leistet.

Es ist also prinzipiell möglich, Sprechweisen (bzw. prosodische Merkmale) zu trainieren, die von der Mehrzahl der Rezipienten mit bestimmten Persönlichkeitsmerkmalen assoziiert werden.

6 Rhetorizität und Prosodie

Ein weiteres Experiment in der Reihe der hier aufgeführten Untersuchungen beschäftigte sich mit dem Einfluss der Prosodie auf die rhetorische Wirkung eines Textes. Jäkel (2002) zeichnete hierzu einen selbstverfassten Einführungsvortrag für einen imaginären Rhetorikkurs auf, der wiederum verschiedenen Probandengruppen in unterschiedlichen Sprechweisen vorgespielt wurde. Auch in diesem Experiment unterschieden sich die Kriterien

- Fachkompetenz,
- Zuverlässigkeit,
- Vertrauenswürdigkeit sowie
- Inhalt und Logik der Rede,

die der vermeintlichen „Rhetoriktrainerin" durch die Rezipienten der Aufnahmen zugewiesen wurden, signifikant voneinander. Gleiches gilt für die Teilnahmemotivation und die mögliche Teilnahmeentscheidung für den mit diesem Redebeitrag eingeleiteten fiktiven Rhetorikkurs.

Abgesehen davon, dass auch in diesem Versuch die Probandengruppen nicht wussten, dass ausschließlich prosodische Eigenschaften modifiziert und untersucht wurden, hatte dieses Experiment eine Besonderheit: Die Texte wurden von Laiensprechern aufgezeichnet und unterschieden sich in ihren prosodischen Formmerkmalen verhältnismäßig wenig voneinander. Die Glaubwürdigkeit der „kompetenten" Rhetoriktrainerin wie auch die Unglaubwürdigkeit der „inkompetenten" Lehrperson wurde also formseitig nicht durch besonders professionelle sprecherisch-schauspielerische Umsetzung induziert, sondern allein durch Veränderungen subtiler phonetischer Merkmale, die die Sprecherinnen aufgrund präziser situationsorientierter Anweisungen (z. B. „Stellen Sie sich vor, Sie sind eine erfahrene Rhetoriktrainerin und leiten mit dem folgenden Text ihren aktuellen Kurs ein [...]") produzierten.

Ein gewisses Maß an Sensibilität und Begabung vorausgesetzt, ist es also möglich, eine direkte Brücke zwischen der intensiven Vorstellung einer – in diesem Fall beruflichen – kommunikativen Rolle und Situation und einer angemessenen und glaubhaften sprecherischen Umsetzung aufzubauen.

7   Laufende Arbeiten

In der Reihe der Jenaer Forschungen zur Prosodie sind schließlich zwei weitere, noch nicht abgeschlossene Arbeiten zu nennen.

Eine laufende Dissertation verfolgt die Fragestellung, inwieweit die Wirkung der Stimme und Sprechweise für die Rezeption der Qualität von Werbespots einschließlich des beworbenen Produkts relevant ist, wobei hier mit minimalen sprachlichen Stimuli (3 Sek.) bei gleichzeitiger Einwirkung der (immer konstanten) visuellen und musikalischen Anteile der Spots gearbeitet wird.

Eine weitere Dissertation befasst sich mit der Nasalresonanz als Wirkungsfaktor bei professionellen Sprechern. Mittels Nasometrie, Spektrographie und ohrenphonetischer Beurteilung soll festgestellt werden, ob und in welcher qualitativen und quantitativen Ausprägung die nasale Resonanz umfassend geschulter Sprecher und Sprecherinnen (praxiserfahrene Schauspieler und Sprechwissenschaftler) für deren positive qualitative Eigenschaften der Stimme mitverantwortlich ist.

Da diese Arbeiten erst innerhalb der kommenden zwei Jahre abgeschlossen werden sollen, darf den Ergebnissen an dieser Stelle nicht vorgegriffen werden. Auskünfte über Zwischenergebnisse können jedoch gern beim Autor dieses Beitrags erfragt werden.

8   Resümee und Ausblick

Die Zusammenschau der Jenaer Arbeiten zur Prosodieforschung der letzten fünf Jahre sollte – neben der Kurzvorstellung einiger interessanter Hauptergebnisse – zunächst zeigen, dass eine überwiegend rational orientierte Rhetorik des 21. Jahrhunderts nicht darauf angewiesen ist, den „Mythos von den 9%" weiterhin zu verbreiten und zu pflegen.

Präzise und differenzierte Beschreibungen der Formen und Funktionen para- und extraverbaler Mittel sind für rhetorische Kontexte möglich und erforderlich. Gleichwohl sind die aufgeführten Arbeiten nur ein Schritt in Richtung einer an sachlichen und datengestützten Verfahren orientierten Rhetorik. Im Rahmen der Prosodieforschung müssen weitere Schritte folgen, insbesondere

- die Beschreibung einzelner Rhetorizitätspotentiale in Abhängigkeit von den jeweiligen prosodischen Mitteln,
- die weitere Differenzierung der Form-Funktionsbeschreibungen,
- eine angemessene didaktische Aufbereitung der gewonnenen Erkenntnisse.

Hierbei sind zahlreiche Faktoren zu bedenken, die den Rahmen der vorgestellten Arbeiten bei weitem überschreiten. Genannt seien nur stellvertretend die soziophonetischen sowie die visuellen und äußeren situativen Faktoren der rhetorischen Kommunikation.

Sollte ich den m. E. niemals prozentual quantifizierbaren Anteil der Prosodie an der Rhetorizität einer Äußerung dennoch auf eine Kurzformel bringen, so würde diese lauten: Als Bestandteil des Sprechens drückt die Prosodie alles das aus, was nicht mit Worten gesagt wird, aber unmöglich verschwiegen werden kann.

Literatur

Beutler, K. (2004): Einfluss der Prosodie auf die Behaltensleistung. Unveröff. Hausarbeit, Jena

Hoppert, A. (2005): Prosodie und Persönlichkeitsmerkmale. Unveröff. Hausarbeit, Jena

Huth, S. A. (2000): Duden. Reden gut und richtig halten! Dudenverlag, Mannheim u. a.

Jäkel, D. (2002): Sprechwirkungsforschung in der Rhetorik. Unveröff. Hausarbeit, Jena

Kranich, W. (2003): Phonetische Untersuchungen zur Prosodie emotionaler Sprechausdrucksweisen. Hallesche Schriften zur Sprechwissenschaft und Phonetik, Bd. 11. Peter Lang, Frankfurt/M. u. a.

Lenhart, H., Wachtel, S. (2001): Zu sieben Prozent kommt es auf den Inhalt an. Wie ein Mythos entsteht und was er anrichtet. In: Lemke, S. (Hrsg.): Sprechwissenschaftler/in und Sprecherzieher/in. Eignung und Qualifikation. Sprache und Sprechen, Bd. 39. Reinhardt, München/Basel, 74–79

Neuber, B. (2001): Prosodische Form-Funktion-Relationen: Überlegungen zur Wahrnehmung und Interpretation der 'Musik' des Sprechens. In: Deutsch als Fremdsprache. Zeitschrift zur Theorie und Praxis des Deutschunterrichts für Ausländer. Heft 2/2001 – 38. Jahrgang. Langenscheidt, Leipzig, 99–103

− (2002): Prosodische Formen in Funktion. Leistungen der Suprasegmentalia für das Verstehen, Behalten und die Bedeutungs(re)konstruktion. Hallesche Schriften zur Sprechwissenschaft und Phonetik, Bd. 7. Peter Lang, Frankfurt/M. u. a.

MARITA PABST-WEINSCHENK

Zur Wirkung von Sprechausdrucksmustern – Erste Ergebnisse einer Befragung an der Heinrich-Heine-Universität Düsseldorf

„Die rednerische Kritik aufmerksam
wägender Hörer führt immer auf das
Richtige hin: wie sie es hören, so ist es."

Erich Drach, Redner und Rede 1932, 20

Schon Erich Drach ging in seinem demokratischen Rhetorikkonzept (1932) von einem mündigen Hörer aus und stellte die Wirkung und das Feedback in den Mittelpunkt seiner Redekurs-Methodik (Pabst-Weinschenk 1993, 246ff). Folgt man diesem Ansatz, so muss man die Wirkungseindrücke von ungeschulten Zuhörern nicht nur ernst nehmen, sondern sie sogar in das Zentrum rhetorischer Wirkungsforschung stellen. Denn Äußerungen wenden sich nur in Ausnahmefällen an rhetorisch geschulte Menschen; die Mehrzahl aller Äußerungen dagegen richtet sich an Laien. Deshalb habe ich bei meinen Befragungen zum Wirkungspotenzial ausgewählter Sprech-/Hörmuster an der Heinrich-Heine-Universität auch bewusst studentische „Laien" ausgewählt, die noch über keinerlei Vorkenntnisse aus dem Studium verfügen: Erstsemestern wurden in der ersten Sitzung des Semesters in der Pflichtveranstaltung zur „Theorie und Praxis der mündlichen Kommunikation" verschiedene Hörbeispiele vorgespielt, zu denen sie ihre Wirkungseindrücke spontan in offenen Antworten stichwortartig schriftlich festhalten sollten.

Insgesamt haben 140 Studierende an diesen Befragungen vom Sommersemester 2004 bis zum Sommersemester 2005 teilgenommen. Ihnen wurden jeweils 7 Sprech-/Hörmuster vorgespielt. Dabei handelte es sich um „nachgemachte" Emotionen, nicht um authentisches Material. Denn wegen der Vergleichbarkeit sollte immer wieder der gleiche Text verwendet werden. Dazu bot sich das Material an, das für die Thematisierung von Sprechwirkungen in der Schule bei Bewerbungssituationen produziert worden war. Die Aufnahmen (insgesamt 27 verschiedene Sprechmuster, jeweils von zwei Sprecherinnen und einem Sprecher vorgetragen) sind im Deutschmagazin (Heft 5, 2004) im Zusammenhang mit meinem Aufsatz „Der Ton macht die Musik" auf der beiliegenden CD veröffentlicht worden.

Aus der Fülle des Materials wurden folgende Muster ausgewählt, die jeweils von einer weiblichen und einer männlichen Person gesprochen wurden:

- schnelles Sprechtempo (zu hohe Artikulationsgeschwindigkeit, zu wenig und/oder zu kurze Pausen),
- langsames Sprechtempo,
- Sigmatismus,
- gepresster Stimmklang,
- verhauchter Stimmklang,
- offene Nasalität,
- geringe Kieferöffnung.

Zu den Varianten der Sprecherin wurden die Wirkungseindrücke von 68 Personen, zu denen des Sprechers die von 73 Personen ausgewertet.

Allgemein lässt sich sagen, dass die von sprecherzieherischer Seite immer behaupteten Wirkungseindrücke sich deutlich im Wirkungsspektrum der Befragten wiederfinden lassen. Die sprechwissenschaftlich-sprecherzieherische Vorbildung, also die durch die Schule vermittelte Allgemeinbildung, kann man aber maximal als „Halbbildung" einschätzen. Denn selbst einfach zu benennende Sprechmuster (z. B. zu schnelles Sprechen) wurden höchstens von 50% der Befragten als solche benannt. Nicht alle Sprech-/Hörmuster sind gleichermaßen gut bekannt: Die Bekanntheit schwankt zwischen 50 und 23%. Bei allen Sprech-/Hörmustern wurden von jedem Teilnehmer immer mehr als eine Antwort genannt. Das heißt, es wird nie ein monokausaler Zusammenhang hergestellt, das entspricht unserem Verständnis von Kommunikation: Verstehen ist immer ein aktiver Konstruktionsprozess und keine einfache Signalübertragung. Da sehr verschiedene Individuen an den Befragungen teilgenommen haben, streuen die Ergebnisse sehr weit, zum Teil bis zum diametralen Gegensatz (z. B. kompetent – inkompetent, seriös – unseriös, freundlich – unfreundlich).

Bekanntheitsrangfolge

50% der Befragten haben das Schnellsprechen auch als „(zu) schnell" benannt.

46% haben die Beispiele zum „gepresst"/„heiser"/„rau"/„harten" Sprechen als solche benannt, zusätzlich haben dieses Sprechmuster 19% als „(über)angestrengt", 5% als „erkältet" und 36% als „krank" bis „todkrank" beschrieben.

44% haben das langsame Sprechen als „(zu) langsam" empfunden.

40% der Befragten haben die Sigmatismen als „Lispeln" bzw. als „Sigmatismus" benannt und zusätzlich 15% haben diese Sprechmuster allgemein als „Sprachfehler" bezeichnet.

38% haben das Muster „Zähne nicht auseinander"/„verbissen" erkannt und weitere 4% benannten dieses Muster als „undeutlich"/ „nuscheln". Nur 25% haben das „ge-/ behauchte" Sprechen als solches benannt, 9% haben zusätzlich dieses Sprechen als „weich" beschrieben. Das nasale Sprechen haben nur 23% als solches erkannt.

Ergebnisse zu den einzelnen Sprech-/Hörmustern

Wie haben die Befragten die verschiedenen Sprech-/Hörmuster empfunden? Die Anzahl der Befragten, die diese Antworten benannt haben, wird prozentual in Klammern genannt, Mehrfachnennungen von 3 bis 5 Eindrücken pro Person und Sprechmuster waren die Regel. Ähnliche Antworten wurden in Clustern zusammengefasst.

(Zu) schnelles Sprechen wird empfunden als: gehetzt (56%); nervös (28%); arrogant, aufdringlich, überheblich, unfreundlich und unsympathisch (28%); unsicher (23%); frech, schnippisch und aggressiv (13%); aufgeregt/aufgekratzt (10%).

(Zu) langsames Sprechen wird empfunden als: langweilig, monoton und gelangweilt (51%); geistig nicht rege, lahm, träge, faul, desinteressiert, unmotiviert, gleichgültig, emotionslos, oberflächlich und inkompetent (zusammen insgesamt 69%); einschläfernd, schläfrig, müde und ermüdend (41%); dumm, dümmlich und naiv (20%), aber auch: verträumt und bedacht (5%); entspannt, gelassen und ruhig (17%).

Als Richtwerte für das Sprechtempo wurden angenommen:

langsam	> bis 3 Sprechsilben pro sec
	> bis 180 Sprechsilben pro min (> ca. 90 Wörter)
normal	> bis etwa 4 Sprechsilben pro sec> um 200 bis 240 Sprechsilben pro min
	(> ca. 140 Wörter)
schnell	< über 4 Sprechsilben pro sec
	< über 240 Sprechsilben pro min (< ca. 140 Wörter)
sehr schnell	< über 5 Sprechsilben pro sec
	< über 300 Sprechsilben pro min (< ca. 150 Wörter)

Dabei werden die Pausen nicht herausgerechnet, weil sie die Wirkung des Tempos mit beeinflussen. So kompensieren z. B. mehr und längere Pausen eine flottere Artikulationsgeschwindigkeit in der Gesamtwirkung. Auch wenn Stelzig et al. (1976, [3]1982, 59) sich gegen verbindliche Angaben über das Sprechtempo aussprechen, weil es vor allem sinnbezogen variiert werden müsse, was sicherlich richtig ist, haben sich nach meinen Erfahrungen diese Richtwerte bewährt, weil ein zu langsames genauso wie ein zu schnelles Sprechen die Wirkung negativ beeinflusst. Diese Richtwerte kann man auch mit den Angaben vergleichen, die man in der Literatur über das Stottern findet: Stotterer produzieren 42–191 Wörter/min (im Durchschnitt 123); Normalsprecher produzieren 129–222 Wörter/min (im Durchschnitt 167).

(Offen) nasaler Klang wird empfunden als: überheblich, von oben herab und arrogant (30%); langsam, gelangweilt, monoton, träge und schläfrig (zusammen insgesamt 51%), aber auch ruhig und gelassen (11%); künstlich, gestellt, wie abgelesen und auswendig gelernt (22%); uninteressant und unmotiviert (11%); konservativ (2%).

Bei den folgenden Sprech-/Hörmustern treten deutliche *geschlechtsspezifische Unterschiede* auf:

Das weibliche Beispiel für „Lispeln"/Sigmatismus wird empfunden als: dumm, naiv, kindlich und inkompetent (34%); unsicher, schüchtern und nicht überzeugend (14%); zu langsam (obwohl es im normalen Tempo gesprochen wird!), träge, uninteressiert und unmotiviert (16%).

Das männliche Beispiel für „Lispeln"/Sigmatismus wird empfunden als: „normal trotz Sprachfehler" (ca. 4%); etwas blöd und treudoof (5%); seriös, kompetent und souverän (10%); freundlich, sympathisch, angenehm anzuhören (17%); normales Tempo (5%); interessiert (5%).

„Gepresstes" Sprechen wird insgesamt empfunden als: drückend, zwanghaft, herrisch und ich-bezogen (10%). *Das weibliche Beispiel* ferner als: gequält bis leidend (22%); *das männliche Beispiel* wird empfunden als: aggressiv, beängstigend, unfreundlich, unsympathisch, proletenhaft, aufdringlich und dominant (zusammen insgesamt 34%).

Eine weitere *Beobachtung zum Sprechtempo* ist interessant: Das gleiche Tempo (219 Silben/min) wirkt langsam (12%) und gelangweilt (11%), wenn nasal gesprochen wird (zusammen also 23%). – Wenn dagegen aber gepresst gesprochen wird, wirkt das gleiche Tempo angenehm (2%) und sogar zu schnell (ca. 2%, zusammen also 4%)!

Ver-/behauchtes Sprechen wirkt insgesamt immer erotisch. Diese Wirkungstendenz ist bei beiden Geschlechtern zusammen mit 99% eindeutig dominant.
    Beim weiblichen Beispiel überlagert die erotische Wirkung alles: Das Sprechen wird als erotisch, sexy, lasziv, verführerisch und animierend empfunden (insgesamt zusammen 83%).
    Differenzierter sind die Wirkungseindrücke *beim männlichen Beispiel*, das empfunden wird als: erotisch, Gay-line-artig, schwul (16%); weich, sanft, einfühlsam und sensibel (21%); unsicher, ängstlich, vorsichtig und schüchtern (16%); ruhig, gelassen, hypnotisierend, verstehend wie ein Entspannungstherapeut (10%); heuchlerisch, hinterlistig, anbiedernd, schleimig (9%); geheimnisvoll (6%).

Wird *mit geringer Kieferöffnung* gesprochen, wird das *beim weiblichen Beispiel* empfunden als: unfreundlich, böse und gemein (29%); bedrohlich, aggressiv und fordernd (16%); unhöflich, desinteressiert und unmotiviert (14%); genervt (10%); betrunken und lallend (6%).
    Sprechen mit geringer Kieferöffnung wird *beim männlichen Beispiel* empfunden als: angenehm, freundlich und nett (16%); eindringlich, fordernd, gezwungen, männlich, militärisch und aggressiv (14%); aufgeschlossen, kompetent, seriös und motiviert (16%); angespannt (4%); normal (9%).

Fazit

Diese ersten Ergebnisse geben Anlass zum Nachdenken über eigene Wirkungseindrücke und machen deutlich, wie wichtig es ist, Wirkungstendenzen häufiger empirisch zu erfassen. Sie sollten nicht nur im Wandel der Zeit beschrieben werden, sondern auch im Hinblick auf verschiedene Zielgruppen und Kontexte. Im Hinblick auf Gender-Studies sollte man genauer überprüfen, ob man verallgemeinern kann, dass Abweichungen vom Standardsprechen bei Frauen (wie hier festgestellt) immer eher negativ konnotiert werden, wogegen die gleichen Abweichungen bei dem männlichen Beispiel oft noch als „normal" hingenommen bzw. sogar positiv empfunden werden.
Die hier ausgewählten Beispiele müssten ferner auch experimental-phonetisch untersucht werden und es müssten weitere Beispiele für die verschiedenen Sprech-/Hörmuster in die Untersuchungen einbezogen werden.

Literatur

Drach, Erich (1932): Redner und Rede. Berlin
Pabst-Weinschenk, Marita (1993): Die Konstitution der Sprechkunde und Sprecherziehung durch ERICH DRACH. Faktenfachgeschichte von 1900 bis 1935. Magdeburg/Essen
–   (2004): Der Ton macht die Musik! Bekannte Sprechausdrucksmuster in ihrer Wirkung beschreiben. In: Deutschmagazin, Oldenbourg, 1. Jg., H. 5 „Mündliche Kommunikation", 15–20, mit Arbeitsblättern und 87 Hörbeispielen auf CD-ROM
Stelzig, H. et al. (1976, 31982, Hrsg.): Einführung in die Sprechwissenschaft. VEB, Leipzig
http://www.sprachheilpaedagogik.de/stottern/messung.htm

CHRISTOPHER SAPPOK

Das sogenannte rhetorische Prinzip der Kommasetzung: Versuch einer interdisziplinären Explikation

Die Begriffe „rhetorisches" und „grammatisches Prinzip" bezüglich der deutschen Kommasetzung entstammen einem bestimmten zeitlichen Abschnitt der orthographietheoretischen Diskussion. Das Auftreten dieser Terminologie in den 1950er Jahren (Grebe 1955) fällt mit dem Beginn der Bemühungen um eine Reform der deutschen Rechtschreibung zusammen. Vergleichbare Aspekte sind jedoch lange vorher schon thematisiert worden (z. B. Heynatz 1782) und auch heute spielen sie noch eine Rolle, denn besagte Bemühungen haben mit der Einführung der „amtliche[n] Regelung der deutschen Rechtschreibung" 1996 bekanntlich keineswegs ihr Ende gefunden. Der vorliegende Beitrag stellt sich nicht die Aufgabe, das in diesem Zusammenhang aktuelle Für und Wider zu bereichern, sondern versucht, einen Überblick zum zwiespältigen Verhältnis der Orthographietheorie zum Gegenstand Kommasetzung zu geben.

Die historische Terminologie bietet hierfür einen geeigneten Ansatzpunkt, weil sie einerseits eine klare Differenzierung geschaffen hat, zum anderen aber hier der Grundstein gelegt wurde für bestimmte konzeptionelle Unstimmigkeiten, die sich über die Grenzen der orthographietheoretischen Diskussion hinaus bis heute bemerkbar machen. Deshalb soll die orthographietheoretische Perspektive nach einer kurzen Darstellung ihrer Entwicklung ergänzt werden um didaktische und psycholinguistische Aspekte.

1955 schreibt Paul Grebe, lange Zeit Herausgeber des westdeutschen Rechtschreibdudens (1), die problematische Komplexität der Kommaregelung sei zurückzuführen auf die Unterschiedlichkeit zweier konkurrierender Prinzipien, des rhetorischen Prinzips und des grammatischen Prinzips: *Das rhetorische Prinzip, das nach Freiheit in der Anwendung strebt, um die geschriebene Sprache der gesprochenen anzugleichen, [liegt] sieghaft im Kampf [...] mit dem grammatischen Prinzip, das aus logischen Gründen zur Konsequenz drängt* (Grebe 1955, 103).

Hier treten zwei Implikationen (2) hervor, die später zu Missverständnissen geführt haben:

1. wird durch die unversöhnliche Art und Weise der Gegenüberstellung von „Freiheit" und „Konsequenz" eine zu strikte und dabei nicht ganz erschöpfende *Polarisierung* zum Ausdruck gebracht,
2. impliziert schon die Wahl des Begriffs „rhetorisches Prinzip" die Verbindung zur Rhetorik als Rede-*Kunst* und damit den Anspruch, *auf hohem Niveau* „das [zu] er-

setzen, was die gesprochene Sprache durch Satzmelodie, Rhythmus und Tempo auszudrücken vermag" (Grebe 1955, 103).

Bei alledem spricht dann aus Grebes spezifizierenden Ausführungen interessanterweise eine eher integrative und pragmatische Sichtweise. Besonders bemerkenswert ist jedoch vor dem Hintergrund der weiteren Entwicklung, dass er, indem er das rhetorische Prinzip als „sieghaft" bezeichnet, diesem offenbar eine gewisse *Priorität* einräumt.

Anhand bestimmter Ausschnitte aus der vorangegangenen Auflage des Rechtschreibdudens (13. Auflage, 1947), der seinerzeit gültigen Auflage (14. Auflage, 1954) und nachfolgenden Auflagen (bis 21. Auflage, 1996) lässt sich illustrieren, wie sich genau die *gegenteilige Auffassung* durchgesetzt hat. Gehen wir als Ausgangspunkt zurück zur 13. Auflage (1947). Hier heißt es in der Vorbemerkung zu Kapitel IV. Satzzeichen:

Die Satzzeichen geben dem Leser an, wo er eine Pause zu machen, wo er die Stimme sinken zu lassen oder zu heben hat.
Ferner sind sie ein Hilfsmittel, die Gliederung des Satzes für das Auge zu erleichtern.
(52, typograph. Anordnung: CS)

Es folgen die Regeln zum Punkt und dann zum „Beistrich" (Komma), ohne eigene Vorbemerkung. In der 14. Auflage (1954 bzw. 1958) taucht eine vergleichbare Passage als Vorbemerkung zum Komma auf:

Der Beistrich hat im Deutschen in erster Linie die Aufgabe, den Satz grammatisch zu gliedern.
Daneben erfüllt er den ursprünglichen Zweck der Satzzeichen, die beim Sprechen entstehenden Pausen zu bezeichnen.
(17, typograph. Anordnung: CS)

Wieder geht es um Sprechpausen und Gliederung, doch die Reihenfolge, in der auf rhetorisches und grammatisches Prinzip Bezug genommen wird, hat sich umgekehrt – und damit der Stellenwert. Während 1947 (13. Auflage) die Satzzeichen unter „Ferner [...] ein Hilfsmittel" zur Gliederung laufen, ist 1961 (15. Auflage) das Komma „in erster Linie" hierfür verantwortlich. Dabei wird der Gliederungsbegriff präzisiert von „die Gliederung des Satzes für das Auge zu erleichtern" zu „die Aufgabe, den Satz grammatisch zu gliedern".

Dem gegenüber steht eine Ent-Präzisisierung beim rhetorischen Prinzip, indem der Zusatz „wo er die Stimme sinken zu lassen oder zu heben hat" entfällt und damit die Nennung des neben der Pause wichtigsten prosodischen Gliederungsmittels. Die Formulierung von 1954 (14. Auflage) findet sich im selben Kontext in allen nachfolgenden Auflagen bis 1986 (19. Auflage, mit einer unmaßgeblichen Veränderung ab der 18. Auflage von 1980). Erst dann lässt sich wieder eine Entwicklung beobachten, wobei diese dem Gegensatz der Prinzipien entkommen zu wollen scheint: Die 20., die letzte „autonome" Auflage (1991) verzichtet ganz auf Vorbemerkungen zu Satzzeichen oder Kommas.

Die „amtliche Regelung der deutschen Rechtschreibung" (1996) schließlich greift die Tradition der Vorbemerkungen wieder auf. Außerdem wird die Tradition aufgegriffen, sich statt auf Grammatik auf die optische Sinnesmodalität zu beziehen (s. o.: 13. Auflage, 1947). Unter „E Satzzeichen, 0 Vorbemerkungen" heißt es:

*(1) Die Satzzeichen sind Grenz- und Gliederungszeichen. Sie dienen insbesondere dazu, einen geschriebenen Text über*sicht*lich zu gestalten und ihn dadurch für den Lesenden über*schau*bar zu machen* (zit. nach Rechtschreibduden 2000, 1139, Hervorhebg.: CS).

Obwohl uns also hier Gliederung nicht explizit als grammatisch entgegentritt, lässt die endgültige Abwesenheit von lautsprachlichen Bezügen darauf schließen, dass sie am ehesten so gemeint ist.

Erhärtet wird dies durch das Ergebnis einer Analyse, die Bartsch (1998) an den Regelformulierungen zur Zeichensetzung der 20. (1990) und 21. Auflage (1996) des

Tabelle 1: Lautsprachliche Bezüge in den Regelformulierungen zur Zeichensetzung in der 20. und 21. Auflage des Rechtschreibdudens nach Bartsch (1998)

	Klassen	20. Auflage (1990)	21. Auflage (1996)
1.	Rein optische I. [Interpunktion] ohne rhetorische Hinweise	Binde- und Trennstrich, Schrägstrich, Doppelpunkt, Semikolon, Fragezeichen	Binde- und Trennstrich, Schrägstrich, Doppelpunkt, Semikolon, Fragezeichen, Parenthesen, **KOMMA**
2.	Optische I. mit gelegentlicher akustischer Interpretation	Apostroph, Ausrufezeichen, Parenthesen, Gedankenstrich, Punkt, **KOMMA**	Apostroph, Ausrufezeichen, Gedankenstrich, Punkt
3.	Rhetorische I. bzw. Zeichensetzung mit semantischer Funktion	**KOMMA**	–
4.	Optisch nonverbale Zeichen mit akustischem Verbalisierungsbedarf	Abkürzungspunkt, Anführungszeichen, Auslassungspunkte, *bis*-Zeichen	Abkürzungspunkt, Anführungszeichen, Auslassungspunkte, *bis*-Zeichen

Rechtschreibdudens durchgeführt hat, und zwar hinsichtlich Bezügen zu „rhetorischer Funktion". In Tabelle 1 sind zur Verdeutlichung alle Ergebnisse zu den vier Klassen, die Bartsch ansetzt, zusammengefasst, von „1. Rein optische I. [Interpunktion] ohne rhetorische Hinweise" bis „4. Optisch nonverbale Zeichen mit akustischem Verbalisierungsbedarf" (ibd. 516f und 522f).

Berücksichtigt man, dass sich die 21. Auflage des Rechtschreibdudens (1996) „sehr stark auf das AR [Amtliches Regelwerk]" bezieht (Bartsch 1998, 521), ergibt sich das Bild, dass das Komma mit der Reform ganz zu einer optischen Angelegenheit geworden sein soll:

Der Duden zur Rechtschreibreform ist offensichtlich bemüht, Hinweise auf Betonung und Rhetorik als mögliche Kriterien für semantische I. zu tilgen [...] sie [werden] immer konsequenter durch grammatisch-semantische Formulierungen ersetzt [...] obwohl es sich in den meisten Fällen um indirekte Hinweise auf rhetorisches Verhalten handelt (Bartsch 1998, 523).

Die Rechtschreibreform hielt es demnach für erforderlich, lautsprachliche Bezüge endgültig zu entfernen, den Grammatikbezug auf das Kriterium der Übersichtlichkeit zu reduzieren und außerdem bei den Regeln ein hohes Maß an Beliebigkeit einzuführen. Es entsteht der Eindruck einer gewissen Ratlosigkeit. Fast scheint es, als solle der Schwarze Peter wieder der Sprachgemeinschaft zugeschoben werden, nachdem sich das Programm der „linguistische[n] Durchdringung der Orthographie" (Nerius 2000, 68) in diesem Zusammenhang nicht bewährt hat.

Das soweit skizzierte Bild der orthographietheoretischen Diskussion ist bewusst überzeichnet und notwendigerweise stark reduziert. Mit seiner Fokussierung auf Regelwerke zeigt es lediglich, wie sich entsprechende Strömungen letztendlich niedergeschlagen haben. Welche Einflüsse für die gezeigte Entwicklung gerade der letzten Jahre mitverantwortlich sein dürften, zeigt ein Blick auf die Ergebnisse didaktisch orientierter Beiträge zum Thema.

Als Übergang bietet sich eine Arbeit von Eisenberg an, der 1979 optimistisch für eine strenger systemgrammatische Perspektive eintritt. Er nimmt Grebe sehr wörtlich, wenn er bezogen auf dessen oben referierte Unterscheidung rhetorisch fragt: „Was bedeutet es [...], daß das rhetorische Prinzip ‚nach Freiheit in der Anwendung strebt', wo doch in jedem von Grebes beispielen genau festliegt, ob ein komma gesetzt wird oder nicht?" (Ibd., 326).

Dann legt er eine alternative Begründung für die gesamten Dudenregeln zum Infinitiv vor, unter der Prämisse: „Als begründung gelten dabei grammatische fakten, womit im folgenden immer syntaktische fakten gemeint sind" (ibd., 324). Eisenbergs Begründung besteht aus zwei Sätzen und enthält insgesamt ca. 20 metasprachliche Begriffe. Die didaktische *conclusio* lautet: „sprachsystematisch angemessenere [...] regeln wären auch leichter zu lernen und leichter zu vermitteln als die Duden-regeln, weil sie systematischer begründet und damit jederzeit leicht abgeleitet werden können" (ibd., 337).

Anhaltspunkte zu Ablauf und Erfolg des Lernprozesses geben empirische Untersuchungen zu den Kommasetzungs-Fähigkeiten von Schülerinnen und Schülern. Der Beitrag „Interpunktion – Zeichensetzung im Unterricht" (Menzel/Sitta 1982) bietet hierzu einen Überblick: Kolakowsky (1980, zit. nach Menzel/Sitta 1982, 16) ermittelt bei 12.000 Schülertexten aus den Klassen 5–10 in Schulen der DDR an erster Stelle einen Anteil von rund 60% Zeichenfehlern an allen ermittelten Fehlern (gefolgt von 15,2% Fehlern bei der Groß- und Kleinschreibung). Wie groß die Rolle des Kommas hierbei ist, lässt sich an einer Analyse Bergners (1980) ermessen, der Prüfungsaufsätze von acht 10. Klassen untersucht. Der Anteil Kommafehler an Gesamtfehlern liegt hier bei 56,1% (ibd., 405). Menzel und Sitta selbst untersuchten 300 Aufsätze der Klassen 3–10 mit dem Ergebnis, dass von allen zu setzenden Kommas insgesamt 41,6% fehlen (ibd., 16f).

Abgesehen von der Tatsache, dass diese Ergebnisse sehr schlecht sind, wird an der letzten Zahl ersichtlich, woran dies liegen dürfte. Kommafehler bestehen in erster Linie nicht darin, dass Kommas falsch gesetzt werden (z. B. nach nur rhetorischen Gesichtspunkten), sondern darin, dass sie nicht gesetzt werden. Dies lässt sich wohl kaum so interpretieren, dass die Schüler die Regeln als sprachsystematisch nicht angemessen empfinden, sondern spricht eher dafür, dass sie systematische Begründungen und Ableitungen *per se* als Problem empfinden und im Zweifelsfall gern ganz ignorieren.

Eine besonders dezidierte Untersuchung liegt mit Melenk (1998) vor. 205 Realschüler der Klasse 8 wurden getestet, indem ihnen ein zu kommatierender Text vorgelegt wurde. 53% aller erforderlichen Kommas fehlten. Ein im selben Zuge durchgeführter Test grammatischer Grundkenntnisse erbrachte einen Fehlerquotienten von 71% (ibd., 56). Zwar konnten diese Ergebnisse durch eine Unterrichtsreihe zu den Kommaregeln verbessert werden, doch es blieb unklar, wie diese Verbesserung im Einzelnen zu Stande kam: Eine abschließende Untersuchung des Gesamtzusammenhangs zwischen Kommasetzungs- und Grammatikleistungen ergab, dass gute Grammatikkenntnisse nur mit einer 20%igen Wahrscheinlichkeit mit guter Kommasetzung einhergehen. Schlechte Grammatikkenntnisse wiederum lassen mit nur 20%iger Wahrscheinlichkeit auf schlechte Kommasetzung schließen (ibd., 58f).

Fragt man sich vor diesem Hintergrund, worin die Fähigkeit im Einzelnen besteht, Texte korrekt zu kommatieren, d. h. wie man sich Kommasetzung bei Könnern als psychologischen Prozess vorzustellen hat, liegt die Vermutung nahe, dass dieser Prozess relativ wenig mit der Kenntnis oder Ableitung und aktuellen Anwendung der betreffenden Regeln zu tun hat. Das routinierte und korrekte Setzen von Kommas scheint nach Kriterien zu erfolgen, die kaum die Bewusstmachung grammatischer Strukturen voraussetzen.

Lässt sich die eingangs genannte Konzeption von grammatischem und rhetorischem Prinzip so umformulieren, dass sich ein Ansatz bietet, die hier beschriebenen Widersprüchlichkeiten und didaktischen Probleme zu lösen? Erste Anhaltspunkte hierfür finden sich in der neueren psycholinguistischen Leseforschung, die davon ausgeht, dass eine „implizite Prosodie" auch beim leisen Lesen eine bedeutende Rolle spielt („Implicit Prosody Hypothesis", Fodor 1998 und 2002).

Wichtig ist hierbei eine Differenzierung beim Gliederungsbegriff. Während sich grammatische Gliederung als Projektion hierarchisch organisierter Strukturen auf das sprachliche Kontinuum darstellt, setzt die prosodische Gliederung direkt an der linearen Sequenz an und segmentiert diese in (vergleichbar große) Stücke (vgl. „same size sister constraint", Fodor 1998, 307–309). Grammatische Gliederung kann so als eine dreidimensional motivierte *Strukturierung* gelten, implizit prosodische Gliederung als eine zweidimensionale *Sequenzierung* auf suprasegmentaler Ebene.

Diese unmittelbare Sequenzierung dient beim Leseprozess als Grundlage für die Erschließung der grammatischen Struktur, stellt also gewissermaßen eine Arbeitshypothese dar. Explizite Prosodie, wie sie bei gutem Vorlesen auftritt, steht erst am Ende des umschriebenen Prozesses: Ein Abschnitt der Größenordnung Satz ist sequenziert, grammatisch und semantisch erschlossen und die Gesamtheit der so erarbeiteten Gliederungsmerkmale fließt in Tempo, Akzentuierung, Lautheitsvariation, Intonation und Pausengebung des Vortrags ein.

Die eingangs aufgeführte Darstellung Grebes lässt sich auf dieser Grundlage präzisieren, wobei auf die dort bezeichneten Implikationen – zu strikte Polarisierung und irreführende Bezugnahme auf Rede-Kunst – eingegangen werden soll:

1. Rhetorische Gliederung und grammatische Gliederung stehen sich beim Lesen nicht auf selber Ebene konkurrierend gegenüber, sondern ergänzen sich wie Hypothese und Sachverhalt in gegenseitiger Rückkopplung.
2. Rhetorische Gliederung bezieht sich auf den ersten Schritt des Sprachverarbeitungsprozesses und sollte entsprechend als „implizit prosodische Gliederung" aufgefasst werden. Ästhetisch adäquater Textvortrag und damit explizite Prosodie ist vor diesem Hintergrund etwas anderes: die Äußerung einer in dritter Instanz verifizierten Hypothese.

Geht man vom Leseprozess aus, so stellt sich die Kommasetzung zunächst als ein Hilfsmittel zur Generierung einer implizit prosodischen Gliederung dar, die zum Zweck hat, die Erschließung der grammatischen Struktur und die Sinnentnahme anzustoßen. Das Zusammenspiel der Merkmale auf dieser Ebene entzieht sich bislang weitgehend der Beobachtung. Wodurch dieser erste Schritt am adäquatesten unterstützt wird – dadurch, dass die Kommasetzung die grammatische Gliederung abbildet oder dadurch, dass sie sich an der alle Gliederungsmerkmale einbeziehenden expliziten Prosodie orientiert – könnte im Rahmen gezielter psycholinguistischer Experimente geklärt werden. Wahrscheinlich ist, dass dabei Lösungen gefunden werden, die eine *Kombination* der durch die alte Prinzipienkonzeption nahegelegten Strategien berücksichtigen.

Anmerkungen

(1) Leitung der Dudenredaktion von 1954 (14. Aufl.) –1967 (16. Aufl.), Mitherausgeberschaft von 1973 (17. Aufl.) – 1980 (18. Aufl.).

(2) Diese beiden Implikationen werden bis heute aufgegriffen, und zwar nicht immer in konstruktiv zu nennender Weise. Wirklich „im Kampf" scheinen ein rhetorisches und ein grammatisches Prinzip hauptsächlich auf dem Schlachtfeld der Gelehrsamkeit zu liegen. Und die Rhetoriker der Gegenwart bedürfen wahrscheinlich kaum der Fürsprache Weingartens, wenn er sagt: „Hierbei muß man zugunsten der Rhetorik anmerken, daß die vorgeblichen Versuche einer ‚rhetorischen Fundierung' der Interpunktion niemals ernsthaft mit Kategorien der Rhetorik gearbeitet haben." (Weingarten, in Vorbereitung, 1).

Literatur

Bartsch, Elmar (1998): Interpunktion. In: Ueding (Hg.). Historisches Wörterbuch der Rhetorik, Bd. 4. Max Niemeyer, Tübingen, 515–526

Bergner, Helmut (1980): Bemerkungen zur weiteren Arbeit an der Vermittlung und Aneignung der Kommasetzung. In: Deutschunterricht (Ost), 33. Jahrg., H. 7/8, 405–410

Die amtliche Regelung der deutschen Rechtschreibung. In: Scholze-Stubenrecht (Hrsg.) (1996) Duden. Die deutsche Rechtschreibung. 21., völlig neu bearb. Aufl. Dudenverlag, Mannheim/Leipzig/Wien/Zürich, 861–910

Eisenberg, Peter (1979): Grammatik oder Rhetorik? Über die Motiviertheit unserer Zeichensetzung. In: Zeitschrift für germanistische Linguistik 7, 323–337

Fodor, Janet D. (1998): Learning To Parse? In: Journal of Psycholinguistic Research, Vol. 27, No. 2, 285–319

– (2002): Psycholinguistics cannot escape prosody. In: Speech Prosody 2002, International Conference; Aix-en-Provence, France, April 11–13, 2002, ISCA Archive. Online verfügbar unter URL: http://www.isca-speech.org/archive/sp2002/sp02_083.html, 04.02.06

Grebe, Paul (1955): Zur Reform der Zeichensetzung. In: Der Deutschunterricht, Jahrg. 7, Heft 3, 103–107

Heynatz, J. F. (1773, 2. Aufl. 1782): Die Lehre von der Interpunktion oder dem richtigen Gebrauche der Unterscheidungs- oder Abtheilungszeichen, als eine Beilage zu seiner Deutschen Sprachlehre. Wever, Berlin

Melenk, Hartmut (1998): Aspekte der Kommasetzung in der 8. Klasse. Ergebnisse eines Forschungsprojekts. In: Didaktik Deutsch, Heft 4, 43–61

Menzel, Wolfgang/Sitta, Horst (1982): Interpunktion – Zeichensetzung im Unterricht. In: Praxis Deutsch, Heft 55, 10–21

Nerius, Dieter (Hrsg.) (2000): Deutsche Orthographie. Dudenverlag, Mannheim/Leipzig/Wien/Zürich

„Rechtschreibduden" (1947–2000) (13.–22. Auflage). Dudenverlag, Mannheim/Leipzig/Wien/Zürich

Weingarten, Rüdiger (In Vorbereitung): Interpunktion im Schreibprozess. Erscheint in: Ehlich, K. (Hrsg.): Interpunktionen. Stauffenberg, Tübingen. Online verfügbar unter URL: http://www.ruediger-weingarten.de/Texte/Interpunktion.pdf, 04.02.06

CARMEN SPIEGEL

Heißt Kommunizieren etwa auch Zuhören?

Im Film *Papa ante Portas* teilt die Gattin Loriot mit, dass der 80. Geburtstag der Schwiegermutter in drei Wochen stattfinden wird. Loriot beschwert sich zunächst über die Lautstärke, indem er bekundet, er sei doch nicht taub, um direkt im Anschluss zu erfragen, wie alt sie denn werden würde und wann der Geburtstag stattfindet. Er hat zwar gehört, aber nicht zugehört. Versteht man Kommunizieren als gemeinschaftliche Tätigkeit von mindestens zwei Personen, die abwechselnd miteinander sprechen und dabei aufeinander Bezug nehmen, setzt das auch das Zuhören als komplementäre Tätigkeit zum Sprechen voraus; das entspricht in der Sprechwissenschaft dem Hörverstehen.

Obwohl in einem Gespräch besonders bei mehreren Teilnehmenden mehr zuhören als sprechen, hat die Gesprächsforschung fast ausschließlich Interaktion aus der Perspektive der Sprecherrolle fokussiert. Die Zuhörenden wurden nur in zweifacher Hinsicht wahrgenommen: insofern sie mit den Zuhöreraktivitäten Einfluss auf die Sprechenden und damit auf die Interaktion nehmen und insofern sie implizit den Zuschnitt des Sprecherbeitrags beeinflussen (recipient design, Schegloff 1972). Während sich die Gesprächsforschung zumindest am Rande mit dem Zuhören beschäftigt hat, ist das Nicht-Zuhören gar nicht in den Fokus genommen worden. In diesem Aufsatz möchte ich zunächst die Tätigkeit des Zuhörens kurz beschreiben und danach Indizien für das Nicht-Zuhören im Gespräch aufspüren.

Das Zuhören und das Nicht-Zuhören

Die Sprechwissenschaft hat dem Zuhören entschieden mehr Beachtung geschenkt: Sie hat die Zuhörenden im Gespräch (Geißner 1981), im Radio und beim Vorlesen (Slembek 1984) differenziert betrachtet. Sie hat die physikalischen Prozesse des Hörens (zusammenfassend: Pabst-Weinschenk 2004), die Verstehensprozesse beim Zuhören (Gutenberg 1988) beschrieben als auch eine Typologie des Zuhörens (Geißner 1984) erstellt und seine Funktion im Fremdsprachenunterricht untersucht.

Zuhören ist eine Aktivität; das zeigen die Hörersignale, den verbalen, parasprachlichen und/oder nonverbalen Steuerungsmitteln der Zuhörenden für die Sprechenden: Eine Zustimmungspartikel oder ein Nicken signalisieren *ja hab ich verstanden* oder *ja, sehe ich auch so, mach weiter*, ein Stirnrunzeln, ein fragendes *hm*, ein längerer Blickkontakt können Nichtverstehen oder Zweifel vermitteln und die Sprechenden bei ihrer weiteren Beitragsplanung beeinflussen. Insofern ist Zuhören ein interaktiver Prozess. Die Sprechenden sind auf die Hörersignale angewiesen; unterlassen die

Zuhörenden diese, so werden sie von den Sprechenden eingefordert, so z. B. mit der in Frageintonation realisierten Formulierung *nicht wahr* am Beitragsende. Inwieweit sich Zuhörende wechselseitig beeinflussen, wurde in der Forschung noch gar nicht thematisiert, es ist aber davon auszugehen, dass – je nach Beziehung der Beteiligten zueinander – auch hierbei komplementäre, sich wechselseitig verstärkende, konkurrierende oder oppositive Reaktionen möglich sind.

In der Gesprächsforschung wurde der Zuhörerrolle größere Aufmerksamkeit nur beim Erzählen und beim Erzählerwerb (Hausendorf/Quasthoff 1996) gewidmet: Mit ihren Aktivitäten sorgen die Zuhörenden bei Alltagserzählungen wesentlich dafür, dass sich die Erzählung entwickelt oder dass Erzählen bei Kindern gar erst erworben wird mit Hilfe des Scaffolding – stützenden sprachlichen Maßnahmen wie Nachfragen und Ergänzungen. Scaffolding ist ein Begriff aus der interaktionistischen Spracherwerbstheorie. Darunter ist zu verstehen, dass Bezugspersonen Kindern mit Hilfe sprachlicher Aktivitäten wie Fragen oder konsistenten Reaktionen ein interaktionalverbales Gerüst anbieten, sodass die Kinder typische sprachliche Handlungen erwerben können. In den letzten Jahren hat er auch Eingang in den Erzählerwerb gefunden.

Eine Ursache für die geringe Aufmerksamkeit der Gesprächsforschung mag in der Schwierigkeit des empirischen Zugriffs auf das Zuhören liegen: Während die Gesprächsbeteiligten in der Sprecherrolle ergiebige Sprachdaten produzieren, gibt es von ihnen als Zuhörende nur wenige Daten, die häufig akustisch durch den Redebeitrag überdeckt werden oder als visuelles Material nicht zur Verfügung stehen, weil die Kamera die Sprechenden im Bild hat oder nur Audioaufnahmen existieren.

Noch schwieriger ist der Nachweis des Nicht-Zuhörens: Während das Nichtverstehen in begrenztem Maß akzeptiert wird, gilt es in vielen Gesellschaften als unhöflich, nicht zuzuhören. Da das Nicht-Zuhören massiv das Image der Sprechenden bedroht, wird es verschleiert und als Zuhören inszeniert. Folglich gibt es in Gesprächen kaum Thematisierungen des Nicht-Zuhörens. In unserem Wortschatz existiert nicht einmal ein Ausdruck, der das Nicht-Zuhören benennt. Die lexikalische Lücke muss mit der Umschreibung Nicht-Zuhören gefüllt werden, denn Weghören hat eine andere Bedeutung.

Zugleich wissen wir aus eigener Erfahrung, dass das Zuhören anstrengend sein kann, wir nicht ununterbrochen zuhören können und gelegentlich unaufmerksam sind. Das hat die Psychologie bestätigt: Spätestens nach 20 bis 30 Minuten fällt die Aufmerksamkeitskurve ab und die Gedanken schweifen ab. Es greift, wie so häufig, das Ökonomieprinzip, das allerdings mit den Regeln der Höflichkeit kollidiert: Obwohl wir als Zuhörende relativ bald zu wissen meinen, worauf das Gegenüber hinaus will oder was es uns mitteilen will, haben wir als Sozialisierungsleistung gelernt, außer bei Nachfragen andere nicht zu unterbrechen, um das Rederecht zu erhalten. Wir schweifen in Gedanken ab, hören mit halbem Ohr zu, planen bereits den eigenen Beitrag, aber zugeben würden wir das nicht. Das macht es der Gesprächsforschung schwer: Sie muss feststellen, ob die Gesprächsbeteiligten tatsächlich zuhören oder aber das Zuhören nur inszenieren.

Was heißt Zuhören? Eine Gegenstandsklärung

Zuhören heißt wahrnehmen und verstehen, was das Gegenüber im Gespräch mitteilt. Je nach Gesprächssituation gestaltet sich die Zuhörerrolle unterschiedlich, beim Erzählen anders als beim Erklären. Insofern die Mitteilungen der Sprechenden multimodal organisiert sind – neben dem Verbalen sind das Parasprachliche (Prosodie) sowie das Nonverbale Bestandteile der Äußerung –, ist auch das Zuhören multimodal. Der Ausdruck Zuhören ist metonymisch, denn Zuhören findet nicht nur akustisch, sondern auch visuell statt, da Gestik, Mimik und Proxemik die Bedeutung des Sprachlichen wesentlich prägen. Hinzu kommt die kognitive Aufmerksamkeit auf das Gesagte, der Verstehensprozess. So betrachtet ist Zuhören die multimodale Aufmerksamkeitsausrichtung von Gesprächsbeteiligten auf eine/n Sprechende/n mit dem Ziel der Sinnkonstruktion des Vermittelten. Kognitiv betrachtet ist Zuhören ein Prozess, der aus mehreren Schritten besteht: Wir hören etwas, nehmen das Gehörte in den Aufmerksamkeitsfokus und versuchen einen Sinn zu konstruieren, den wir mit dem bereits Gehörten (Erinnern) und dem, was wir noch hören werden, konsistent zu machen versuchen.

In die Sinnkonstruktion fließen die in der Sozialisation erworbenen Wissensbestände mit ein, das Wissen von Welt, die persönlichen Erfahrungen, unsere Partnerhypothesen, unser Vorwissen und unsere Situationseinschätzung sowie anderes mehr. Das heißt, der Eindruck, etwas verstanden zu haben, ist immer nur subjektiv; was verstanden wird, kann sich bei identischem Input von Person zu Person unterscheiden. Insofern wir das Verstehen im weiteren Fortgang überprüfen, ist der Prozess des Verstehens ein hermeneutischer.

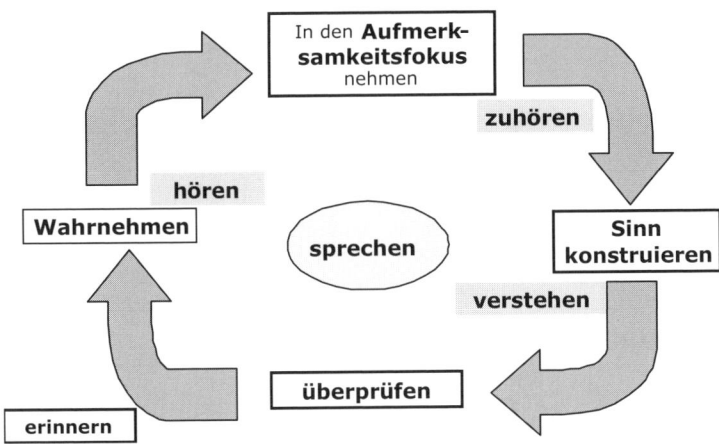

Abbildung 1: Der Prozess des Zuhörens

Das Zuhören als kognitive Tätigkeit

Es ist die Aufmerksamkeit, die das Hören vom Zuhören unterscheidet. Ihre Intensität bestimmt den Grad des Zuhörens und ihre Gerichtetheit die Art des Verstehens. Beim Zuhören ist die Aufmerksamkeit wesentlich auf das Verbale konzentriert, aber auch das Nonverbale und das Parasprachliche binden Teile der Aufmerksamkeit. Bei doppelter Beanspruchung, wenn wir noch etwas nebenher machen, ist die Aufmerksamkeit gespalten; die Psychologie hat dafür den Begriff des „dual task".

Grade und Arten des Hörens und Zuhörens:

1) *Hören als einfaches Wahrnehmen bei geringer Aufmerksamkeit:* Ich höre, dass jemand spricht, konzentriere mich aber nicht auf das Gesagte und erfasse nicht die Inhalte, so z. B. bei einem Gespräch im Nebenzimmer.

2) *Wahrnehmen, zuhören, aber kaum verstehen,* so bei einem unvertrauten Dialekt oder einer unbekannten Sprache. Die Aufmerksamkeit fokussiert verstärkt das Parasprachliche und Nonverbale, der situative Kontext bietet gleichfalls Verstehenshilfen.

3) *Zuhören, aber mangelnde Sinnkonstruktion:* wir hören konzentriert zu, verstehen aber nur in Teilen. Das kann daran liegen, dass die Akustik das Hören erschwert, (Fach-)Ausdrücke unbekannt sind oder Kontextwissen fehlt. Kennzeichen ist, dass das, was gehört und verstanden wird, zur hinreichenden Sinnkonstruktion nicht ausreicht.

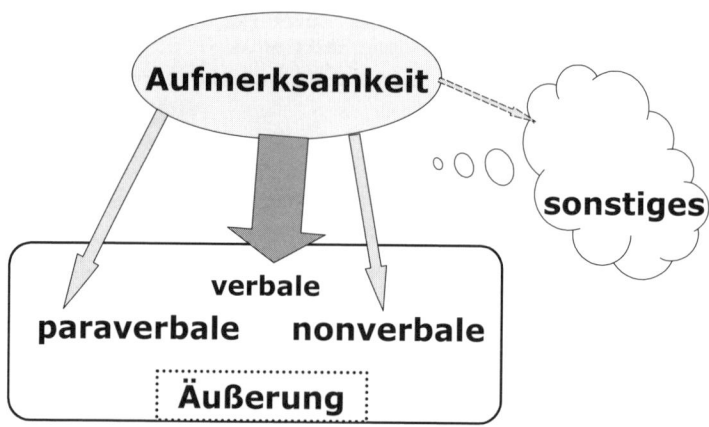

Abbildung 2: Aufmerksamkeitsausrichtung beim Zuhören

4) *Zwischen den Wörtern hören:* Diese Form des Zuhörens stellt sich ein, wenn wir eine Diskrepanz zwischen dem Inhalt und den parasprachlichen und/oder nonverbalen Informationen, die die Person vermittelt, feststellen. Die Aufmerksamkeit richtet sich verstärkt auf die parasprachlichen und nonverbalen Ausdrucksweisen. Geißner hat dies metaphorisch als „Stimmklang, der spricht" bezeichnet.

5) *Die gängige Form des Zuhörens:* Wir hören, verstehen und können in subjektiv hinreichendem Maß Sinn konstruieren. Allerdings bleibt der genaue Wortlaut nur etwa 2–4 Sekunden im Gedächtnis, danach erinnern wir Sinngemäßes, von dem bald viele Wissenselemente vergessen sind. Wenn zum Beispiel Lehrende in einer Äußerung komplexe Arbeitsaufgaben mit Teilaufgaben in einer verschachtelten Syntax formulieren, dann verstehen und behalten die Schülerinnen und Schüler meist nur die letzte Aufgabe und orientieren sich bei ihrer Nachfolgehandlung an dieser (siehe Spiegel i. Dr.).

6) *Dual task,* z. B. beim Simultandolmetschen: Es wird aufmerksam wahrgenommen und zugehört, die Sprache ist bekannt, aber es erfolgt kein Sinn konstruierendes Verstehen. Die Aufmerksamkeit ist auf das Hören und Übersetzen der Wörter gerichtet. Auf Grund der kognitiven Anforderung, die die Transformation in die andere Sprache beansprucht, kommt kaum Sinn konstruierendes Zuhören zustande.

Auch beim konzentrierten Zuhören können sich die Gesprächsbeteiligten nicht alles merken. Das Erinnern ist davon abhängig, wie die Inhalte organisiert sind. Erzählun-

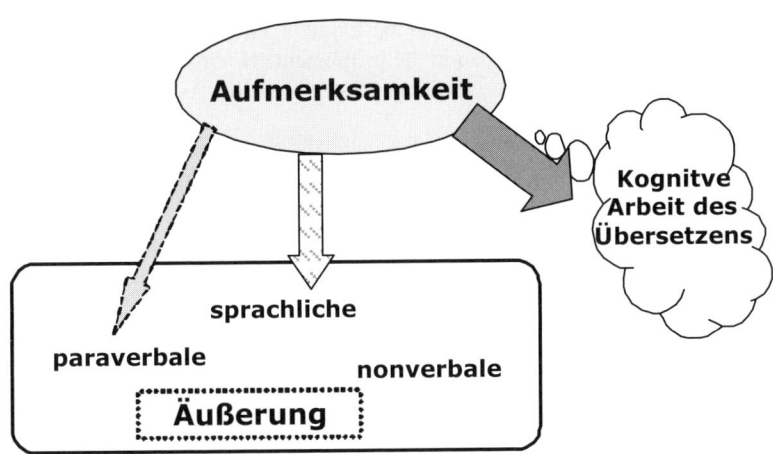

Abbildung 3: Aufmerksamkeitsausrichtung beim Simultandolmetschen

gen sind anschaulicher, wir können sie länger und detailreicher erinnern als Wegbeschreibungen, bei denen die Informationselemente additiv verknüpft sind. Insofern
liegt es auch in der Verantwortung des Redenden, seinen Beitrag so zu gestalten, dass
die Zuhörenden ihn gut verstehen und erinnern können. Das ist entscheidend bei Anweisungen, die andere ausführen müssen, wie es in der Schule oder der Lehre der Fall
ist. Die aufwändige Frage des Lehrers einer 10. Gymnasialklasse beantwortet Christa
(CH) nur ganz allgemein, was der Lehrer (LE) so wohl nicht intendiert hatte:

Beispiel 1
01 LE: ja:; (.) äh (.) also (-) ich interpretiere das so:? (.) dass du auf jeden
02 LE: fall der meinung bist (.) es (.) is ein tolles gefühl, (.) wenn man sich (.)
03 LE: äh (-)von mo:,den und trends? (--) un?abhängig; macht (-) oder würd=s das
04 LE: nich so ganz; generell sagen sondern nur bezogen auf (.) bestimmte
05 LE: dinge; (.) wie mo:?de oder (-) musik?geschmack (-) gibt es vielleicht
06 LE: auch irgendwelche dinge? (-) trends; (--) das heißt also (--)
07 LE: tendenzen- (-) der zeit; (-) wo man auch sagen
08 LE: könnte ja denen würde ich mich durchaus auch an?schließen wollen.
09 CH: (-) oder das find ich sinn:;voll- (-) da mitzumachen
10 CH: ja bestimmt; gibt=s die also (-) wenn irgendwas (-) is was mir total gut
11 CH: gefällt; (-) dann denk ich nich dass ich da sag ne: das mach ich nich
12 CH: mit (-) nur weil=s n=trend; is

Das Beispiel zeigt, dass die Sprechenden das Zuhören und dessen Erfolg entscheidend
beeinflussen.

Ein Weiteres erschwert das Zuhören: Gerade bei vertrauten Partnern bilden die Gesprächsbeteiligten Zuhörerroutinen aus. Auf dem Hintergrund bereits erlebter Interaktionen entwickeln die Zuhörenden bei bestimmten Formulierungsweisen, prosodischen Mustern oder der Kombination dieser Elemente bereits zu Beginn einer Äußerung Vermutungen über das Kommende, sie schränken ihre Aufmerksamkeit ein und
hören nicht mehr richtig zu.

Formen des Nicht-Zuhörens und deren Spuren im Gespräch

Der Übergang vom konzentrierten Zuhören über das Mit-halbem-Ohr-Verfolgen des
Gesagten bis hin zum Nicht-Zuhören erfolgt schrittweise: Wir hören so lange zu, bis
wir zu wissen meinen, worum es geht, dann denken wir über unseren nächsten Beitrag
nach oder schalten ab, weil wir nebenbei noch anderes tun. Oder die Konzentration
lässt nach und wir verstehen allmählich nicht mehr, worum es geht, so in der Schule.
Gelegentlich wird das nonverbal signalisiert durch die Körperhaltung und die Mimik.
Wenn die Beteiligten das Nicht-Zuhören nicht explizit formulieren, ist der Zugriff
darauf als Gesprächsforscherin schwierig. Aber es gibt Spuren in aufgezeichneten
Gesprächen, die auf das Nicht-Zuhören schließen lassen, so die

1. falsch gesetzten Hörersignale: Viele Zuhöreraktivitäten werden nach intonatorisch markierten und/oder inhaltlichen Äußerungseinheiten platziert (siehe hierzu Schwitalla 1997, 53f), so die Zuhörerpartikel *mhm*. Gelegentlich werden Zuhörerpartikeln an nicht dafür vorgesehenen Stellen geäußert. Eine Ursache dafür kann das mangelnde Zuhören sein, wobei die Hörersignale das Zuhören inszenieren sollen. Bei den Sprechenden lösen diese unerwarteten Reaktionen, besonders, wenn sie gehäuft auftreten, Irritationen aus, so im nächsten Beispiel aus einer Unterrichtsstunde (13. Kl.). Während einer Diskussion formuliert Tina (TI) ihre Stellungnahme, als der Lehrer (LE) eine ganze Reihe von Hörersignalen platziert: zu Beginn von Formulierungseinheiten und inmitten syntaktischer Konstruktionen. Tina reagiert mit Verzögerungen (besonders Zeile 9). Die Hörersignale vermitteln nicht nur den Eindruck, die Schülerin zur Beendigung ihres Beitrags zu drängen, ihre Platzierung lässt vermuten, dass der Lehrer nicht recht wahrnimmt, was Tina sagt, zumal er für das Verständnis entscheidende Beitragteile der Schülerin mit seinen Hörersignalen akustisch überlagert.

Beispiel 2
```
01 TI:  ja letztendlich is es ja so wenn ich, wenn ich nicht, zur wahl
02      ginge (-) oder wenn ich mich nicht irgendwie politisch (-)
03      irgendwo beteilige dann kann ich später auch nich: sagen (-) ähm
04      oder darf ich hab ich nich das recht zu kritisie‚rn darf ich
05      nich sagen die haben alles falsch? gemacht

06 LE:  ja- (-)    [mhm ]      [mhm      mhm]
07 TI:          ich [muss] selbst [versuchen mich] dran zu

08 LE:  [mhm            mhm          mhm       ]
09 TI:  [beteiligen (-) was zu ändern (-) wenn mir was stinkt (-)]

10 LE:      [mhm      ]
11 TI:  also [kritisiern] darf ich nich wenn ich mich nich aktiv irgendwo
```

2. Nonresponsivität (Zum Begriff siehe Schwitalla 1979): Aus Folgebeiträgen und -handlungen kann man gleichfalls auf mangelndes oder unzureichendes Zuhören schließen, so, wenn die Folgehandlung nicht recht kompatibel ist mit der Vorgängerfrage oder -aufforderung, wie im Beispiel 1, oder wenn die Folgebeiträge im Verhältnis zu den Vorgängerbeiträgen nicht responsiv sind, wie im nächsten Beispiel. Das geschieht häufig in Phasen starker emotionaler Beteiligung, wie es bei einem Streit der Fall ist. Dann kann es sein, dass man zwar hört, aber nicht unbedingt erfasst, was das Gegenüber sagt. Im nächsten Beispiel aus Spiegel (1995) ist Martin (MA) durch das Streitgeschehen stark erregt. Obwohl er Teile von Gudruns (GU) Vorgängerbeiträgen wiederholt, scheint Martin sie nicht wirklich verstanden zu haben, denn sie beinhalten gravierende Imageverletzungen, auf die Martin an dieser Stelle nicht weiter eingeht.

Wie ein Echo nimmt er Teile der Vorgängeräußerung auf und schließt seinen eigenen Gedankengang an, dabei Brüche in der Darstellungslogik in Kauf nehmend, so ab Zeile 19 und insbesondere ab Zeile 22:

Beispiel 3

16 MA: <<f>lass? doch endlich mal diesen vorwurfsvollen ton->
17 MA: sag klipp und klar was de willst,
18 GU: <<p> des hat seine gründe> [warum ich in dem (...)   ]
19 MA: <<ff>[des hat seine gründe natürlich?] hat des

20 MA: seine gründe> aber aber deswegen muß diese sprache nich benutzt, werden
21 GU: ja wahrscheinlich doch weil=s vielleicht die einzige möglichkeit is
22 GU: [mit dir was zu erreichen   ]
23 MA: <<ff [nein nicht? wahrscheinlich doch.]

24 MA: sondern weil du eine bestimmte sichtweise von mir hast>
25 MA: und dann änder die bitte mal (-) rede nicht immer im gleichen tonfall
26 MA: mit mir ich bin nämlich ein ganz normaler mensch
27 MA: <<f> [und wenn] de etwas willst dann> <<ff> SAG ES mir>
28 GU: [martin   ]

3. Eine andere Form der Nonresponsivität als Folge des dual task zeigt das nächste Beispiel, einem Ausschnitt aus einem Rollenspiel: Ulf (UL) soll Tim (TI) eine Absage erteilen. Obwohl Tim der Leidtragende ist und dies auch deutlich macht, geht Ulf nicht, wie es für eine authentische Situation erwartbar ist, auf ihn ein, sondern führt seinen Beitrag bei jedem Turn inhaltlich und syntaktisch fort (Im Original ist die Phase des Ignorierens wesentlich länger!) – und Tim merkt das nicht. Die Konzentration beider richtet sich auf die Durchführung des Rollenspiels und nicht auf die Kommunikation.

Beispiel 4

36 UL: es (–) is halt so,
37 TI: ulf, ne ne, komm, dann. hör auf, ey ex
38 UL: s=is halt, (–) es is halt im moment so, DASS ICH
39 TI: <<f> auch noch> annette, ne (–) ne wegen der, (–) wegen der nich.
40   das kannste mir echt nich (.) auf den tisch setzen
41 UL: weischt (–) im moment ist es halt so (–) dass (.) dass bei uns
42   alles noch so unsicher ist. (–) und wenn ich jetzt zwei wochen
43   jetzt mit dir in=n urlaub fahr würde (–) ich mein (–) des
44   würd mir wahnsinnig auch viel GEBEN (–) aber
45 TI: <<f> ich hab die tickets> schon gekauft (–) ich kann die jetzt nich
46   mehr zurück (...)
47 Ulf: dann kann (–) dann kann ich die beziehung grad in=n GULI kicken.

Zusammenfassend lässt sich sagen, es gibt wiederholt Situationen, in denen die Gesprächsbeteiligten nicht wirklich zuhören, sei es, dass sie durch starke emotionale Beteiligung oder durch eine doppelte Anforderung abgelenkt sind. Die Sprechenden können mit ihrer Beitragsgestaltung das Zuhören erleichtern oder auch erschweren. Spuren des Nicht-Zuhörens zeigen sich in falsch platzierten Zuhörersignalen, in nicht komplementären Folgehandlungen, fehlender Responsivität oder auch in der mangelnden Berücksichtigung des Gegenübers in der sich anschließenden Sprecherrolle in Fällen, wo es erwartbar ist.

Wenn die Gesprächsbeteiligten sich nicht mehr zuhören, kommt das Sprechen nicht unbedingt ins Stocken, aber ein Miteinander findet nicht mehr statt, denn konstitutiv für Kommunikation ist das Kriterium der Gemeinsamkeit: ein gemeinsamer Gesprächsfokus oder eine gemeinsam zu lösende sprachliche Handlung. Damit der Gesprächsfokus auch gemeinsam und responsiv bearbeitet werden kann, ist das wechselseitige Zuhören die Voraussetzung. Indem die Gesprächsbeteiligten auf Vorgängerbeiträge responsiv reagieren, demonstrieren sie ihre Teilhaberschaft am gemeinsamen Gespräch und bestätigen damit die vorherige Hörerrolle. Zuhören funktioniert aber nur, wenn die Sprechenden ihre Beiträge nicht nur adressatenspezifisch, sondern auch strukturiert und hörerfreundlich gestalten. Denn Zuhören ist eine aktive kognitive Anstrengung und Leistung; die Fähigkeit, aufmerksam zuzuhören, ist begrenzt, besonders in Situationen des dual task.

Transkriptionskonventionen (nach GAT)

(.)	Mikropause
(-), (--),	kurze (0,25 Sek.), mittlere (-0.75 Sek.)
(2)	Pause, Dauer in Sekunden
hab=ne	Verschleifungen (habe eine)
ja:	Dehnung
?	Stimme steigt hoch
,	Stimme steigt mittel
-	Stimme gleich bleibend
;	Stimme mittel fallend
.	Stimme tief fallend
(solche)	vermuteter Wortlaut
(.....)	unverständliche Passage
<f>	
<ff>	fortissimo, sehr laut
<p>	
SAG ES	besonders akzentuiert

Literatur

Geißner, H. (1981): Sprechwissenschaft. Theorie der mündlichen Kommunikation. Scriptor, Königstein/Ts.
–   (1984): Über Hörmuster. Gerold Ungeheuer zum Gedenken. In: Gutenberg, N. (Hrsg.): Hören und Beurteilen. Scriptor, Frankfurt /M., 13–56
Gutenberg, N. (1984): Sprechwissenschaftliches Hören und Beurteilen. Zur Konstruktion von Verfahren für die Notation mündlicher Kommunikation. In: Gutenberg, N. (Hrsg.): Hören und Beurteilen. Scriptor, Frankfurt/M., 159–176
–   (1988): Sprechdenken – Hörverstehen – Leselehre. Überlegungen aus sprechwissenschaftlicher Sicht. In: Informationen Deutsch als Fremdsprache, 15/1, 3–24
Hausendorf, H., Quasthoff, U. (1996): Sprachliche Entwicklung und Interaktion. Eine linguistische Studie zum Erwerb von Diskursfähigkeit. Westdeutscher Verlag, Opladen. Auch: http://www.verlag-gespraechsforschung.de/2005/quasthoff.htm
Hörmann, H. (1978): Meinen und Verstehen. Suhrkamp, Frankfurt/M.
Pabst-Weinschenk, M. (2004): Hörverstehen und Sprechdenken. In: Pabst-Weinschenk, M. (Hrsg.): Grundlagen der Sprechwissenschaft und Sprecherziehung. Reinhardt, München/Basel, 57–81
Schegloff, E. A. (1972): Notes on a conversational practice: formulating place. In: Sudnow, D. (Hrsg.); Studies in Social Interaction. Free Press, New York, 75–119
Schwitalla, J. (1979): Nonresponsive Antworten. In: Deutsche Sprache 3/79, 193–211
–   (1997): Gesprochenes Deutsch. Eine Einführung. Erich Schmidt, Berlin
Slembek, E. (1984): Leseverstehen und Hörverstehen, zwei vernachlässigte Grundleistungen in der Kommunikation. In: Gutenberg, N. (Hrsg.): Hören und Beurteilen. Scriptor Frankfurt/M., 57–78
Spiegel, C. (1995): Streit. Narr, Tübingen
–   (i. Dr.): Unterrichtsinteraktion – wie Unterricht entsteht.

Internet: *www.verlag-gespraechsforschung.de*

BERTRAM THIEL

Kompetenzen des Zuhörens und Sprechens in Gesprächsprozessen gezielt und aufbauend trainieren

Neue und bewährte Übungsformen im Bereich der „Konzentrierten Dialogführung"

Gesprächs- und Dialogprozesse spielen in Seminaren, Schulen und Universitäten eine immer wesentlichere Rolle. Auch die Kultusministerkonferenz legt seit PISA besonderen Wert auf mündliche Kommunikationskompetenz, insbesondere wenn es darum geht Team- und Sozialkompetenzen systematisch aufzubauen. Daher kommt im Fach Deutsch dem Kompetenzbereich „Zuhören und Sprechen" eine besondere Bedeutung zu (vgl. Download: http://www.kmk.org/schul/Bildungsstandards/Deutsch_MSA_BS_04-12-03.pdf).

Eine bekannte Übung für die Schulung von Hörverstehen und Sprechdenken ist – für ausgebildete Sprecherzieher/innen – der „Kontrollierte Dialog", kurz KD genannt.

In seiner klassischen Form offenbart er jedoch bei genauerem Betrachten lernpädagogische Nachteile: Als Übung steht er meist isoliert in Kommunikationstrainings. Eine weitere Einbindung in den Seminarablauf findet in der Regel nicht statt. Oft überfordert er viele ungeübte Teilnehmer und hinterlässt dadurch mehr Frust als Lernerfolg. Als Übungsform für gruppenbezogene Gesprächsprozesse ist er nicht geeignet und vor allem: So, wie er vielfach praktiziert wird, ist er weder kommunikativ noch dialogisch. Nachfolgend soll daher vermittelt werden, wie man

- **Zuhören** und **Sprechdenken** systematisch und **aufbauend** schulen kann,
- Zuhör- und Sprechdenkübungen auch **gruppenbezogen** trainieren kann (wobei die Lernfreude nicht zu kurz kommt),
- einen Weg zum eigentlichen Lernziel **Gesprächs- und Dialogfähigkeit** in einer Gruppe gestalten könnte.

Gesprächsfähigkeit auszubilden ist ein sehr komplexes Lernziel. Daher gilt es zunächst, diese Komplexität in erfolgreich erfahrbare Lernschritte aufzuteilen. Auf diese Weise können die Lernenden Schritt für Schritt kommunikative Selbst- und Partnererfahrung erleben und verarbeiten.

Dabei sind in Gesprächsprozessen insbesondere folgende Erfahrungsebenen von Bedeutung:

- die „gehirntechnische Seite" des Hörverstehens und Sprechdenkens, d. h. das Erlebnis eines „fließenden Wechsels" dieser kommunikativen Basiskomponenten
- Sprechen und Zuhören mit personaler Bezugnahme zu gleichen bzw. wechselnden Gesprächspartnern
- die verbale Seite der Kommunikation (Wortwahl, Satzbau u. a.)
- die Verarbeitung und Gestaltung paraverbaler Bedeutungskomponenten (Betonung, Tempo, Satzmelodie usw.)
- die extraverbale Ebene, wie Mimik, Gestik, Proxemik.

Die nachfolgend beschriebenen Übungssequenzen schließen Schritt für Schritt die oben erwähnten Lernbereiche ein:

A) Die senso-motorische Interaktion [SMI]

Auf der Übungsstufe einer SMI geht es darum, dass die Teilnehmenden grundlegende Erfahrungen im Bereich des partnerorientierten Hörverstehens und Sprechdenkens erfolgreich erleben. Die dabei angestrebten Lernziele sind in Abbildung 1 beschrieben.

Auf dieser Lernebene wird zunächst nur ein einfacher Satz gesprochen und gehört. Dieser muss dann wortwörtlich wiederholt werden. Wichtig ist hierbei, dass Details exakt wiedergegeben werden und dass zwischen dem Hören und Nachsprechen bzw. dem Hinzufügen einer neuen Äußerung keine Denkpause eintritt. Der jeweils neu gebildete Satz braucht zunächst in keinem logischen Zusammenhang zu stehen (für die Arbeit in Seminaren oder Schulklassen wird der Einfachheit halber „Satz" mit „Äußerung" gleichgesetzt). Im Mittelpunkt stehen Verarbeitungsprozesse in der linken Gehirnhälfte, insbesondere das Zusammenspiel von Broca- (motorischer Bereich) und Wernickezentrum (sensorischer Bereich) sowie des Motorischen Feldes für die Funktionssteuerung der Sprechwerkzeuge.

> Diese Übung erinnert im Ablauf an die „traditionelle" Übungsform des Kontrollierten Dialoges, welcher seinen Namen jedoch nicht zu Recht trägt: Von einem „Dialog" kann an dieser Stelle nicht die Rede sein; deshalb sollte dies auch bei der Wortwahl berücksichtigt werden.

B) Der Konzentrierte Dialog – Stufe 1 [KD 1]

Die nächste Übung soll die Kommunikation mit wechselnden Gesprächspartnern erfahrbar machen und dabei die Gruppenbezogenheit mit einbeziehen. Jede/r der Übenden „kommuniziert" – zunächst auf der Ein-Satz-Ebene – mit zwei weiteren Personen; dabei werden erste Ansätze von Zuwendung (Körperausdruck) mit eingebracht.

Erst wenn die genaue Wiedergabe der einfachen Sätze gegeben ist, wird zu komplexeren Äußerungen übergegangen. Dann genügt es auch, den Kerngedanken der je-

A) Die senso-motorische Interaktion [SMI]

Lernziele:

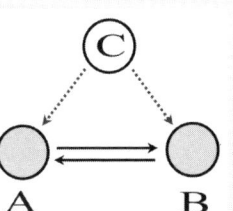

- Aktives Zuhören
- Exakte Wiedergabe
  (bzw. äquivalente grammatische Umwandlung)
- Aufrechterhaltung des Sprechflusses
- Partnerbezug (einfach)
- Fließende Verbindung von Hörverstehen und
  Sprechdenken
- Nachvollziehbarkeit der Verstehens für Dritte
- Flüssigeres Denken und Sprechen
- Blickkontakt
- Konzentration (durchgehend)

Gestaltung: 1 Sprecher/in (A), 1 Hörer/in (B), 1 Feedback-Geber/in (C)

Zeit: 3 Minuten pro Person (Gesamtdauer etwa 9 Minuten)

A spricht zu B einen Satz (nicht mehr!). B wiederholt diesen Satz wortgenau, jedoch unter Verwendung der Einleitung: „Du sagst: ..." und ergänzt seine Rede um einen weiteren Satz.

B wiederholt (nur) den letzten Satz und ergänzt um einen weiteren.

Insgesamt werden somit nur 2 Sätze je Person gesprochen.

C hört beiden intensiv zu und meldet falsche bzw. fehlende Wörter oder Wortteile sofort zurück.

Nach 3 Minuten wechseln A, B und C ihre Rollen.

Hinweis: In dieser Phase brauchen die Äußerungen noch nicht aufeinander bezogen zu werden, d. h. auch „sinnlose" Passagen sind möglich. Wichtig ist die Erhaltung eines steten Sprechflusses.

Anschließend: Auswertung der Übung (Erfahrungsaustausch)

Der Übergang vom SMI zum KD 1 erfolgt in der Regel erst dann, wenn die Übung optimal ausgeführt wird. Je nach Kommunikationsreife der Gruppe kann jedoch auch sofort mit einem KD 1 begonnen werden.

Abbildung 1: Die senso-motorische Interaktion (SMI)

weiligen Aussage zu paraphrasieren. Zudem wird auch ein klarer Themenbezug zunehmend in den Mittelpunkt gerückt.

Der KD 1 bietet eine Vielzahl von Variationen. Einige hiervon sind z. B.:

KD 1 – Verbalebene: Man achtet lediglich auf die exakte verbale Wiedergabe von Äußerungen.

B) Der Konzentrierte Dialog – Stufe 1 [KD 1]

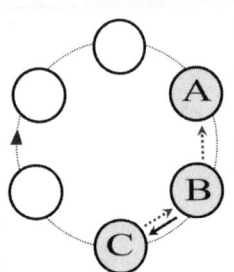

Lernziele (Neue Lernziele sind fett gedruckt.)**:**

- Aktives Zuhören
- **Exakte/paraphrasierte Wiedergabe**
- **Partnerbezug (zweifach)**
- Fließende Verbindung von Hörverstehen und Sprechdenken
- Nachvollziehbarkeit des Verstehens für Dritte
- **Aufbauende Gruppenwahrnehmung**
- Flüssigeres Denken und Sprechen
- **wechselnder Blickkontakt**
- Körperliche Zuwendung
- Konzentration (mit Pausen)
- Themenbezug

Legende:

·····▶ Zuhören

◀—— Sprechen

Gestaltung: 3 bis 7 Teilnehmer/innen (auch: gesamte Klasse, Plenum)

Zeit: 1–3 Durchläufe (von verfügbarer Zeit abhängig, z. B. 5–10 Minuten)

Bsp.: 5 Personen (A, B, C, D, E) in der KD-Runde, 2 Feedback-Geber/innen (optimale Form: im Kreis sitzend)

Dozent bzw. Teilnehmer/innen nennen ein Thema.

A sagt zu B zwei bis drei Sätze, sie halten dabei Blickkontakt. Dann wendet sich B an C und fasst die vorangegangenen Äußerungen in einem Satz zusammen („A sagt, dass …"); außerdem fügt er 2–3 weitere Sätze an.

Alle Beteiligten wenden sich somit reihum einander zu.

Hierbei sollten wenigstens 2 Feedback-Geber anwesend sein (hohe Konzentration). Es kann auch ein Außenkreis von Feedback-Gebern gebildet werden, so dass jeder sprechenden Person genau ein Feedback-Geber zugeordnet ist.

Hinweis: Diese Übungsform kann in der Anfangsphase auch in als SMI-Form – d. h. mit nur *einem* Satz, der jedoch exakt wiederzugeben ist – durchgeführt werden.

Abbildung 2: Der Konzentrierte Dialog – Stufe 1 [KD 1]

KD 1 – Verbalebene, flüsternd: Übungsform für die Verbesserung der Artikulation und die Stärkung der Konzentration beim Zuhören.

KD 1 – Paraverbale Ebene: Die Art und Weise des Sprechens wird auch gespiegelt (Hier sollte zunächst mit Übertreibungen im Ausdruck gearbeitet werden).

KD 1 – Extraverbale Ebene: Mimik und Gestik werden intensiv wahrgenommen und nachgeahmt.

Je nach Gruppenzusammensetzung kann der Weg zur Gesprächsfähigkeit für die Seminarteilnehmer/innen sehr steinig sein: Die bisherigen Kommunikationsbiografien können Ängste auf den verschiedensten Ebenen mit sich bringen (z. B. Sprechangst, Hörverstehensangst, Angst vor Blickkontakt, Angst in Gruppen zu sprechen ...).

Insofern können Seminarleiter/innen durch diese – oft als spielerisch – erlebten Übungen leicht feststellen, ob es bereits *im Vorfeld* von Gesprächs- und Dialogprozessen *Kommunikationsbarrieren* gibt, welche angesprochen und/oder aufgearbeitet werden sollten.

C) Der Konzentrierte Dialog – Stufe 2 [KD 2]

Diese Übungsform zeichnet sich durch ein deutlich höheres Maß an Selbständigkeit aller Beteiligten aus: Sie wählen in der Regel ihr jeweiliges Thema selbst und bestimmen auch den Zeitpunkt ihrer Diskussionsteilnahme. Zudem teilen sie ihre Sprechbeiträge ein und machen somit erste Erfahrungen mit eigenen oder fremden „Teilnahmestrategien".

Selbstverständlich können hierbei auch Varianten der KD 1-Übungen zum Tragen kommen (Spiegeln von paraverbaler und extraverbaler Ebene usw.).

Über weitere Varianten dieser Trainingsform kann durchaus nachgedacht werden ... (Die hier dargestellten Lerneinheiten sind Teil einer Weiterbildungskonzeption für Lehrkräfte, welche der Autor entwickelt hat. Näheres hierzu auf der Homepage www.unterrichtskommunikation.de.)

D) Die konzentrierte Dialogführung

Nach den Trainingsläufen der Phasen (A) bis (C) beginnt nun der „Ernst des (Gesprächs-)Lebens": Die Teilnehmer/innen verfügen inzwischen über Sprechfluss und Zuhörfähigkeit, sie überblicken partner- und gruppenbezogene Interaktionen und viele freuen sich auf einen regen Gedankenaustausch. Möglicherweise konnten mitgebrachte Kommunikationsnarben und -probleme auf diesem Trainingsweg geheilt oder zumindest gelindert werden, so dass Mut und Zuversicht eine aktive Teilnahme an freien Diskussionen ermöglichen.

Der KD 2 wird im Allgemeinen als anregend und kurzweilig empfunden. Er kann auch als „Kurzdurchlauf" zu Beginn einer Unterrichts- bzw. Seminarstunde (zu einem aktuellen Thema) eingesetzt werden. Die Anzahl der festgelegten Äußerungen kann auch auf 2 bis 3 reduziert werden.

Von daher werden auf dieser Ebene die Diskussionsrunden kaum noch im Ablauf strukturiert, sondern nur noch kommunikationspädagogisch begleitet und reflektiert.

Schließlich können nun weitere Fähigkeiten und Fertigkeiten des Sprechens (und Hörens) eingeübt werden:

C) Der Konzentrierte Dialog – Stufe 2 [KD 2]

Lernziele (Neue Lernziele sind fett gedruckt.):

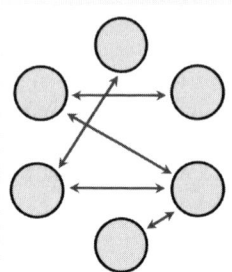

- Aktives Zuhören
- **Paraphrasierte Wiedergabe**
- **Partnerbezug (mehrfach), wechselnde Gesprächspartner**
- **Selbstausdruck in der Gruppe**
- Fließende Verbindung von Hörverstehen und Sprechdenken
- Nachvollziehbarkeit des Verstehens für Dritte
- Flüssigeres Denken und Sprechen
- **Initiative** (Wortmeldung)
- Blickkontakt
- Körperliche Zuwendung
- **Konzentration** (meist durchgehend)
- komplexe Wahrnehmung und verbale Umsetzung
- **Freiere Gesprächsführung** (Orientierung zum Dialog)
- **Themenbezug**

Gestaltung: 3 bis 7 Teilnehmer/innen (Kleingruppe)

Zeit: von verfügbarer Zeit abhängig, z. B. 5–10 Minuten (bis Runde beendet, s. u.)

Bsp.: 6 Personen (A, B, C, D, E, F) in der KD-Runde, 2 Feedback-Geber/innen (optimale Form: im Kreis sitzend)

Limit: Jede Person spricht (z. B.) 3-mal. (Dies schaltet Dominanzen aus!)

Dozent bzw. Teilnehmer/innen nennen ein Thema.
Eine (vorbestimmte) Person eröffnet die Runde (z. B. kurze Themeneinführung).
Wer bereit ist, entgegnet hierauf (ca. ein Satz als Paraphrase, 2–3 neue Sätze) und achtet dabei auf entsprechende Zuwendung (u. a. Blickkontakt).
Wer will (oder „sich durchsetzt"), ergreift das Wort. Nach 3 Äußerungen scheidet die betreffende Person aus. Die Runde wird zunehmend kleiner. Auf diese Weise kommen alle an die Reihe.

Abbildung 3: Der Konzentrierte Dialog – Stufe 2 [KD 2]

- Drei-Schritt-Argumentation,
- Begründungen im Fünfsatz,
- Arbeiten mit einem Interaktionsdiagramm (ID) zur Gesprächsprozesswahrnehmung,
- Abläufe dokumentieren mit Hilfe von Gesprächsverlaufssoziogrammen (GVS)
- und nicht zuletzt: wertungsfreies Feedback (vgl. Thiel 2001) als wichtiger Pfeiler einer von Achtsamkeit geprägten Gesprächs- und Dialogkultur!

Literatur

Geißner, Hellmut (2000): Kommunikationspädagogik. Transformation der „Sprech"-Erziehung, Reihe Sprechen und Verstehen, Band 17. St. Ingbert

Pabst-Weinschenk, Marita (2004) (Hrsg.): Grundlagen der Sprechwissenschaft und Sprecherziehung. München

Thiel, Bertram (2001): Wertungsfreies Mitarbeiter-Feedback auf der Grundlage eines offenen Feedback-Bogens. In: Allhoff, Dieter-W. (Hrsg.): Schlüsselkompetenz mündliche Kommunikation. Reihe Sprache und Sprechen, Band 37. Reinhardt, München/Basel 2001

– (2003): Mündliche Kommunikation als Unterrichtsfach. Zur Vermittlung beruflicher Handlungskompetenzen an saarländischen Berufsschulen, In: Wirtschaft und Erziehung, Heft 3/2003

– (2004a): Lernstandards für mündliche Kommunikation im Unterricht. Darstellung einer Basiskonzeption für die Weiterbildung von Lehrkräften im Bereich mündliche Kommunikation. In: Sprechen, Heft 1/2004, 4–11

– (2004b): Unterricht in „Zusammenarbeit und Kommunikation einschließlich Rhetorik und Verhandlungsführung" an einer Management-Akademie. In: Pabst-Weinschenk, M. (Hrsg.): Grundlagen der Sprechwissenschaft und Sprecherziehung. München, 333–334

– (2005): Basiskompetenzen für mündliche Kommunikation im Unterricht. Konzeption für die Weiterbildung von Lehrkräften im Bereich mündliche Kommunikation. In: Wirtschaft und Erziehung (Zeitschrift des Bundesverbandes der Lehrerinnen und Lehrer an Wirtschaftsschulen – VLW), Heft 3/2005

– (2006): Wie mobilisiert man Lernpotenziale von Schülern durch Mündliche Kommunikation? In: VLW-Mitteilungen (Zeitschrift des Landesverbandes der Lehrerinnen und Lehrer im Saarland), Heft 1/2006, 17–19

Wagner, Roland W. (2004): Grundlagen der mündlichen Kommunikation. Sprechpädagogische Informationsbausteine für alle, die viel und gut reden müssen. 9. Aufl. Regensburg

Internet: *www.unterrichtskommunikation.de*
www.synergetische-unterrichtskommunikation.de
www.LogoSynergetic.net

MICHAEL THIELE

Hören & Lesen

Genetische Textrezeption

1 Verstehensmodelle

Noch in den 60er Jahren des gerade vergangenen Jahrhunderts war die Rezeptionswissenschaft der Auffassung, der Leser sprachlicher Erzeugnisse sei nur Empfänger textlicher Daten. Er extrahiere die Bedeutung aus einem Text, ohne dass er eigenes über diesen hinausgehendes Wissen aktiviere. Rezeption wurde gesehen als Bottom-up-Prozess, also als textdatengeleiteter Vorgang vom Wortlaut hinauf in die kognitiven Strukturen des Rezipierenden. Selbst 1967 noch vertrat der Strukturalismus die These, ein Gedicht stelle ein geschlossenes, ja geradezu erstarrtes Gebilde dar, das, sobald es geschrieben sei, feststehende Eigenschaften habe, die der Interpret nur offen legen müsse, um es dann genau und vollständig definiert zu haben (Eco 1990, 190f).

Die Verständlichkeitsforschung indessen streicht heraus, dass das, was via Bottom-up-Prozess rezipiert wurde, in Relation tritt zu dem durch den Prozess innervierten kognitiven bedeutungszuweisenden Wissensaggregat des Sprachteilhabers. Sinn hängt dem Textmaterial nicht an, sondern wird durch den Rezeptor erst hergestellt, und zwar in einem Top-down-Prozess, der vom Schema, d. h. strukturierten Räumen im Langzeitgedächtnis, und von bereits vorhandenen mentalen Modellen hinabführt zu den Informationen, welche die Textur anbietet, oder zu neuen mentalen Modellen, welche die schon existenten Modelle auffüllen. Bei diesen neueren nichtreduktionistischen Verstehenstheorien handelt es sich um den sog. kognitiven Konstruktivismus (Göpferich 1998, 203–226).

Indem die Theorie von den feststehenden Eigenschaften die Interpretation darauf reduziert, die Bedeutung des textlichen Inhalts dadurch zu ermitteln, dass sie diese ratifiziert durch das immer bereits Gewusste, durch das bereitgestellte Bezugsinventar und das allgemein Akzeptierte, lässt sie dem Leser herzlich wenig an Spielraum übrig. Wie kann unter diesen Voraussetzungen Kunst aufregend, stimulierend, beunruhigend, irisierend und erotisierend sein (Iser 1974, 5)? Erst die Rezeption und Rezeptur des Rezipierenden vermögen jene relational-libidinöse Spannung zu erzeugen, die den Funken zwischen Text und Versteher überspringen lässt.

Das literarische Opus ist nicht ein an und für sich existierendes Objekt, welches jedem Leser zu jeder Zeit denselben Anblick böte. Es ist weder monologisch noch monolithisch und hat kein zeitunabhängiges Wesen, sondern ist angewiesen und angelegt auf die Resonanz, die der Lesende mit seiner Lektüre bildet und erzeugt: der Leser erlöst sozusagen den Text von und aus der Materie der Wörter und gebiert ihn zu aktu-

ellem In-der-Welt-Sein. Nur auf Grund des dialogischen Charakters, der dem jeweiligen literarischen Kondensat innewohnt und anhaftet, vermag es immer wieder neu geboren zu werden (Jauß 1973, 172).

2 Eco: Lesen als Schöpfen

Umberto Eco beschreibt den Lesevorgang genau: Es ist der Empfänger, der einen Text
erst schafft und schöpft. Die Interpretation, die er diesem angedeihen lässt, ist Bestandteil des Vorgangs seiner Entstehung, des generativen Prozesses eines Textes. Diese Tatsache zieht der Autor ins Kalkül; seine generative Strategie besteht darin, dass er
das Denken des Lesers in die Schreibarbeit einplant; er sieht eine Kooperation mit ihm
vor; der Text benötigt die Zusammenarbeit mit dem Leser, um sich selbst zu gebären
und um sich selbst jeweils zu aktualisieren; das ist nun sein generatives Projekt. Der
Begriff „Autor" versteht sich nur als Metapher für eine ausgewählte Textstrategie, die
den idealen Leser aufrufen will. Das Geschriebene bringt seinen ihm eigenen Modell-
Leser hervor. Dessen Erscheinungsbild bestimmt sich aus dem Modus der zu leisten-
den Interpretationsprozeduren (Eco 1990, 201–243). Text entsteht erst, wenn der Be-
nutzer „einen Ausdruck mit einer Bedeutung versieht" (Weidacher 2004, 51).

Der Text sieht gewisse Interpretationen seines Lesers voraus. Konsequenz daraus
ist, dass dito der Leser Vorhersagen trifft. Er macht ständig narrative Weissagungen.
Er rätselt dauernd, wie der Plot weitergehen könnte, stellt darüber Hypothesen an. Am
Ende des Manuskriptes findet er nicht nur seine allerletzte Prognose beglaubigt oder
nicht beglaubigt, sondern sein ganzes System von Langzeitprophetien sieht er entweder akkreditiert oder nicht akkreditiert. Die Textstrategie hat diese Arbeitsleistung des
Rezipienten ihrerseits vorausgesehen; der Autor hat sie eingeplant (Eco 1990, 222–
237). Dasselbe gilt für einen Fernsehkrimi. Die Familie sieht fern, sie tauscht Theorien aus: Der eine hält den Butler für den Mörder auf Grund der und der Indizien, der
andere tippt auf den Gärtner auf Grund seiner Wahrnehmung. Am Ende wird sich he-
rausstellen, wer Recht hat oder ob der Fernsehautor sämtliche Erwartungen enttäuscht,
mit denen auch er rechnet und die er spielerisch-prospektiv voraussieht.

Ein jeder Leser ist, sobald er einen Text verstehen will, determiniert durch seine
ideologischen Subcodes. Ideologische Strukturen des Textes wird er dann auch gemäß
seinen eigenen ideologischen Strukturen wahrzunehmen wissen (219). Ein Parteimit-
glied der NPD wird Adolf Hitlers Autobiografie „Mein Kampf" anders lesen als ein
Linksintellektueller. Heinos Gesänge wird ein Anhänger kernigen deutschen Liedgu-
tes anders aufnehmen als ein Freejazz-Fanatiker.

Ein jeder Leser ist, sobald er sich einem Text nähert, auch bestimmt durch allgemeine Szenografien, d. h. durch Weltwissen, also Erfahrungen aus dem alltäglichen
Lebenszusammenhang und aus lebensgesetzlichen Entwicklungen. Ein alternder oder
alter Mensch, der sich häufende Erlebnisse von „vestigia mortis" macht und gemacht
hat, Spuren des Todes gesehen hat – wie Krankheiten, Abschiede, Verluste –, wird Thomas Bernhards Erzählung „Der Atem", eine Auseinandersetzung mit dem Tod, anders le-

sen als ein Jugendlicher, der im blühenden Leben steht. Wenn man sein Leben bald hinter sich hat, wird man eher oder zumindest anders verstehen können, was der Gral in Wolfram von Eschenbachs „Parzival" bedeutet, der die Fülle des Lebens symbolisiert.

Ein jeder Leser ist ebenso gezeichnet durch intertextuelle Szenografien: literarische, bildkünstlerische und musikhistorische Studien, Gattungs- und Stilgeschichte, rhetorische Figurentraditionen, Rollen- und Partie- und Partiturkenntnisse (218). Dass der Sohn des Schauspielers Donald Sutherland überraschend Kiefer Sutherland heißt, wird den nicht überraschen, der von der Vorliebe des Vaters für den deutschen Maler Anselm Kiefer weiß. Dass Peter Weissens Marat-Sade-Drama aus dreiunddreißig Szenen besteht, wird den nicht überraschen, der dahinter die Reverenz an Dantes Divina Commedia ausfindig macht. Die Moral von Woody Allens neuestem Film „Match Point" (England, USA 2005) wird nur der sinnvoll erfassen, der genau den Inhalt von Dostojewskis „Raskolnikoff" zu applizieren weiß. Das Wortspiel „Matisse der Maler" funktioniert nur dann richtig, wenn der Rezipient Grünewald und Hindemith assoziiert.

Ein jedes Lesen strukturiert das weitere Lesen vor, gelesener Text also den nächstgelesenen Text. Das sich in der jeweiligen Geschichtlichkeit des Lesers und damit des Literarischen realisierende Verstehen beruht und vollzieht sich auf der Folie der Erfahrungen und Erwartungen des Rezipienten, welche die Vergangenheit mit der Gegenwart der Literatur vermitteln (Jauß 1973, 9). Lesen strukturiert die Wahrnehmung insgesamt vor, so das Sehen. „Die Menschen lesen nicht mehr. Sie schauen nur noch. Schauen ist okay, aber wenn man nichts gelesen hat, weiß man manchmal gar nicht, was man eigentlich gesehen hat" (Marshall 1997, 93).

Ein jeder Leser ist ebenfalls geprägt von Übercodierungen durch kulturbedingte Rezeptionsmuster: gewisse Farben, Geräusche, Bewegungen, Handlungen, Haltungen. Wir schreiben Farben Eigenschaften zu: Grün ist die Hoffnung, gelb der Neid, rot die Liebe. Man hat durch Tests herausgefunden, dass Probanden einer Sahne komplett andere Geschmackseigenschaften attribuierten, je nachdem, ob sie weiß war oder mit total geschmacksneutraler roter Lebensmittelfarbe eingefärbt. Das Auge isst mit, wie wir alltagssprachlich sagen. Genau darum prüfen professionelle Lebensmitteltester den Geschmack von Speisen bei Rotlicht, das die Farbe der Lebensmittel unkenntlich macht und somit neutralisiert.

3 Fichte: Rhetorisches Genetisieren des Textes

Der Strukturalismus war hinter längst eingenommene Bastionen zurückgefallen. Denn die ihn überwindende Position des konstruktiven Kognitivismus war schon die Position des Philosophen Johann Gottlieb Fichte (1762–1814) gewesen. Seine Wissenschaftslehre von 1804, aus der sich eine Theorie vom Text als rhetorischer Genesis ableiten lässt, ist ein Konzept hochmoderner Rezeptionsdoktrin, das allergrößte Aufmerksamkeit verdient, da es die neueren Verstehenstheorien antizipiert. Gemäß Fichtes Epistemologie ist (Text-)Erkenntnis nur auf folgende Art und Weise vorstellbar:

„wer sie besitzen solle, müsse sie durchaus selber aus sich erzeugen", i. e. durch „eigene freie Reproduktion", ja durch „eigene Nacherfindung" (1975, 4, 15f). Wir können alles, demnach auch einen Text, nur indirekt erkennen, niemals direkt: „bei diesem bloß mittelbaren Sein [...] dürfte es nun wohl [...] in allem möglichen Bewußtsein [...] sein Bewenden behalten" (40f). Wir sind voreingenommen durch unser gesellschaftliches, kulturelles, historisches, biografisches Vorwissen. Diese Voreingenommenheit ist kein Mangel, sondern Bedingung unseres Verstehens innerhalb der Wir-Gemeinschaft: „denn dieses Wir setzt, wie uns gleichfalls einleuchtet, immer und überall schon ein vorhergehendes Wissen, und kann zu einem unmittelbaren Wissen gar nicht gelangen" (40). Wir haben, noologisch betrachtet, den Text nicht an sich, sondern nur als einen, der durch unser Bewusstsein gegangen ist, also als intelligiblen, von unserer Einsicht zu verarbeitenden; unsere Bewusstheit vom Text ist das „als solches niemals realiter zu construirende, sondern nur [...] intelligirende Bewußtseyn" (42). So vollzieht sich das „Genetisiren" in unserem Bewusstsein (53).

Machen wir das am Beispiel des Göttlichen klar! Bestimmung der Philosophie ist die Darstellung des Absoluten auf dem Wege spekulativer Rede, also durch Vortrag. Erkenntnis des Absoluten kann der Vortragende nicht vermitteln; er vermag nur die Bedingungen anzugeben, unter denen diese Erkenntnis sich vollzieht; erzeugen muss sie der Hörer in sich selber. Es findet also keine Rezeption statt, die sich auf ein Objekt als Referenzgebilde bezöge, sondern das Objekt des Erkennens ist noch vollkommen unbekannt und entsteht erst im Zuhörer. Es handelt sich folglich nicht um eine referenzielle Rede, sondern um eine genetische. Genetische Rhetorik setzt den Gegenstand nicht voraus, sondern generiert ihn erst im Rezeptionsvorgang. Nicht der Redner erzeugt Evidenz, sondern allein der Hörer. Ohne das Hören der Rezipienten wäre die gesamte Rede und die durch sie vermittelte Erkenntnis nichts. Das Zuhören der Zuhörer ist hierbei nicht starre Rekonstruktion, vielmehr freie Reproduktion des im Vortrag Vorgetragenen (4–8, 15).

Dieses freie „Nachconstruiren" ist Begreifen (Fichte 1966, 39f). Im begreifenden Bewusstsein entsteht das Faktische und entsteht das Absolute. Das Absolute gibt es erkennbar nicht in absoluter Art und Weise, sondern es generiert sich erst im Medium spekulativer Rhetorik im Bewusstsein des Rezipienten. Das Absolute, „der höchste Standpunkt unserer eigenen Spekulation" (90), wird erst in der Rede und in der Aufnahme der Rede geboren. Das Wesen des Absoluten ist rhetorisch-genetisch. Das zu erkennende x ist nichts, es sei denn, es wird uns erfahrbar als genetisches Glied zu y und das wieder als genetisches Glied zu z (46). Das Unmittelbare ist nur mittelbar über den dynamischen Prozess der Genesis fassbar. Dadurch wird es faktisch. Die Einsicht dieses Faktischen entsteht in uns. Ohne z haben wir weder y noch x, sondern der Vortrag endet als „Oration von Nichts" (47). Das Absolute wird nur durch die gelingende Reinvention in der Einsicht der Rezipienten (Oesterreich 1999, 127; Thiele 2002). Erst dadurch, dass ich etwas in Relation zu meinem Bewusstsein setze und mein Ich hinzudenke, gebe ich einem Etwas Sein (Bracken 1943, 419). An die Stelle, die die Philosophie bislang dem Sein gewährte, ist die Sprache getreten (Casper 1975, 11).

Das Absolute ist keine Tatsache – dies anzunehmen ist das „prōton pseūdos", die erste Täuschung der bisherigen Denksysteme –, sondern es ist eine Tathandlung, eine Genesis, ein Geschehen, Dynamis (Fichte 1966, 84). „Quelle alles Faktischen ist das *Bewußtsein*" (85). Wir kommen aus dem Bewusstsein und seiner „genetischen Deduktion" nicht heraus und nicht über es hinaus (86). Nur in ihm vollzieht sich die „Nachconstruction" des Ansich (88). Das absolute Wissen mit seiner Idee der Freiheit „geht nur an vom Selbstbewusstseyn"; es ist ein „Freies, unendlich Lebendiges, das [...] seine Unendlichkeit schaut" (Fichte 1998, 34131f). Die Noetik Fichtes zeitigt in diesen Zusammenhängen erhebliche Konsequenzen für die Praxis: „Auf diese Weise [...] haben wir die Dimension vernünftigen Handelns, und zwar als eine offene Dimension: die Idee eines vollkommen realisierten freien Selbstbewußtseins findet in keinem realisierten Milieu, in keiner Gesellschaft, die wir einrichten, ein Ende, und zwar prinzipiell nicht. [...] Aber nur im Lichte dieser über alles Finite hinausweisenden, also transfiniten Ausrichtung, gibt es für uns beurteilbare, bewertbare Verhältnisse, sind wir ihrer Erkenntnis und auch Kritik überhaupt fähig" (Hogrebe 1994, 11).

4   Schleiermacher: Mantisches Nachkonstruieren einer Rede

> Elínborg war ziemlich enttäuscht gewesen. Sie glaubte nämlich an Seher [...] und an ein Leben nach dem Tod (Indriðason 2005, 223).

Das Absolute kann nur als ein Gedachtes auf uns kommen. Dieses Gedachte nun ist zwar etwas, das außerhalb des Denkens liegt, aber es ist uns allein im Denken zuhanden. Dies ist ein Schleiermacherscher dialektischer Gedanke: „Das Gedachte ist etwas außerhalb des Denkens[,] aber im Denken gegeben" (1986, 12). Friedrich Daniel Ernst Schleiermacher (1768–1834) weist wie Fichte Verstehen als produktives Nachschöpfungs- und gleichzeitig „Vorausschöpfungsgeschehen" aus. Alles, was dem hermeneutischen Zugriff zugänglich ist, ist Teil „einer gegebenen Rede" (1999, 101). Hermeneutik ist „die Kunst, die Rede eines andern richtig zu verstehen" (75). Die gegebene Rede wird vom Rezipienten nach allen Regeln der Kunst exegiert: *„Die Kunst kann ihre Regeln nur aus einer positiven Formel entwickeln und diese ist ‚das* geschichtliche *und* divinatorische (profetische) objektive *und* subjektive Nachkonstruieren der gegebenen Rede.'" (93) Dieses prophetische „divinatorische Verfahren" (264) besteht in einem „Erraten der individuellen Kombinationsweise eines Autors" (318). Der Rezipient konstruiert dabei sowohl objektiv als auch subjektiv nach. Da dieses sein Denkhandeln Nachschaffen ist, ist es nicht beliebig, sondern hat regelrecht zu sein: Der Text sagt seinem Leser oder Hörer schon, wie er verstanden werden will. Bei totaler Beliebigkeit wäre Kommunikation unmöglich. Wie beim Redner vollzieht sich beim Schreiber als Erstes die „Genesis [...] der Gedanken" (203); „der ersten Genesis" (204) entspricht dann bei uns als Lesern der Akt, „von allen Gedanken [...] die eigentliche Tendenz zu erkennen [...] durch die Lösung der noch vor uns liegenden hermeneutischen Aufgabe" (208f). Das Gedruckte sieht, so hatten wir bei Eco gesehen, bestimmte Leseweisen voraus; es ist also prophetisch. Der Rezipient ist sowohl nach Ansicht Ecos als auch nach Schleiermachers Meinung gleichermaßen prophetisch. Bei dieser „Prophezeiung" handelt es sich um eine ergänzende Rezeption. Das Verstehen des Textes ist nur erreichbar, indem sich im Rezipienten ein neuer Text bildet (Schleiermacher 1983, 300): „in keinem Gedicht [ist] definitiv zu lesen, was man darin liest" (Bubner 1989, 43). Somit ist, was dann den Glauben angeht, wenn er sich auf die Schrift beruft, davon auszugehen, dass „die religiöse Wahrheit [...] einer überlieferten, immer gleichbleibenden Botschaft" (Vogel 2004, 89–90) eben deshalb keine religiöse Wahrheit ist, weil die Botschaft zwar überliefert, aber eben nicht immer gleich bleibend ist, sondern sich – schon allein, indem sie gehört oder gelesen und verstanden wird – immer ändert.

Das Prophetische, Seherische des Verstehens lässt den Verstehenden in einen Zustand geraten, dass er die Gedankenschritte und auch Digressionen des Sprechenden oder Schreibenden „im voraus ahnt"; es gilt sie „zu erraten" (Schleiermacher 1999, 203). Verstehen ist Ahnen. Verstehen ist Rätsellösen. Verstehen ist Prospektion. Das Verstehen von insbesondere künstlerischen und religiösen Texten ist eine Art Orakel. Der Versteher ist Divinator, also Seher, Weissager; „divinatio" ist Ahnung, Wahrsagekunst, Voraussage. Nicht mehr der Vogelflug wird ausgelegt, sondern die poetische Fantasie, die sich im Pegasus auslebt, dem geflügelten Pferd des Perseus. W. Hogrebe hat die Herkunft der Schleiermacherschen Hermeneutik aus der Seherkunst, der Mantik, nachgewiesen (1992, 190): „um hermeneutisch, d. h. auslegend, kompetent werden zu können, müssen wir schon mantisch, d. h. übergreifend deutend, kompetent sein und das sind wir gerade nur als ahnende Wesen."

Dabei trägt jeder Text mehr Sinn in sich, als der Schöpfer des Erzeugnisses in ihm verankerte oder – im Eco'schen Sinne – für die Zusammenarbeit mit dem Leser vorsah bei der „kooperativen Konstitution von Bedeutung" (Weidacher 2004, 50). Der Text hat einen „sensus plenior", um einen Begriff aus der Bibelexegese zu beleihen. Der heutige Leser eines alten Textes erzeugt vermittels seines Wissenshorizontes einen volleren Sinn als den zuerst inhärenten und für den potenziellen Leser geplanten: „With this [...] method of interpretation, the words of the Old Testament prophets are often explained [...]. A more recent [...] term is *sensus plenior*. Use of this concept involves finding a ‚fuller meaning' that the author did not clearly intend" (Ice 2005, 5–6). Ist es ein künstlerischer Text, so ergießt sich der „Sinnüberschuß des poetischen Textes" (Jauß 1982, 817). Da kein Autor vorhersehen kann, welchen Gang die Geschichte nehmen wird, kann er auch nicht im Mindesten erahnen, welche Bedeutung der zukünftige Leser mit seinem Reichtum an neuen Erfahrungen an das Druckerzeugnis herantragen wird. Denn der Text ist „eine Geschichte, die jede Zeit neu liest und anders" (Diez 2005). So gilt es auch nach Schleiermacher, „die Rede zuerst ebensogut und dann besser zu verstehen als ihr Urheber"; wir müssen „vieles zum Bewußtsein zu bringen suchen, was ihm unbewußt bleiben kann"; daher ist diese Aufgabe transfinit, „weil es ein Unendliches der Vergangenheit und Zukunft ist, was wir in dem Moment der Rede sehen wollen"; die Auslegung ist also ein perennierender Prozess; die „Begeisterung" für dieses Auslegen muss die Rede oder die Schrift erwecken; tut sie dies nicht, ist sie „unbedeutend"; wie weit man die Auslegung dann jeweils treiben will, „das muß jedenfalls praktisch entschieden werden" (1999, 94). Der Redegegenstand selbst sollte nun sozusagen ein großes Interesse an dieser Praxis haben; denn von seiner Seite, „von seiten des ‚Gegenstandes', bedeutet dieses Geschehen das Insspielkommen, das Sichausspielen des Überlieferungsgehaltes in seinen je neuen, durch den anderen Empfänger neu erweiterten Sinn- und Resonanzmöglichkeiten" (Gadamer 1965, 437). Das Verstehen selbst eröffnet im Verstehen potenziell wieder einen sensus plenior. Denn der gefundene Sinn mag selbst eventuell wieder problematisch werden und offene Fragen zurücklassen oder provozieren (Jauß 1994, 24). Wie sehr das Ins-Spiel-Kommen im Akt des Bewusstseins ein Genetisieren und gleichzeitig ein Kunstschaffen ist, ergibt sich aus dem Schleiermacherschen Gedanken vom willentlichen Produzieren in seiner Dialektik: „Jeder Act des Bewußtseins ist also je mehr er ein Wissen ist, um desto mehr ein gewolltes Hervorbringen, also aus Kunst her" (1988, 5).

Das Verstehen der Kunst ist selbst eine Kunst. „Das volle Geschäft der Hermeneutik ist als Kunstwerk zu betrachten" (Schleiermacher 1999, 81). Es ist eine rhetorische Kunst. Das Auslegeschäft ist durch die Komposition vorgespurt und von ihr abhängig; Reden ist die äußere Form des Denkens; die Kunst zu reden und die Kunst zu verstehen korrespondieren, Hermeneutik und Rhetorik gehören zusammen; denn ein jeder Verstehensakt ist die Inversion eines Redeaktes; insofern ist das Tun des Hörers (oder Lesers) ein rhetorischer Akt. Denken ist „innere Rede", die Rede selbst dann „der gewordene Gedanke" und gleichzeitig in der Wir-Gemeinde die „Vermittlung für die Gemeinschaftlichkeit des Denkens" (76). Der Hörer praktiziert dann die schöpferische Kunst, einen Text mit allem Ernst wahrzunehmen und ihn unter Maßgabe dieses Ernstes regelgeleitet zu rezipieren. Die „Urstiftung", die „Zeichenstiftung" nimmt der Rezipient in einer „Nachstiftung" auf (Niehues-Pröbsting 1987, 209).

Das Verstehen eines Redetextes lässt sich vergleichen mit der Rezeption eines Theaterstücks. Der Autor hat den Text erfunden, der Schauspieler ersinnt sich seine Darstellung, „der Zuschauer selbst [ist] der dritte Künstler, der erfinden muß" (Schleiermacher 1984, 60). Der Redner nun erstellt seinen Text im Konzept; das ist bei einer guten Rede ein künstlerischer Akt. In Personalunion wird der Redner dann zum Darsteller seines eigenen Textes. Der Hörer ist der dritte „erfindende" Künstler, d. h., auch sein Vorgehen ist in hohem Maße kreativ. Rezeption einer Rede ist Erfindung, Rezeption einer Predigt als Sonderform der Rede ebenfalls, dort also, da Predigen Kunst ist und das Zuendepredigen des Rezipienten ebenfalls, ein homiletisch-künstlerischer Akt. Die Predigt ist wie die Rede ein Kunstwerk, das sich im Rezipienten erst vollendet. Der Hörer stellt die Predigt des Predigers fertig. Frei nach dem Motto: „Seine Predigt ist mir gut gelungen" (Klaus Eulenberger). Predigt ist „Kino im Kopf" des Hörers (Seip 2004, 82). Damit dieses Kino im Kopf entstehen kann, darf der Prediger dem Hörer nicht alles sagen, damit dieser noch etwas selbst und für sich selbst überhaupt entdecken kann. Wenn der Homilet alles sagt, dann folgert der Hörer nur, seine Intelligenz werde missachtet und er werde für dumm erachtet. Der Prediger folgt dann seinem verhängnisvollen Drang und „Hang, die Bilder mit Bedeutung zu überladen, als sei der Zuschauer ein begriffsstutziges Kind" (Nicodemus 2005). Damit der Zuhörer der intelligente Regisseur seines Predigtfilms, d. i. die kognitive Repräsentation der Wirklichkeit resp. des Textes im Geist des Individuums, überhaupt sein kann, muss ihm Raum bleiben für freie (künstlerische) Entfaltung.

Genau dies meint Charlotte Brontë in „Shirley", wenn sie am Ende darauf hinweist, dass die Geschichte vorbei sei, sie aber zu sehen meine – dies ist deutlich eine Weissagung der Seherin –, wie der klug-umsichtige Leser sich seine Brille aufsetze, um nach der Moral Ausschau zu halten. Es hieße ihn für dumm verkaufen, so denkt sie, wollte man ihm dafür Anweisungen geben. Vielmehr wünsche sie ihm Gottes Segen für seine Spurensuche: „The story is told. I think I now see the judicious reader putting on his spectacles to look for the moral. It would be an insult to his sagacity to offer directions. I only say, God speed him in the quest!" (Lodge 1989, 319).

Die Bedeutung einer Drucksache, wie es in der Druckersprache heißt, ist ihr nicht als ein „character indelebilis" eingeschrieben und sie adhäriert sie dem Leser nicht, sondern der Leser schreibt sie ihr zu, und zwar in einem hochkomplexen Procedere des Nachvollzugs, bei dem Sinn immer wieder neu generiert wird (Hermelink, Müske 1995, 221). Der Text ist das Repraesentandum, das zu Repräsentierende, das Abzubildende. Das in und nach dem Akt des Nachvollziehens sich manifestierende Verständnis ist das Repraesentans, das Repräsentierende, Abbildende, also die im Hirn des Rezeptors sich niederschlagende „Ausfällung", d. i. das in den mentalen Bahnen verbleibende Konstrukt, das allerdings kein statisch-starres Gebilde ist, sondern ein dynamischer Fluxus, der in dem Maße changiert, als das Verstandene selbst wieder in verschiedene Lebenssituationen eingebracht wird und sich mit dem Einbringen verändert.

Die Frage ist dann allerdings, ob der Begriff von der „Poetik des offenen Kunstwerkes" (Eco 1990, 113–141) oder von der „Predigt als offenem Kunstwerk" (Garhammer, Schöttler 1998) sprachlich korrekt ist. Jedes Kunstwerk besitzt (potenzielle) Offenheit, sonst wäre es kein Kunstwerk. Von einem „geschlossenen Kunstwerk" zu sprechen, scheint mir eine „contradictio in adiecto" zu sein. Wenn ein Kunstwerk geschlossen wäre, wäre es kein Kunstwerk oder einfach und schlicht banal. Und Banalität und Kunst vertragen sich nicht. Nicht von ungefähr ist der große realistische Maler Heiner Altmeppen auf der Suche nach „Löchern in der Banalität", die er in eben der Banalität der Wirklichkeit sucht und aufsucht, um sie als Vorlage für seine gewaltigen Gemäldekunstwerke zu nutzen. Insofern passt der Begriff vom offenen Kunstwerk nicht, da er pleonastisch ist, eine unberührte Jungfrau, eine „tautologia in adiecto". Von einem offenen Kunstwerk zu sprechen ist nur möglich, wenn es sich um ein Artefakt der sog. „offenen Dramaturgie" handelt, wie sie Bertolt Brechts Theaterstück „Der gute Mensch von Sezuan" demonstriert. Dort ist am Ende der Vorhang zu, und alle Fragen sind offen; und das Publikum wird aufgefordert, sich selbst den Schluss zu suchen; es müsse ein guter da sein, müsse, müsse, müsse ... Diese rhetorische Dramaturgie der Offenheit als offen zu bezeichnen erscheint mir legitim; sie meint aber eine vollkommen andere Offenheit als die generell geltende Offenheit der Kunstwerke. Bei Brecht wird die Fortschreibung des Kunstwerks am Ende explicite herausgefordert, indem sie ausdrücklich verbalisiert ist. Sie hat zudem einen bestimmten gesellschaftlichen Zuschliff, da sie antikapitalistisch besetzt ist.

5 Generierende Texte

> Rechts stand ein [...] Bauwerk, auf dessen überdachtem Vorbau eine mannshohe Gebetsmühle senkrecht emporragte. Ein Mönch drehte sie langsam, und jede Umdrehung vervollständigte das Gebet, das auf ihre Seitenfläche geschrieben war (Pattison 2005, 218).

Bei der „Generierung des Textsinns" wird das Wissenssystem des Hörers aktualisiert. Textbedeutung steht nicht an sich fest, sondern ist immer von der Eigentümlichkeit der Wissensstruktur des Rezipienten abhängig. Der Gehalt des Textmaterials ergibt sich letzten Endes stets allein aus der Perspektive, die einzig für den Hörer oder Leser Sinnhaftigkeit erzeugt (Busch 1994, 6, 12). Da alle Texte den Rezipienten als Erzeuger ihrer selbst brauchen, sollte man diese Qualität der Texte generierend nennen.

Eco hingegen heißt diese Qualität von Texten ihre Offenheit. Alle Texte seien offene Texte. Wenn man diese Terminologie übernimmt, kommt man zu der paradoxen Aussage, dass auch geschlossene Texte offene Texte sind. Denn die Eigenschaft, dass sich ihr Sinn erst im Empfänger bildet, kommt ja allen Texten zu. Das paradoxe Begriffsdurcheinander lässt sich an folgendem Satz von Eco ablesen: „In diesem Sinne also ist ein Kunstwerk, eine [...] vollendete und *geschlossene* Form, doch auch *offen*" (116). Um diese Begriffsverwirrung zu vermeiden, sollte man von generierenden Texten sprechen.

Offene Texte sind dann wie geschlossene Texte eine Subkategorie der generierenden Texte. Offene Texte sind solche Texte, die ihre Offenheit geradezu exponieren, die ganz selbstverständlich mit der Generierung durch Leser oder Hörer rechnen, ja damit spielen, also die Zusammenarbeit mit dem Empfänger nicht nur voraussetzen, sondern diesem ganz bewusst größtmögliche Freiheit einräumen. Stipate Texte hingegen wollen diesen Spielraum möglichst einengen und haben dies auch zu tun, um ihren Zweck zu erfüllen, sofern es sich um Gebrauchsanweisungen handelt. Je kleiner die Varianz ihrer Lesarten, umso besser ist es.

Der Modell-Leser der letztgenannten Spezies ist der fügsame Leser oder „Die fügsame Leserin" (La lectrice soumise), die ein Gemälde von René Magritte aus dem Jahre 1928 zeigt. In ihrem Gesicht spiegelt sich Schrecken. Vielleicht liest sie gerade eine schreckliche Stelle aus Eugène Sues Sensationsroman „Die Geheimnisse von Paris" (Les Mystères de Paris, 1842–1843). Dieser Roman gilt Eco (1990, 198f) als der Prototyp eines geschlossenen Romans, der zwanghaft an jeder Stelle seinem Leser eine feste, gehorsame Rezeption abverlangt. Kunstcharakter spricht Eco ihm darum ab. Ein anderes Werk Magrittes scheint mir hingegen das authentische Wesen der Interpretation zu demonstrieren; und zwar handelt es sich um das Ölgemälde „L'explication" von 1952. Vor dem Hintergrund einer Berglandschaft zeigt es links eine Karotte und eine Flasche und rechts – möglicherweise – die Explikation: die beiden getrennten Bildelemente sind plötzlich auf Grund ihrer Ähnlichkeit zusammengedacht und zusammengefügt zu dem Unikat einer „Karottenflasche". Die Explikation hat aus den ursprünglichen Elementen etwas Neues geschaffen (Magritte 2005, 85, 149). Engemann unterscheidet zwischen einer faktischen und einer taktischen Ambiguität von Texten. Faktisch ist ihre Ambiguität, da sie immer generierend sind. Wenn ein Redner oder Prediger diese Tatsache klaren Auges sieht und die ambiguitäre Struktur von Texten nicht zuzukleistern trachtet, sondern die generierende Qualität taktisch nutzt dadurch, dass er die Mehrdeutigkeit bewusst inszeniert, den Hörer ausdrücklich einlädt durch die Art und Weise der Präsentation, die Vollendung des künstlerischen Prozesses frisch anzugehen, kommt das Zusammenspiel beider zur Vollendung (1992, 170). Faktische Ambiguität meint das Faktum, dass der Text ausgelegt ist auf die Vervollständigung durch den Rezipienten, taktische Ambiguität meint die explizite Einladung, den Text zu vervollständigen. Faktische Ambiguität bei Engemann entspricht bei mir der generierenden Qualität der Texte, taktische Ambiguität entspricht der Offenheit eines Textes (Thiele 2004, 123–143).

6 Zur Frage der Beliebigkeit

Der häufig zu hörende Vorwurf, wenn der Text im Leser oder Hörer über den Topdown-Prozess erst entstehe, seien der Willkür Tor und Tür geöffnet, läuft ins Leere. Denn die Textur (worunter der Wortlaut auf dem Papier oder entsprechend die physikalisch zu hörenden Laute beim Hören verstanden sein sollen) schränkt den Interpretator durchaus ein. Es kommt zu dem Paradox, dass die Anzahl aller möglichen Interpretationen zur selben Zeit limitiert und infinit ist. Es gibt fünf Grenzen der Interpretation (Weidacher 2004, 54–63); Grenzen ziehen dem Textverständnis:

1. Die Sprache der Textur

Der Leser darf den Wörtern nicht willkürlich Bedeutungen zuschreiben. Tut er es, so missachtet er die Sprachzeichen als Kommunikationsmedium. Im Verlaufe unserer Sozialisation haben wir die Sprache als Verständigungsmittel erlernt. Wir können uns zwar selbst von diesem Prozess dispensieren, verstehen dann aber weder etwas richtig, noch werden wir selbst verstanden. Wir sprechen dann allein unsere Privatsprache. Es ist eine Frage der Praktikabilität, ob wir gegen diese Norm verstoßen wollen oder nicht. Verstoßen wir gegen die Norm, verletzen wir Prinzipien interaktiven Handelns. Die Textur rechnet auf jeden Fall mit willigen Lesern. Es bleibt dem Rezeptor allemal noch genügend Freiraum für sein Interpretationsspiel, da die Sprache in ihren Wortbedeutungen im allgemeinen vage ist und subjektspezifische Variabilität nicht nur zulässt, sondern sie bedingt.

2. Die Perspektive der Textur

Die physisch-materielle Konsistenz der Textur mit ihren Verknüpfungen und Perspektivierungen, welche sich aus der Weltsicht des Autors ergeben, wird der kooperative Leserhörer nicht ignorieren können. Die Textur als Kondensat des Autorwillens kann von den Sprachbenutzern immer wieder herangezogen werden, um die wechselseitigen Sinndeutungen zu überprüfen. Der individuelle Leser oder Hörer muss sein textuelles Konstrukt, also die Auslegung des texturellen Artefakts, mit den manifestierten Buchstaben oder Lauten abgleichen. Die Leerstellen, welche die Textur im Rahmen ihrer Aussage freilässt, kann der Rezipient auch nur innerhalb des vorstrukturierten texturellen Rahmens füllen, will er nicht interpretativ unseriös weit über die Limitierungen durch die Textur hinausschießen. Die Rezeption wird durch die texturelle Vorgabe perspektivisch gesteuert und eingespurt. Dennoch können sich, gerade wenn man den eingebauten Perspektivierungen folgt, durch das Aufeinandertreffen zweier Denksysteme neue Perspektiven ergeben. Es ist immer die Möglichkeit gegeben, dass kreative Verstehensansätze, die sich argumentierend belegen lassen, die Grenzen verschieben und neue viable Pfade erschließen.

3. Die Kohärenz des Textes

Die Kohärenz, die sich in der Zusammenarbeit von Textur und Leser herstellt, ist dann gewährleistet, wenn der Leser in der Folge keine Einzelheiten entdeckt, welche seiner Explikation zuwiderlaufen. Vielmehr sollte sich insgesamt eine sinnhafte Gestalt ergeben. Die kohäsive Struktur seines Textes stellt der Leser her, indem er ein, soweit von der Textur her gegeben, tentativ widerspruchsfreies Equilibrium von Textur und Text anstrebt, das den Vorgaben der Vorlage entspricht und sich gleichzeitig seinen eigenen mentalen Modellen einfügt. Die zwischen den beiden Antipoden Autorpol und Rezipientenpol equilibrierte kohäsive Struktur sollte eine annähernd lückenlose Interpretation darstellen und die Maßgaben von Stimmigkeit erfüllen.

4. Die angebotenen Rezeptionsstrategien

Die von der Textur vorgesehenen Rezeptionsstrategeme basieren auf kommunikativen Routinen, einem Sprachhandlungswissen, das wir innerhalb der Lebenswelt einer Kultur erlernt haben. Wir bewegen uns auf einem „common ground", auf dem sich auch das Zusammenspiel von Autor und Leser vollzieht: Die graphische Niederlegung der Texturzeichen und die in ihnen angelegte und empfohlene Rezeptionsstrategie wird vom Leser wahrgenommen und mit einer reaktiven Rezeptionsstrategie beantwortet. Die Kommunikationsroutinen schränken die Bewegungsfreiheit des Empfängers ein, ohne allerdings die Kontingenz vollkommen zu tilgen. (Allemal hat der Empfänger immer die Freiheit, die Rezeptionsstrategeme einer Textur, selbst wenn er die anempfohlene Strategie nachvollzieht, dann zurückzuweisen. So kann er erkennen, dass die gewünschte Rezeptionsstrategie eines Heinoliedes ist, ernst genommen zu werden – der Hörer muss das Spiel ja nicht mitspielen. Aber die Vorgänge sind zu trennen: Der Hörer erkennt die Absicht, vollzieht sie nach, ist verstimmt – und lehnt sie ab. Diese Prozesse kann man zumindest analytisch auseinander halten.)

5. Der soziale Diskurs

Eine Deutung stößt dann an ihre Grenzen, wenn andere Mitglieder der „Textgemeinschaft" die Auslegung nicht nachvollziehen können. Evidenz entsteht durch soziale Diskursivierung und gesellschaftliche Akzeptanz. Nicht akzeptierbare Willkürakte der Exegierung laufen ins soziale Leere. Sie werden von der Gemeinschaft nicht ratifiziert. Inakzeptable Interpretationen von Gebrauchsanleitungen erfahren ihre negative Sanktion im Scheitern des Anwenders: das Gerät arbeitet nicht, funktioniert nicht richtig oder geht kaputt.

7   Medial versus instrumentell

Um den Interpretationsaufwand beim fachsprachlichen Text möglichst gering zu halten, also um das Freispiel des Lesers tunlichst einzuschränken, kommt ihm die instrumentelle Sprachverwendung zu. Künstlerischen wie religiösen Texten, welche, wissensdiagnostisch gesehen, Interpretation geradezu herausfordern, eignet bevorzugt der mediale Sprachgebrauch. Schleiermacher bringt die Unterschiedlichkeit der Rezeption eines fachsprachlichen Textes, also beispielsweise einer Bedienungsanweisung, im Gegensatz zur Rezeption eines poetischen oder prädikatorischen Textes sehr schön zum Ausdruck, wenn er in seiner Hermeneutik konstatiert: „wo das Reden ohne Kunst ist, bedarf es zum Verstehen auch keiner" (1999, 76). Der Gebrauchstext bedarf des Minimums. „Das Minimum ist die gemeine Rede im Geschäftlichen". Das Originelle und Geniale bedarf des Absoluten, des Maximums (83).

Instrumenteller Sprachgebrauch bezeichnet Sachen. Er dient also dazu, in konventionell vertrauten Umgebungen Dinge verständlich zu benennen, zu konstatieren und referenziell Bezug auf sie zu nehmen. Instrumentelles Reden bezieht sich auf Gegebenes. Es ist logisch, definiert, fixiert, grenzt ab, analysiert, diskriminiert, unterscheidet. Medialer Sprachgebrauch bedeutet Sprechen an den Übergängen, in einem Zwischenreich, an den Grenzen; mediales Sprechen transzendiert. Es schafft Sinn. Es ist prozesshaft, bricht Referenzialität auf. Es spricht analogisch. Es relativiert fixierte Ordnungen, unterläuft Konvention, ist spielerisch, ereignet sich (Anderegg 1985): „Der Sinn ist vom Rezipienten zu finden, und er ist immer mehrdeutig. Ist im instrumentellen Sprachgebrauch die sprachl. Benennung mit dem Interesse an Eindeutigkeit das Entscheidende, so im medialen das Interesse an Offenheit, die immer über das Benennbare hinausweist" (Otto 1992, 1313).

Wenn der Prediger die Predigt wasserdicht machen will, damit nur eine eineindeutige Rezeption Folge sein kann, so wäre eine solche Aufnahme nur Hinweis darauf, dass es sich um eine undurchlässige und konstipierte Homilie handelt, die dem Zuhörer keinen Auslegespielraum lässt und sich dadurch von vornherein als mausetot erweist. Erst eine Unbestimmtheitsrelation, welche die Intention des Textes bewusst verschweigt und ungesagt sein lässt, eröffnet der Einbildungskraft des Rezipienten die Möglichkeit, produktiv zu sein. Damit der Leser Erfahrungen machen kann mit dem Text und Erfahrungen machen kann über sich selbst, darf der Text selbst sie nicht benennen (Iser 1974, 33, 35). Der Kommunikationsprozess wird seitens des Textes „durch die Dialektik von Zeigen und Verschweigen in Gang gesetzt und reguliert" (Iser 1976, 265). Der „Betrag an Leerstellen" (Iser 1972, 354) muss eine gewisse Höhe haben, um die Lektüre lebendig zu machen und den Leser zu fesseln. Diese Einschätzung gilt allerdings nur für künstlerische Produkte. Sie gilt jedoch wohl nicht für eine politische Predigt oder Rede, denen eine vom Sprecher genau vorherbestimmte Aktion, z. B. eine anschließende, dem Publikum aber noch nicht bekannt gemachte Demonstration, folgen soll. Gebrauchstexte wie Aufbauanweisungen, Sicherheitshinweise, Bedienungsanleitungen und Anwendermanuale müssen wasserdicht sein, um nützlich werden zu können.

Das künstlerische Produkt hingegen ist ausgelegt auf die ergänzende Rezeption durch den Betrachter; ohne sie ist es gar nicht existent; es entsteht erst im Schauenden. Die Künstlerin Fiona Tan sagt es so: „The act of looking is the act of creating" (Spindler 2005, 233). Im Bereich der Kunst bleibt dem Betrachter und Hörer also notwendigerweise viel Raum für eigenes Hinzutun. Diesen Freiraum wird die Kunst ihm von sich aus anbieten; denn ihr ist es am Betrachter gelegen, ist er doch ihr Koproduzent. Um dieser Koproduktion willen muss der Künstler auch die eigene Interpretation verweigern, würde er doch sonst der Konstipation des Kunstwerks Vorschub leisten: Befragt, was denn die Botschaft ihrer Kunstwerke sei, pflegen Christo und Jeanne-Claude immer sinngemäß zu sagen: „Denkt euch gefälligst selbst euren Teil" (Burmeister 2005). Der Maler malt nicht die gesamte Leinwand voll, sondern lässt die weißen Flecken für die ergänzende Imagination. Der Film schafft ebenso die leeren Stellen für den Zusehenden: „Die Bilder entstehen im Kopf des Zuschauers wie bei japanischen Zeichnungen durch das Weglassen, das Nichts" (Ritter, Winkelmann 2005). Eleganz ist schließlich die Kunst des Weglassens, des „e-ligere".

Im Bereich der Theologie gilt Gleiches für die Exegese der Gottesbilder. Ausgehend von Predigtäußerungen des Augustinus zum Johannesevangelium (XX) – die Heiden sehen ihre Götter mit den Augen, die Christen sehen ihren Gott mit anderen Augen –, ist festzuhalten, dass es auch hier der Betrachter ist, der das Kriterium für die richtige Auslegung der Bilder darstellt: Der Glauben erst kreiert die Ausdeutung eines Inhalts, welcher selber nicht schon alles sagen muss oder überhaupt kann (Sternberg 2005, 33). Der Glaube erst schafft die Vollständigkeit des Gottesbildes oder Gottestextes. Insofern ist auch die Auslegung durch den Glauben genetische Text- und Bildrezeption.

Dem Weißen auf der Leinwand korreliert das Weiße zwischen den Buchstaben und Zeilen. Der jüdische Midrasch, die Auslegung des Heiligen Wortes durch die Schriftgelehrten, will diesen Zwischenraum zum Lodern bringen, sodass das weiße Feuer zwischen den Buchstaben brennt, die ihrerseits das schwarze Feuer sind. Er will nicht beim kanonisierten Wortlaut stehen bleiben, sondern dessen Zwischenräume ermitteln und ausspannen (Pohl-Patalong 2001, 266). Die „Lücken" sollen lebendig werden. Das mag uns Vorbild sein für unser Textverständnis.

Literatur

Anderegg, J. (1985): Sprache und Verwandlung. Zur literarischen Ästhetik. Vandenhoeck & Ruprecht, Göttingen

Bracken, E. von (1943): Meister Eckhart und Fichte. Triltsch, Würzburg

Bubner, R. (1989): Ästhetische Erfahrung. edition suhrkamp 1564. Frankfurt/M.

Burmeister, T. (2005): Die Freiheit der Unzertrennlichen. Verhüllungskünstler Christo & Jeanne-Claude werden „140" – jeder steuert 70 Jahre bei. In: Westfälische Rundschau, Nr. 134, 13. Juni, RKU1

Busch, A. (1994): Laienkommunikation. Vertikalitätsuntersuchungen zu medizinischen Experten-Laien-Kommunikationen. Germanistische Arbeiten zu Sprache und Kulturgeschichte 26. Lang, Frankfurt/M. et al.

Casper, B. (1975): Sprache und Theologie. Eine philosophische Hinführung. Herder, Freiburg/Basel/Wien

Diez, G. (2005): Er war wütend auf alle Väter dieser Welt. Wie James Dean den Geist der Rebellion in die Popkultur brachte: Zum fünfzigsten Todestag des großen Schauspielers und Empörers wider die Macht der Erwachsenen. In: Die Zeit, Jg. 60, Nr. 39, 22. September, 51

Eco, U. (1990): Im Labyrinth der Vernunft. Texte über Kunst und Zeichen. Hrsg. v. M. Franz, S. Richter. Reclam-Bibliothek 1285. 2. Aufl. Leipzig

Engemann, W. (1992): Wie beerbt man die Dialektische Theologie? Kleine homiletische Studie. In: Engemann, W., Volp, R. (Hrsg.): Gib mir ein Zeichen. Zur Bedeutung der Semiotik für theologische Praxis- und Denkmodelle. Arbeiten zur Praktischen Theologie 1. de Gruyter, Berlin/New York, 161–173

Fichte, J. G. (1966): Wissenschaftslehre 1804. Wahrheits- und Vernunftlehre. I.–XV. Vortrag. Einleitung u. Kommentar v. W. Janke. Quellen der Philosophie 2. Klostermann, Frankfurt/M.

– (1975): Die Wissenschaftslehre. Zweiter Vortrag im Jahre 1804 vom 16. April bis 8. Juni. Hrsg. v. R. Lauth, J. Widmann. Philosophische Bibliothek 284. Meiner, Hamburg

– (1998): Darstellung der Wissenschaftslehre aus dem Jahre 1801. Erster Theil. Erstdruck. In: Sämmtliche Werke. Hrsg. v. I. H. Fichte. Bd. 2. Veit & Comp, Berlin 1845. Philosophie von Platon bis Nietzsche. Ausgewählt und eingeleitet v. F.-P. Hansen. Digitale Bibliothek 2. Directmedia, Berlin, 34086–34205

Gadamer, H.-G. (1965): Wahrheit und Methode. Grundzüge einer philosophischen Hermeneutik. 2. Aufl. J. C. B. Mohr, Tübingen

Garhammer, E., Schöttler, H.-G. (Hrsg.) (1998): Predigt als offenes Kunstwerk. Homiletik und Rezeptionsästhetik. Don Bosco, München

Göpferich, S. (1998): Interkulturelles *Technical Writing*. Fachliches adressatengerecht vermitteln. Ein Lehr- und Arbeitsbuch. Forum für Fachsprachen-Forschung 40. Narr, Tübingen

Hermelink, J., Müske, E. (1995): Predigt als Arbeit an mentalen Bildern. Zur Rezeption der Textsemiotik in der Predigtanalyse. In: Praktische Theologie 30, 219–239

Hogrebe, W. (1992): Metaphysik und Mantik. Die Deutungsnatur des Menschen (Système orphique de Iéna). suhrkamp taschenbuch wissenschaft 1039. Frankfurt/M.

– (1994): Sehnsucht und Erkenntnis. Antrittsvorlesung an der Friedrich-Schiller-Universität Jena am 11.11.1993. Jenaer philosophische Vorträge und Studien 10. Palm & Enke, Erlangen/Jena

Ice, T. (2005): Literal vs. Allegorical Interpretation. The Thomas Ice Collection. http://www.raptureready.com/featured/LiteralvsAllegoricalInterpretation.html, 03.09.2005

Indriðason, A. (2005): Todeshauch. Übers. C. Bürling. 6. Aufl. Bastei Lübbe, Bergisch Gladbach

Iser, W. (1972): Der implizite Leser. Kommunikationsformen des Romans von Bunyan bis Beckett. UTB 163. Fink, München

–   (1974): Die Appellstruktur der Texte. Unbestimmtheit als Wirkungsbedingung literarischer Prosa. Konstanzer Universitätsreden 28. 4. Aufl. Universitätsverlag, Konstanz

–   (1976): Der Akt des Lesens. Theorie ästhetischer Wirkung. UTB 636. Fink, München

Jauß, H. R. (1973): Literaturgeschichte als Provokation. edition suhrkamp 418. 3. Aufl. Frankfurt/M.

–   (1982): Ästhetische Erfahrung und literarische Hermeneutik. Suhrkamp, Frankfurt/M.

–   (1994): Wege des Verstehens. Fink, München

Lodge, D.: Nice Work, (Penguin Books) Penguin, London 1989

Magritte, R. (2005): Der Schlüssel der Träume. Hrsg. v. BA-CA Kunstforum, Wien/Fondation Beyeler, Riehen/Basel. Ludion, [Gent]/Belgien

Marshall, W. (1997): Last Exit Hongkong. Übers. G. Kwisinski. Rotbuch Krimi 1058. Hamburg

Nicodemus, K. (2005): Heim zu Mama. Manchmal sind die Stärken eines Regisseurs nicht ohne seine Schwächen zu haben: „Don't Come Knocking" ist Wim Wenders' bester Film seit langem. In: Die Zeit, Jg. 60, Nr. 35, 25. August, 41

Niehues-Pröbsting, H. (1987): Überredung zur Einsicht. Der Zusammenhang von Philosophie und Rhetorik bei Platon und in der Phänomenologie. Philosophische Abhandlungen 54. Klostermann, Frankfurt/M.

Oesterreich, P. L. (1999): Erfindung des Absoluten. Die Entdeckung des rhetorischen Geistes in der Metaphysik. In: Dyck, J., Jens, W., Ueding, G. (Hrsg.): Rhetorik. Bd. 18. Niemeyer, Tübingen, 114–127

Otto, G. (1992): Predigt, Predigtlehre. In: Fahlbusch, E., Lochman, J. M., Mbiti, J., Pelikan, J., Vischer, L. (Hrsg.): Evangelisches Kirchenlexikon. Bd. 3. 3. Aufl. Vandenhoeck & Ruprecht, Göttingen, 1305–1317

Pattison, E. (2005): Der fremde Tibeter. Roman. Übers. T. Haufschild. Aufbau Taschenbuch 1832. 17. Aufl. Berlin

Pohl-Patalong, U. (2001): Predigt als Bibliolog. Homiletische Anstöße einer neuen Predigtform. In: Pohl-Patalong, U., Muchlinsky, F. (Hrsg.): Predigen im Plural. Homiletische Perspektiven. Lernort Gemeinde-Buch. ebv, Hamburg, 258–268

Ritter, C., Winkelmann, J. (2005): Der einsame Wolf und sein Kind. Wenn der Vater mit dem Sohne in den Kampf zieht: Für die japanische Serie „Kozure Okami" darf man nachts ruhig aufbleiben (Vox). In: Frankfurter Allgemeine Zeitung, Nr. 131, 9. Juni, 39

Schleiermacher, F. D. E. (1983): Die praktische Theologie nach den Grundsäzen der evangelischen Kirche im Zusammenhange dargestellt. Hrsg. v. J. Frerichs. Sämmtliche Werke. 1. Abt. Bd. 13. G. Reimer, Berlin 1850. Photomechanischer Nachdruck. de Gruyter, Berlin/New York

–   (1984): Aesthetik. In: F. D. E. Schleiermacher. Ästhetik (1819/25), Über den Begriff der Kunst (1831/32). Hrsg. v. T. Lehnerer. Philosophische Bibliothek 365. Meiner, Hamburg, 1–150

–   (1986): Dialektik (1811). Hrsg. v. A. Arndt. Philosophische Bibliothek 386. Meiner, Hamburg

–   (1988): Dialektik 1814. In: F. D. E. Scheiermacher. Dialektik (1814/15), Einleitung zur Dialektik (1833). Hrsg. v. A. Arndt. Philosophische Bibliothek 387. Meiner, Hamburg, 3–116

–   (1999): Hermeneutik und Kritik. Hrsg. v. M. Frank. suhrkamp taschenbuch wissenschaft 211. 7. Aufl. Frankfurt/M.

Seip, J. (2004): „Ich lese gerade wieder ..." Die vielerlei Lektüren eines Predigers. In: Lebendige Seelsorge 55, 82–88

Spindler, G. (2005): Fiona Tan, Königreich der Schatten [Kingdom of Shadows], 2000. In: Sadowsky, T., Petersen, E. N. (Hrsg.): Shadow Play. Shadow and Light in Contemporary Art. A Homage to Hans Christian Andersen. Kehrer, Heidelberg, 232–234

Sternberg, T. (2005): „Wer mich sieht, sieht den Vater" (Johannes 14, 9). Anmerkungen zur Geschichte des Christusbildes aus theologischer Sicht. In: Krischel, R., Morello, G., Nagel, T. (Hrsg.): Ansichten Christi. Christusbilder von der Antike bis zum 20. Jahrhundert. DuMont, [Köln], 30–33

Thiele, M. (2002): „Kunst ist die höchste Form des Gesprächs". Programmatisches zu Gestalt und Gehalt der Predigt und Predigtlehre. In: sprechen, Jg. 20, H. II, 62–75

–   (2004): Portale der Predigt. Kommunikation, Rhetorik, Kunst. bvs, Regensburg

Vogel, M. (2004): Bedeutungserklärungen religiöser Begriffe – Annäherung an eine enzyklopädische Darstellungsform in Begriffswörterbüchern. In: Zeitschrift für Angewandte Linguistik, H. 41, 89–116

Weidacher, G. (2004): Der gefrorene Text. Zur Rolle der Textoberfläche als Grenze der Interpretation. In: Zeitschrift für Angewandte Linguistik, H. 41, 49–66

MICHAEL WOLFART

Das schlägt dem Fass die Krone ins Gesicht

1 Einleitung

Was Sie im Titel meines Beitrags lesen, nennt man in Bayern einen „Wolpertinger".
Das ist ein ganz seltenes Tier, das den Körper eines Bibers, Froschfüße, Truthahnflü-
gel und im Maul Wildschweinhauer trägt. Man schickt in den Alpen vor allem preußi-
sche Touristen des Nachts auf die Jagd nach diesem Tier und lässt sie dann vom Ober-
förster verhaften, weil das Tier streng geschützt ist und deshalb nicht gefangen werden
darf. Sie dürfen raten, was die klugen Alpenbewohner damit metaphorisch den frus-
trierten Rest-Deutschen mitteilen wollen ...

Man könnte annehmen, dass das sprachliche Monster, das durch die Vermengung
dreier gebräuchlicher Redensarten entstanden ist, völlig sinnentleert und nur noch grotesk wirkt. Wenn Sie jedoch Ihr Gefühl beim Hören dieses Satzes prüfen, werden Sie
feststellen, dass dies nur in ganz geringem Maße der Fall ist: Es ist nach wie vor klar,
dass hier etwas Ungehöriges, Unerfreuliches den Gipfel der Unerträglichkeit erreicht
hat. Nicht nur scheint der Sinn der „verwursteten" Redensarten noch erhalten, er
scheint sogar noch verstärkt, noch eindrücklicher. Dies hat mit der grundsätzlich **a-lo-
gischen, paradoxen Eigenschaft metaphorischen Redens** und Denkens zu tun, auf
die ich später noch genauer eingehen will. Nur so viel vorweg: Die Metapher ist weder „logisch richtiges Denken", noch ist sie ein Denkfehler ... „Gerade ihr paralogi-
scher, doppelbödiger Kern, ihre Paradoxie ist ihr Betriebsgeheimnis, mit dem sie z. B.
in der Psychotherapie die Einbildungskraft des Klienten entfesseln kann und sein
Sinnreservoir für veränderte Lebensperspektiven öffnen kann" (H. R. Fischer, 2003).

Übrigens gilt dies in ähnlicher Weise für den Witz. Im 3. Reich gab es den Witz
„Jude beißt deutschen Schäferhund" ... darin scheint blitzartig eine wichtige Information über die Machtverhältnisse auf, die jedoch auf einer nicht-intellektuellen, sondern
fast körperlich erlebbaren Ebene daherkommt.

2 Was ist metaphorische Sprache und wo wird sie benutzt?

Ich will Sie nicht langweilen mit den schier endlosen Versuchen zu definieren, was eine Metapher eigentlich ist. Es gibt dafür an die 125 voneinander abweichende Definitionen. Folgt man Karl Bühler (1934) so ist das Phänomen „Metapher" ein so allge-
genwärtiges, dass man eher nach Reservaten nicht-metaphorischen Redens suchen
müsste:

Er schreibt: *„Wer die sprachliche Erscheinung, die man Metapher zu nennen*

*pflegt, einmal anfängt zu beobachten, dem erscheint die menschliche Rede bald eben-
so aufgebaut aus Metaphern, wie der Wald aus Bäumen."*(!)

Dennoch gibt es natürlich Bereiche, wo metaphorisches Reden scheinbar verpönt
ist, wie etwa in den exakten Naturwissenschaften und andere Bereiche, wo es geradezu inflationär wuchert.

Es wäre einen eigenen Beitrag wert, zu beleuchten, wie wir in der medial überflu-
teten Welt von den Bildern immer weniger berührt werden, wie sie deshalb immer dras-
tischer gewählt werden, um uns noch zu erreichen und wie wir letztlich die Wucht ursprünglichen Erlebens vielleicht nur noch erreichen können, wenn wir wieder Platz
schaffen, uns meditativ leer machen, mediale Askese betreiben. Doch dies ist ein eigenes Thema.

- Die frühesten Zeugnisse menschlicher Sprache, wie etwa die **Welterschaffungs-
  Mythen**, ja der Mythos allgemein, bestehen zur Gänze aus Metaphorik. Die Er-
  schaffung des Menschen aus Lehm in der Genesis ... der Apfel am Baum der Erkenntnis und die Vertreibung aus dem Paradies, ... die Götter-Mythen der Griechen
  usw. ... sind bis heute Bilder von bezwingender Kraft (vgl. die Kreationisten-Dis-
  kussion). Aber auch unsere **Märchen** enthalten oft sehr tiefe metaphorische Bilder
  für klassische menschliche Konflikte.
- **Lyrik und Dichtung** scheinen seit jeher und immer noch ohne Metapher nicht leben zu können.
- **Theater und Oper** sind szenisch dargestellte Metaphern für menschliche Schick-
  sale und Konflikte.
- **Lehr-Reden**, in denen altes und neues Wissen vermittelt werden soll, bedienen
  sich seit alters metaphorischen und gleichnishaften Redens, denken wir nur an die
  Gleichnisse und Metaphern in den Reden Jesu oder Buddhas.
- Die **politische Rede** – das brauche ich einer Versammlung von Rhetorikern nicht
  erklären – ist umso durchschlagender, je treffender die verwendeten Bilder sind.
- **Kinderbücher und Cartoons** transportieren ihre Inhalte über Tierfabeln. Obwohl
  jedes Kind weiß, dass es kein Hase, Maulwurf oder Drache ist, sind die identifika-
  torischen Prozesse über Häschen-, Maulwurf- und Drachengeschichten offenbar
  viel wirksamer, als wenn von Kinderschicksalen direkt berichtet würde.
- Schließlich die **Heilkunst jeder Form bis hin zu Psychotherapie:** Auch hier ist
  die Metapher schon immer zu Hause. Angefangen von den schamanistischen Prak-
  tiken, dem Exorzieren böser Geister, über den nicht erst von Sigmund Freud gefun-
  denen Königsweg der Deutung von Trauminhalten (die ja nichts anderes sind, als
  vom kreativen Unbewussten erfundene Metaphern) bis hin zu den sorgsam geplanten Fabeln und Geschichten in einer modernen Hypnotherapie.

Von hier aus, **d. h. aus der Perspektive meines Berufs als Psychotherapeut,** möchte ich Ihnen im Folgenden etwas über die Funktionsweise metaphorischen Sprechens
mitteilen, das Ihnen hoffentlich auch in anderen rhetorischen Kontexten von Nutzen
sein kann.

3 Die Metapher in der Psychotherapie

Uns Therapeuten geht es weniger um die Kunst des schönen Redens. Vielmehr interessiert uns, ... „wie die gesprochene Sprache [...] so auf den Gesprächspartner einzuwirken vermag, dass sie Emotionen hervorruft, die an bestimmte Bedeutungen gekoppelt sind" (Boscolo et al., 1993).

Das heißt, nicht jedes metaphorische Bild, das dem Therapeuten gefällt, kann diese Wirkung entfalten. Es muss zu der inneren Bilderwelt des Klienten, zu seinem Erfahrungs-Repertoire passen. Und er muss von seiner augenblicklichen **Erwartung** und **Gestimmtheit** her empfänglich sein für die Botschaft. Um dies zu erreichen, ist u. U. die vorbereitende **Inszenierung**, die erwartungsvolle Stille im Theater fast ebenso wichtig, wie das Stück, das dann gespielt wird.

Erst die partielle **Resonanz** zwischen dem inneren Bild, das die Patientin von ihrem Leben, von ihrer gegenwärtigen Lage und von ihrem Problem hat und dem metaphorischen Angebot des Therapeuten vermag jenen spezifischen Effekt der Verflüssigung der vorhandenen Bilder, der produktiven Verwirrung und schließlich der Neu-Ordnung festgefahrener Lösungsmuster zu bewirken, den wir Therapie nennen.

Dazu einige **Fall-Beispiele**, an denen die Funktionsweise metaphorischer Bilder deutlich wird:

1. Fallbeispiel (der geknickte Baum): Ein ca. 35-jähriger Mann, der wegen seiner Stimme in Behandlung ist, hat sich eine schmerzhafte Lumbago zugezogen und kommt dennoch – gebückt und unter Schmerzen – in die Sprechstunde. Ich biete ihm eine entspannende Phantasiereise an, bei der er liegen könne und sich nicht weiter anstrengen müsse. Er ist erpicht auf die Entspannung und auch neugierig auf dieses Experiment, weil er so etwa noch nie gemacht hat. Aus der letzten Stunde weiß ich, dass er ein leidenschaftlicher Gärtner ist. Er hat mir lange von seinen Bemühungen um seine Obstbäume erzählt. Das **inszenatorische Element** besteht nun darin, dass die Liegematte vorbereitet wird, dass der Patient sich umständlich darauf niederlässt und dass einleitend nochmals genau beschrieben wird, wie er da liegt, wo er Berührung mit der Unterlage hat, was er hört und sieht usw. Danach erst beginne ich mit einer entspannenden Atemübung. Der Patient geht erstaunlich schnell in **hypnotische Trance**, womit ich nicht unbedingt gerechnet hatte. Ich erzähle ihm von einem jungen Obstbaum, der vom Sturm geknickt wurde und den nun ein liebevoller und sachkundiger Gärtner wieder schient und gerade richtet. Eingehend wird in der Geschichte von dem langsamen Sich-wieder-Aufrichten des Baums gesprochen, von den Säften, die wieder ungehindert fließen, von der neu gewonnenen Stärke und Elastizität des Stammes, dem sogar seine Narben noch mehr Stabilität verleihen. Der Baum wiegt sich im Wind, nichts kann ihn umwerfen ... usw. Als der Patient wieder aus der Trance erwacht, stellt er zu unser beider Erstaunen fest, dass sein Schmerz verschwunden ist und er aufrecht und beschwerdefrei gehen kann. Die Trance als solche kann zwar schon entspannend wirken, sie ist jedoch hier nur der Türöffner zum Unbewussten. Die eigentlich wirksame Botschaft steckt in der metaphorischen Geschichte vom Baum.

In dieser Geschichte ist kein einziges Mal von Rückenschmerzen, von Nerven, Wirbeln, Muskeln usw. die Rede. Das Bild des Baumes wirkt dennoch oder gerade deshalb, weil der Umweg einen bereits eingefahrenen Mechanismus außer Kraft setzt: das krampfhafte ‚jedoch unbewusste Festhalten an der Fehlhaltung, die den Schmerz weiter verstärkt.

Wichtig ist jedoch auch das Moment des „pacing". D. h. der Therapeut verwendet ein Bild aus einer vertrauten Sphäre des Klienten, nicht eine Geschichte über Computer-Viren, Kabelsalat o. ä., wie sie vielleicht bei einem Technik-versessenen Computer-Freak angebracht gewesen wäre. *Pacing* meint hier etwas wie „im gleichen Schritt oder Rhythmus" gehen wie der Klient, aber auch „die gleiche Bilderwelt" verwenden, die neue Information im vertrauten Gewand anbieten.

Einige von Ihnen werden dieses Prinzip aus dem NLP kennen, wo man über die Passung der Bilder hinaus geht und großen Wert auf die **bevorzugten Sinneskanäle** legt.

Je nachdem ob man einen mehr auditiven, kinästhetischen, optischen oder gustatorischen Menschen vor sich hat, wird man die Bilder aus dem bevorzugten Sinnesbereich wählen.

Spricht ein Klient von dem *Dunkel, in dem er herumtappt, von keinem Licht am Ende des Tunnels, von der Sehsucht nach Durchblick*, dann wird in der Reaktion des Therapeuten tunlichst nicht davon die Rede sein, wie *dissonant dies Leben wohl gerade ist und wie die Sehnsucht nach Harmonie deutlich hörbar* für ihn wurde.

Man könnte also von einer **Passung**, wie bei Schloss und Schlüssel sprechen, oder von der **Resonanz** zwischen den Tönen, die der Therapeut anstimmt und der inneren Gestimmtheit des Patienten, oder von **Kongruenz** zwischen der inneren Landkarte (cognitive map) des Klienten und dem zugleich bestätigenden und neu orientierenden Bild, das der Therapeut ihm anbietet.

Sie merken schon: Die Suche nach Sinn ist eng mit unseren Sinnen verbunden.

Ein **2. Fallbeispiel (Falke und Ameise)** soll zeigen, dass das Finden der geeigneten Metapher auch dem Patienten überlassen werden kann:

Ein ca. 40-jähriger Mann (ich nennen ihn hier Herrn Umbruch) kommt in die Heidelberger Phoniatrie, weil er seit Monaten mit plötzlicher Atemnot, ja Erstickungsanfällen mit Todesangst zu kämpfen hat. Es handelt sich nach der ärztlichen Diagnose um **Laryngo-Spasmen** (also Stimmband-Krämpfe), bzw. auch eine „**Vocal cord-dysfunction**", die häufig als Asthma fehldiagnostiziert wird.

Der Patient arbeitet in einem großen Unternehmen als Ingenieur und hatte vor kurzem mit seinen Mitarbeitern eine Maschine in Rekord-Zeit für eine Weltausstellung entwickelt. Unmittelbar danach musste er seinen Posten als verantwortlicher Chef seines Konstruktions-Teams eintauschen gegen eine uninteressante Stellung im Kundenservice, wo er einer unter vielen ist und keine Untergebenen mehr hat.

Die berufliche Umbruchsituation erlebt er als Degradierung und Kränkung. Er ist gleichzeitig im Zweifel, was tatsächlich sein eigener Anteil an diesem Absturz sei.

Einige Wochen nach dieser einschneidenden Veränderung tritt das Symptom auf, das er seither fast jede Nacht mit zunehmender Panik erlebt. In den ersten Gesprächen kommen wir zu folgender Einschätzung seiner Lage:

- Hier hat äußerlich ein Wechsel in den Anforderungen und in der beruflichen und persönlichen Identität des Patienten stattgefunden, den er innerlich noch nicht mit vollzogen bzw. integriert hat.
- Die Stimmbänder sind ein äußerst sensibles Organ, das – wie andere Muskelsysteme auch – durch Ambivalenz der Impulse gelähmt werden kann. Wenn man gewöhnt ist, für die Bereitstellung von Höchstleistung sehr intensiv nach Luft zu schnappen, plötzlich jedoch zur Ruhe und Neuorientierung, d. h. zu einem eher meditativen Energie-Level gezwungen ist, bekommen die Stimmlippen zwei sich gegenseitig beeinflussende Bewegungsimpulse, die zu einer Blockade führen können. Ich schlage ihm nun vor, sich sowohl für die bisherige Tätigkeit als auch für die jetzige ein Symbol auszudenken. Wie würde er seine bisherige Existenz symbolisch ausdrücken, wie seine neue: Herr Umbruch muss nicht sehr lange überlegen: Ihm fallen spontan zwei Tiere ein, die für ihn sehr gut symbolisieren, in welcher Spannung und in welchem Dilemma er sich befindet:
- Bisher sei er ein „Falke" gewesen. Der schwebe hoch oben, habe den totalen Überblick, könne aber jederzeit herunter stoßen und greifen. Andererseits habe er kaum Bodenkontakt, er sei ein Überflieger.
- Jetzt hingegen sei er eine „Ameise". Er sei eingegliedert in ein großes System, sei darin ein kleines unbedeutendes Rädchen im großen Getriebe (neue Metapher in der Metapher).
- Der Ruf, den er sich in seinem „Falken-Job" erworben hat, sei durchaus ambivalent: Man habe ihm vorgeworfen, er sei keine gute Führungskraft, er habe die Leute zu sehr gepusht, ihm fehle der **Bodenkontakt** usw. Jetzt habe er von seinem Chef das **„grounding" (Metapher vom Bodenkontakt)** verordnet gekriegt. Er dürfe nicht mehr zu den meetings der anderen "Falken", sondern müsse die Kontakte zu den „Ameisen" pflegen. Ich kommentiere: Die haben ja einen sehr guten Bodenkontakt und kennen sich sogar im Unterirdischen aus.

In den folgenden Stunden wird die **Metapher zum Ritual erweitert:** (auch hier: Die **Inszenierung …**) Ich mache ihm den Vorschlag, dem Falken ein Ehrenbegräbnis zu geben, um sich von dieser Gestalt innerlich verabschieden zu können. Wichtig sei dabei ein würdigender Grabspruch, in dem die Leistungen und Verdienste des Falken noch einmal hervorgehoben werden. Er reagiert auf diesen Vorschlag stark emotional mit Tränen. Darin kann sich sowohl die Trauer um den nun endgültiger erscheinenden Abschied von seiner bisherigen Existenzform ausdrücken, als auch das Erleben der Würdigung und Rehabilitation des Falken, die dem Abschied eher eine erlösende Gestalt geben kann.

Die Therapie wird ergänzt durch logopädische Übungen, in denen ebenfalls der Bodenkontakt, das „grounding", sowie das richtige **Atmen** eine zentrale Rolle spielen. D. h. die metaphorisch angebahnte Umorientierung wird ergänzt durch die sinnlich spürbare leibliche Erfahrung: Wie ist es, wenn ich nicht mehr über dem Boden schwebe, sondern den **Kontakt zum Boden**, die Erdung mit den Füßen spüre? Wie ist es, wenn ich nicht mehr in Daueranspannung, sozusagen einem ununterbrochenen Einatmen befangen bin, sondern das Ausatmen und die **„Atem-Pause"** genießen kann?

Die Häufigkeit des Symptoms geht innerhalb weniger Wochen deutlich zurück. **Herr U. berichtet stolz, er habe den Falken im Rhein versenkt und ihm einen schönen Spruch mitgegeben. Danach sei es ihm richtig gut gegangen. Ihm sei bewusst geworden, dass er in dieser (Falken-)Phase einfach sehr viel für sich gelernt habe und das könne er mittlerweile auch unabhängig davon sehen wie andere seine Leistung bewerten.**

Die Symptomatik ist schließlich in der drei Monate später erhobenen Epikrise so gut wie verschwunden.

In den dargestellten Fall-Vignetten werden die fließenden Übergänge von vier nahe verwandten Phänomenen der psychischen Wirklichkeits-Bewältigung deutlich:

Es sind dies:
- **Symbol**
- **Metapher**
- **Ritual**
- **Trance**

4 Begriffliche Differenzierung

- **Symbol und Metapher** haben vom Wortsinn her etwas Gemeinsames. Es wird hier etwas zusammengefügt (sym-ballein = zusammenwerfen) oder etwas übertragen (metá-phorein = hinübertragen), was vielleicht ursprünglich zusammengehörte, oder was gerade durch sein paradox erscheinendes Zusammenfügen einen neuen tieferen Sinn bekommt. In geschichtlicher Frühzeit, bzw. in noch bestehenden animistischen Kulturen, hatten Symbole nicht nur den Hinweis-Charakter, den sie für uns moderne Menschen haben (wie etwa Kreuze oder Hähne auf Kirchtürmen, oder Piktogramme am Flughafen), sondern sie konnten in bestimmten Kontexten unmittelbar **magisch wirken**. Das Pentagramma oder der Drudenfuß über der Tür sollte bis ins hohe Mittelalter das Eindringen des Teufels ins Haus verhindern, wie wir noch aus Goethes Faust wissen.

- **Die Metapher** ist demgegenüber eher ein Mittel zum Zweck. Mit ihrer Hilfe kann das zu Verdeutlichende in einen anderen Kontext, in einer anderen sinnlichen Umgebung gleichnishaft dargestellt werden. Der geknickte Baumstamm „ist" dann gleichsam die verkrampfte Wirbelsäule. Die Ameise ist der am Boden kriechende, gedemütigte Held.

- **Ritual**

  Im zweiten Fallbeispiel wird die Metapher des Falken eingebunden in ein Lösungsritual: Die Beerdigung, die zugleich eine Würdigung enthält und damit das Verhaftet-Sein an die alte Indentifikationsfigur auflösen kann.

  Rituale sind auch im Alltag unserer modernen Welt immer noch sehr präsent (nicht nur in den rituellen Symbol-Kulten moderner Jugend-Sekten und -Subkulturen. Nicht nur im Fegefeuer-Ablasshandel auf dem Welt-Jugendtag, der durch die bloße Teilnahme am Ritual geschieht, sondern auch in den entmythologisierten „rites de passage", wie Konfirmation, das Auto zum Abitur, in der Tagesschau oder soap opera, die den Tag erst abschließt sind quasi-rituelle Elemente enthalten).

  Sind die beiden ersten Begriffe eher bildhafter und statischer Natur, so eignet den beiden letzten eher ein dynamischer handlungsorientierter Charakter. Im Ritual wird eine symbolisch bedeutsame Struktur handelnd vollzogen. Sie soll in den meisten Fällen eine Identität erneuern oder transformieren (Steven Gilligan, 1991).

- **Die Trance**, die in fast allen älteren Ritualen das symbolische Geschehen begleitet, ist selber inhaltsleer, nur ein Instrument, das darauf abzielt Teile des Alltagsbewusstseins auszublenden um tiefer liegende Bedeutungen und Zusammenhänge freizulegen und das holistische Erleben zu intensivieren. In der Trance können symbolische Inhalte, Märchen, Parabeln etc. utilisiert und als Botschaften in hypnoptische Texte verpackt werden, wie dies Milton Erickson in meisterhafter Form demonstriert hat (vgl. J. Mills, R. Crowley 1998, 64).

  Für unseren Zusammenhang wichtig erscheint eine Gemeinsamkeit, die alle vier Begriffe (Symbol, Metapher, Ritual, Trance) miteinander teilen:

  Sie ermöglichen eine teilweise **Reduktion des eher sequentiellen, linkshirnigen Denkens zugunsten von eher prälogischen, oft auch präverbalen, ganzheitlichen und synkretistischen Wahrnehmungs- und Verarbeitungsmustern.**

  Jetzt merken Sie an meiner Sprache, dass die heutzutage unvermeidliche Neuro-Forschung ins Spiel kommt.

5 Die hirnphysiologische Betrachtung und das sog. „Reframing" (Hüther)

Dass unser Denken eng an leibliche Metaphern und Bilder gebunden ist, hat uns in jüngster Zeit wieder die Hirnforschung bewusst gemacht, die uns ja all das, was wir immer schon ahnten oder wussten, in so anschaulicher, ja eben *bild-gebender* Metaphorik wissenschaftlich bestätigt: Der bekannte Hirnforscher Gerald Hüther beschreibt in seinem Buch „Die Macht der inneren Bilder" basale Formen von Überlebensstrategien, die lebende Organismen im Laufe der Evolution entwickelt haben:

Die eine, der die Weitergabe genetischer Anlagen durch massenhafte Vermehrung gelang, war darauf angewiesen, dass ihre Lebenswelt weiterhin so blieb, wie sie einmal gewesen war, als ihre erfolgreichen Handlungsmuster entwickelt wurden. Für schnelle und radikale Veränderungen ihrer Umwelt sind sie nicht ausgerüstet. *„Das Mitschleppen von Bildern, die nicht unmittelbar dem Zweck der massenhaften Reproduktion dienten, war ein Luxus, den sich diese Lebensformen nicht leisten konnten."*

Diejenigen Lebensformen, die ihre genetischen Anlagen nicht durch massenhafte Vermehrung weitergeben, entwickelten „[...] *ein immer größer und komplexer werdendes Repertoire an unterschiedlichsten Verhaltensreaktionen [...]"*, die schließlich zu der komplexen Struktur unseres Gehirns führten. Diese erwies sich als geeignet, *„handlungsleitende innere Bilder in Form bestimmter Aktivierungs- und Interaktionsmuster zwischen besonders ‚interaktions-freudigen' Zellen zu generieren, diese in Form neuronaler Verschaltungsmuster abzuspeichern und zur Aufrechterhaltung der inneren Ordnung des Gesamtsystems zu nutzen. Mit Hilfe dieses neuen ‚Bilder generierenden Apparates' wurde es nun auch erstmals möglich, im Laufe des eigenen Lebens gemachte Erfahrungen in Form bestimmter neuronaler und synaptischer Verschaltungen fest zu verankern und zur Bewältigung neuer Probleme und Herausforderungen einzusetzen. Mit Hilfe der Sprache [...] wurden diese inneren Bilder dann sogar übertragbar, kommunizierbar [...] Ein ständig wachsender, kulturell tradierter Schatz kollektiver Bilder [...] erweist sich als mächtiges Werkzeug zur Gestaltung der äußeren Welt und der eigenen Entwicklungsbedingungen"* (G. Hüther, a. a. O., 37).

Gleichzeitig wissen wir, dass gerade im Beharrungsvermögen mancher innerer Bilder auch die negative Möglichkeit der neurotischen Fehlhaltung liegt. Wir nennen dies im hypnotherapeutischen Jargon auch eine **Problem-Trance**, weil die Verengung des Blicks auf das Problem quasi-hypnotische Züge trägt.

Eine an Anorexia nervosa leidende junge Frau sieht sich in der inneren Repräsentanz ihres Körpers permanent als zu dick, obwohl sie schon zum Skelett abgemagert ist. Ein depressiver Mensch hat unzählige Bilder vom eigenen Versagen, von der Vergeblichkeit aller Bemühung und vom Nicht-Geliebt-Werden gespeichert. Zu den tatsächlich auch erlebten positiven Erfahrungen hat er keinen Zugriff mehr, obwohl sie durchaus in einem anderen Schaltkreis seines Gehirns abgespeichert sind.

Die in der modernen Psychotherapie (aber auch im Witz und im Märchen) gängige Praxis des **„Reframings"** setzt genau hier an: Das festgefahrene Bild wird in einen neuen, zunächst absurd anmutenden Kontext gestellt und kann gerade dadurch plötzlich kippen. (Vgl. die Geschichte von den ausgefallenen Zähnen, oder: Nasreddin und das Füttern des Rocks.) Der Inhalt des schädlichen inneren Bildes wird nicht verändert. Aber im neuen „Frame" erkennt man plötzlich seine Absurdität, und/oder man erkennt bisher übersehene Handlungsmöglichkeiten.

In der **Sprache des Neurobiologen** Hüther klingt das dann so: Ankommende Sinnesdaten generieren in unserem Gehirn ein bestimmtes „Erwartungsbild" in Form eines Erregungsmusters. Stimmt dieses mit den vorhandenen, gespeicherten völlig überein, so kann routinemäßig gehandelt werden. Besteht hingegen keinerlei Übereinstimmung, so passiert gar nichts, weil das Gehirn die neuen Daten als unsinnig oder belanglos verwirft.

„Wirklich interessant wird es nur, wenn das alte bereits vorhandene Muster und das neue, eben entstandene Aktivierungsmuster zumindest teilweise übereinstimmen und überlagerbar sind. Das im Kortex entstandene ‚Erwartungsbild' muß dann geöffnet und entsprechend modifiziert werden. Anschließend wird es erneut mit den neu eintreffenden Erregungsmustern verglichen. Dieser Prozess wiederholt sich so lange, bis ein neues, erweitertes inneres ‚Erwartungsbild' entstanden ist, das sich nun endlich mit dem tatsächlichen Wahrnehmungsbild deckt. Die neue Wahrnehmung ist dann in den Schatz der bereits vorhandenen inneren Bilder integriert worden. Man hat etwas dazu gelernt" (Hüther a. a. O., 76f).

Dies ist mit anderen Worten die genaue Beschreibung dessen, was im therapeutischen Reframing passiert.

6 Die Funktion der Metapher als „Vergegenständlichung" eines abstrakten Zusammenhangs

Metaphern scheinen ein hilfreiches, ja geradezu notwendiges Instrument zu sein, um die Vielfalt der Eindrücke und Erfahrungen zu bündeln und in die Persönlichkeit integrierbar zu machen. Untersuchungen von Pollio et al. (1977) haben eine positive Korrelation zwischen der im Persönlichkeitstest gemessenen „Integrität und Reife" von Studenten und der Häufigkeit des Metaphern-Gebrauchs gefunden. Umgekehrt scheinen extrem traumatisierte Menschen kaum noch in der Lage, bildhafte Wendungen zu finden, sondern neigen eher zu einem konkretistischen, buchstäblichen Umgang mit sich und der Welt (I. Grubrich-Simitis, 1984).

Die Bündelung eines ganzen Lebensabschnittes, einer dazugehörigen Haltung und Einstellung und eines damit verbundenen Problems im Bild des Falken weist auf etwas hin, das Lakoff und Johnson (1980) als Transfer vom Abstrakten zum körperlich Sinnlichen, bzw. als **„Embodiment"** bezeichnet haben. Durch den Rückgriff auf die kulturell hypostasierte Qualität eines heraldischen Tieres wird ein Charaktermerkmal, ein Verhaltenstypus blitzschnell umrissen, wofür man sonst eine umständliche Beschreibung bräuchte, die sich gleichzeitig dem Gedächtnis nicht so einprägen würde.

Dabei werden jedoch nur Teile übertragen, niemals das Ganze (pars pro toto), es ist wie bei einem Lichtkegel, bzw. einer Focussierung. Max Black (1983) spitzt dieses Bild noch zu, indem er konstatiert: **„Jede Metapher ist die Spitze eines untergetauchten Modells".**

7 Metaphern des Helfens ...

... sind immer auch solche untergetauchten Modelle. Sie bilden nicht nur eine augenblickliche Situation oder Stimmungslage ab, sondern sie entsprechen auch bestimmten Menschenbildern oder Funktionsmodellen der Psyche. Schaut man sich den Katalog der gängigsten Bilder an, so findet man z. B.

* das Modell des Weges, das dem Verirrten wieder heimwärts finden hilft ...
* das Modell der Last, für die jemand Unterstützung braucht
* das Modell des Dunkels, in das Licht gebracht werden soll
* das Modell der Erstarrung oder des Einfrierens, das Lösung oder Auftauen braucht
* das Modell der Lebens(haus-)aufgaben und des Lernens
* moderne Modelle, wie verschwundene oder gelöschte Dateien, in denen Ressourcen verborgen sind.

* Je nachdem, welchem dieser Modelle wir grundsätzlich eher zuneigen, aktivieren wir innerlich andere Erkenntnis- und Handlungs-Perspektiven.
* Dass solche Modelle natürlich auch immer geprägt sind von der Kultur, in der wir leben, versteht sich von selbst. Ein türkischer „Nabel-Heiler" hat bei Erkrankungen, die wir in unserem Kontext als typische „burn-out" oder Depressions-Symptome deuten würden, die Vorstellung, dass der Nabel aus seiner Mitte geraten ist und er wird dementsprechend eine Kur verordnen, bei der der Nabel des Patienten wieder in seine Mitte gebracht wird.
* Unsere moderne Organ-Medizin ist fixiert auf ihr pharmakologisches und mikrobiologisches Paradigma. Deshalb betrachtet sie das Phänomen der Placebo-Wirkung von Medikamenten nur unter dem Aspekt der unerwünschten Störung. Würde sie das Paradigma wechseln, dann könnte sie die Placebo-Wirkung auch als eindrucksvollen Nachweis von höchst wirksamen inneren Bildern der Patienten untersuchen.
* Metaphern können auch ungewollt enorme Wirkung entfalten: Vgl. das Beispiel mit dem Herz-Galopp aus J. Achterberg (1990).

8 Zusammenfassung

Fassen wir also die wichtigsten Beobachtungen nochmals zusammen:

* Sprache scheint ohne bildhafte Vergegenständlichung kaum auszukommen. Die Verkörperlichung (Embodiment) abstrakter Zusammenhänge ist dabei ein wesentliches Moment.
* Durch Paradoxie und Paralogie können Metaphern neue Verbindungen, neuen Sinn herstellen.
* Therapeutisch wichtig sind Kongruenzen der inneren Bilderwelt von Sender und Empfänger (situativ u. kulturell).

- Dafür notwendig sind Empathie, heuristisches Verstehen, Relativierung eigener Modelle (Hammer u. Nagel) und Inszenierung.
- Neurologisch: Bekanntes, also kein „nonsense"; Unbekanntes, also Neugier weckend.
- Prälogisch, ganzheitlich, konnotativ, d. h. gefühlsnäher, näher am Unbewussten: Finden kreativer Lösungen.

„Analogien, Metaphern und Sinnbilder sind Fäden, mit denen der Geist mit der Welt in Verbindung bleibt, auch wenn er – geistesabwesend – den unmittelbaren Kontakt zu ihr verloren hat, und sie gewährleisten die Einheit der menschlichen Erfahrung" (Hannah Arendt).

Literatur

Achterberg, J. (1990): Gedanken heilen. Rowohlt, Reinbek

Black, Max (1983): Die Metapher. In Haverkamp, A. (Hrsg.): Theorie der Metapher. Wiss. Buchges., Darmstadt

Boscolo et al. (1993): Familiendynamik, Heft 2, 111

Bühler, Karl (1934): Die Darstellungsfunktion der Sprache. Fischer, Jena

Fischer, Hans Rudi (2003): Metaphern – Sinnreservoir der Psychotherapie. Von Metapherntheorien und Metaphernreflexion. In: Familiendynamik 28(1), 9–46

Gilligan, Stephen G. (1991): Therapeutische Trance. Das Prinzip der Kooperation in der Ericksonschen Hypnotherapie. Carl Auer, Heidelberg

Grubrich-Simitis, Ilse (1984): Vom Konkretismus zur Metaphorik, Gedanken zur psychoanalytischen Arbeit mit Nachkommen der Holocaust-Generation. Psyche, Nr. 1, 1–28

Hüther, Gerald (2004): Die Macht der inneren Bilder. Wie Visionen das Gehirn, den Menschen und die Welt verändern. Vandenhoeck & Ruprecht, Göttingen

Lakoff, George, Johnson, Mark (1980): Metaphors, we live by. University of Chicago press, Chicago

Mills, Joyce C., Crowley, Richard (1998): Therapeutische Metaphern für Kinder und das Kind in uns. Carl Auer, Heidelberg

Pollio, H. R., Barlow, J. M. et al. (1977): Psychology and the Poetics of Growth. Figurative Language in Psychology, Psychotherapy and Education. Lawrence Erlbaum, Hillsdale

Schmitt, Rudolf (1995): Metaphern des Helfens. Psychologie Verlags-Union, Weinheim

MITARBEITERVERZEICHNIS

Prof. Dr. phil. habil. Henner Barthel
Universität Koblenz-Landau
Marktstr. 40
76829 Landau
E-Mail: barthel@ikms-uni-landau.de

Andrea Brunner
Pädagogische Hochschule Heidelberg
Keplerstraße 87
69120 Heidelberg
E-Mail: brunner@ph-heidelberg.de

Prof. Dr. Hartwig Eckert
Englisches Seminar
Universität Flensburg
Auf dem Campus
24943 Flensburg
E-Mail: eckert@uni-flensburg.de

Prof. Dr. Reinold Funke
Pädagogische Hochschule Heidelberg
Keplerstraße 87
69120 Heidelberg
E-Mail: funke@ph-heidelberg.de

Prof. em. Dr. Hellmut K. Geißner
Chemin de la Coudrette 21
CH-1012 Lausanne
E-Mail: hk.geissner@vtxmail.ch

Prof. Dr. Joachim Grabowski
Pädagogische Hochschule Heidelberg
Keplerstraße 87
69120 Heidelberg
E-Mail: grabowski@ph-heidelberg.de

Prof. Dr. Eduard Haueis
Pädagogische Hochschule Heidelberg
Keplerstraße 87
69120 Heidelberg
E-Mail: haueis@ph-heidelberg.de

Prof. Dr. Christa M. Heilmann
Philipps-Universität Marburg
Wilhelm-Röpke-Str. 6C
35032 Marburg
E-Mail: Heilmann@mailer.uni-marburg.de

Dr. Sylvia Heudecker
Universität Göttingen
Sprachlehrzentrum
Goplerstr. 10
37073 Göttingen
E-Mail: sheudec@gwdg.de

Prof. Dr. Ursula Hirschfeld
Martin-Luther-Universität Halle-Wittenberg
Institut für Sprechwissenschaft und Phonetik
Postfach
06099 Halle/Saale
E-Mail: ursula.hirschfeld@sprechwiss.uni-halle.de

PD Dr. Uwe Hollmach
Bayerische Theaterakademie August Everding
Prinzregentenplatz 12
81675 München
E-Mail: uwe.hollmach@sprechwiss.uni-halle.de

Dr. Siegrun Lemke
Universität Leipzig
Beethovenstraße 15
04107 Leipzig
E-Mail: slemke@rz.uni-leipzig.de

PD Dr. Baldur Neuber
Feldrain 47–48
06130 Halle (Saale)
E-Mail: Baldur.Neuber@sprechwiss.uni-halle.de

Dr. Marita Pabst-Weinschenk
Heinrich-Heine-Universität Düsseldorf
Universitätsstraße 1
40225 Düsseldorf
E-Mail: pabst@phil-fak.uni-duesseldorf.de

Christopher Sappok
Leibniz Universität Hannover
Königsworther Platz 1
30167 Hannover
E-Mail: christopher.sappok@germanistik.uni-hannover.de

PD Dr. Carmen Spiegel
Universität Essen
Friedrich-Ebert-Ring 6
69469 Weinheim
E-Mail: carmen.spiegel@gmx.de

Prof. Dr. Eberhard Stock
Martin-Luther-Universität Halle-Wittenberg
Institut für Sprechwissenschaft und Phonetik
Postfach
06099 Halle/Saale
E-Mail: Eberh1stock@aol.com

Bertram Thiel
Hermann-Löns-Str. 4
66549 Kirkel
E-Mail: Bertram.Thiel@t-online.de

Prof. Dr. phil. habil. Michael Thiele, M. A.
Hochschule Karlsruhe –
Technik und Wirtschaft
Moltkestr. 30
76133 Karlsruhe
E-Mail: michael.thiele@hs-karlsruhe.de

Roland W. Wagner
Pädagogische Hochschule Heidelberg
Keplerstraße 87
69120 Heidelberg
E-Mail: wagner@ph-heidelberg.de

Michael Wolfart
Mollerstr. 34
64289 Darmstadt
E-Mail: michael.wolfart@gmx.de

Dr. Susanne Voigt-Zimmermann
Ruprecht-Karls-Universität Heidelberg
ZSL, FB Sprechwiss. und Sprecherziehung
Plöck 79-81
69117 Heidelberg
E-Mail: susanne.zimmermann@urz.uni-heidelberg.de

Die Buchreihe „Sprache und Sprechen"

ℛ reinhardt
www.reinhardt-verlag.de

Die Buchreihe „Sprache und Sprechen"

Band 39

Siegrun Lemke (Hrsg.)
Sprechwissenschaftler/in und Sprecherzieher/in
Eignung und Qualifikation
Unter Mitarbeit von Philine Lüssing
2001. 207 Seiten. 12 Abb. 3 Tab. (978-3-497-01572-6) kt

Band 35

Annette Mönnich / Ernst Jaskolski (Hrsg.)
Kooperation in der Kommunikation
Festschrift für Elmar Bartsch
1999. 247 Seiten. 6 Abb. 6 Tab. (978-3-497-01498-9) kt

Band 36

Annette Mönnich (Hrsg.)
Rhetorik zwischen Tradition und Innovation
1999. 287 Seiten. 2 Abb. 12 Tab. (978-3-497-01499-6) kt

Band 28

Carl L. Naumann / Hans-W. Royé (Hrsg.)
Aussprache
Vielfalt statt Methodenstreit
1993. 140 Seiten. 6 Abb. (978-3-497-01303-6) kt

Band 33

Marita Pabst-Weinschenk / Roland W. Wagner /
Carl Ludwig Naumann (Hrsg.)
Sprecherziehung im Unterricht
1997. 180 Seiten. (978-3-497-01445-3) kt

Band 26

Klaus Pawlowski (Hrsg.)
Sprechen, Hören, Sehen
Rundfunk und Fernsehen in Wissenschaft und Praxis
1993. 277 Seiten. 27 Abb. (978-3-497-01291-6) kt

ℇⱴ **reinhardt**
www.reinhardt-verlag.de

Marita Pabst-Weinschenk (Hg.)
Grundlagen der Sprechwissenschaft und Sprecherziehung

2004. 382 Seiten. 32 Abb. 15 Tab.
UTB-L (978-3-8252-8294-3) kt

Die Grundlagen der Sprechwissenschaft und Sprecherziehung sind unverzichtbarer Bestandteil der Curricula zahlreicher Studiengänge: vom eigenständigen Studienfach Sprechwissenschaft und Sprecherziehung über das Lehramtstudium, die Kommunikationswissenschaften, bis hin zu Sprachheilpädagogik und Logopädie.

Seine Wurzeln hat das Fach in der Rhetorik der Antike. Heute umfasst es alle Aspekte mündlicher Kommunikation: Gespräch, Rede, Argumentation, Debattieren, Erzählen, Vorlesen, Vortragen, Sprechkunst, Atmung, Stimme, Sprechen/Hören und Sprech- und Stimmstörungen.

Anschaulich führen namhafte Vertreter der Sprechwissenschaft und Sprecherziehung in diesem Lehrbuch in das Grundlagenwissen des Faches ein. Sie vermitteln nicht nur den prüfungsrelevanten Lehrstoff, sondern geben auch Einblick in die spätere Berufspraxis.

≥V reinhardt
www.reinhardt-verlag.de

Dieter-W. Allhoff
Waltraud Allhoff
Rhetorik & Kommunikation

Ein Lehr- und Übungsbuch
14., völlig neu bearb. u. erw. Auflage 2006
ca. 240 Seiten. Mit zahlreichen Cartoons.
(978-3-497-01876-5) kt

Wie sage ich genau das, was ich meine?
Wie versteht mein Gesprächspartner meine
Gedanken richtig? Wie argumentiere ich
effektiv? Wie kann ich meinen Gesprächspartnern besser zuhören?
Die Autoren beantworten diese und viele weitere Fragen. Ihr Buch
führt fundiert in alle Bereiche der angewandten Rhetorik ein: in die
Körpersprache, die freie Rede, die Argumentation, die Gesprächsführung und Moderation.

Die Autoren zeigen, wie man sein Kommunikationsverhalten auf
die jeweilige Situation und Persönlichkeit des Einzelnen einstellen
kann. LeserInnen sollen lernen, ihr Verhalten in Gesprächs- und
Redesituationen bewusst wahrzunehmen und zu kontrollieren.

Dieses Lehr- und Übungsbuch überzeugt durch
• seinen großen Praxisbezug
• seinen fundierten wissenschaftlichen Hintergrund,
• sowie kurzweilige Cartoons und Beispiele.

Neu sind in der 14. Auflage die Kapitel zur Gender-Kompetenz und
Interkulturellen Kommunikation. Das moderne Lehrbuch zur an-
gewandten Rhetorik, das in in keinem Bücherregal fehlen sollte:
Damit man mehr als Worte sagt.

EV reinhardt
www.reinhardt-verlag.de

Inghard Langer
Friedemann Schulz von Thun
Reinhard Tausch
Sich verständlich ausdrücken

8. Auflage 2006. 222 Seiten.
(978-3-497-01606-8) kt

Viele Bücher, Artikel, Vorträge etc. sind
oft unverständlich und schwer lesbar. Mit
nur vier Merkmalen der Verständlichkeit
könnte man den Lesern und Zuhörern viel
Mühe ersparen.

Dieses Buch ist für alle geschrieben, deren Aufgabe es ist, andere
zu informieren und sich dabei verständlich auszudrücken: Sie
lernen mit vielen Textbeispielen und einem einfachen Trainingsprogramm, sich künftig verständlicher auszudrücken. Dabei zählen
nicht nur die Sachinhalte, sondern auch die persönliche Haltung
gegenüber Lesern und Hörern.

www.reinhardt-verlag.de

Klaus Pawlowski
Konstruktiv Gespräche führen

Fähigkeiten aktivieren, Ziele verfolgen,
Lösungen finden
Mit Cartoons von Ralf Kresin
4., aktual. Auflage 2005
347 Seiten. 12 Abb. 7 Tab.
(978-3-497-01780-5) kt

Wenn ein anderer Bewerber die Stelle erhält, die Gehaltsverhandlung scheitert oder der Kunde nicht kauft ... Erfolg im Beruf hängt häufig davon ab, wie man miteinander kommuniziert. Auch privat lebt es sich weitaus leichter, wenn man sich mit seinen Mitmenschen gut „versteht". Wie kann man ein Gespräch steuern? Wie erkennt man, welche Botschaften sich hinter einem Satz verbergen? Wie geht man angemessen auf den Gesprächspartner ein? Wie erreicht man seine Gesprächsziele?

Dieser Ratgeber liefert das richtige Handwerkszeug, mit dem man
• Gespräche vorbereiten und gestalten,
• das Gesprächsverhalten anderer analysieren und deuten,
• Gesprächsstrategien situationsgemäß anpassen kann.

Ein hilfreiches Lesevergnügen mit spannenden Ausflügen in Theorie und Wissenschaft und zahlreichen Beispieldialogen aus dem Alltag.

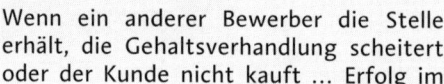
ℰ𝒱 reinhardt
www.reinhardt-verlag.de

Ulla Beushausen
Sicher und frei reden

Sprechängste erfolgreich abbauen
2., überarb. Auflage 2004. 140 Seiten. 16 Abb.
Zahlr. Übungen
(978-3-497-01717-1) kt

Sie sollen einen Vortrag halten, eine Diskussionsrunde leiten, auf einem Elternabend ein Schulprojekt vorstellen oder Ihre Firma präsentieren. Sie möchten Ihre Zuhörer überzeugen, und Sie sind aufgeregt. Diese Situation kennt jeder! Was aber, wenn die Nervosität nicht nachlässt, die Stimme zittert, die Atmung flattert, der Blutdruck in die Höhe schnellt, die Hände schwitzen und Sie sich häufig versprechen?

Ulla Beushausen erklärt, was Sprechangst ist, wie sie sich zeigt, welche Ursachen ihr zugrunde liegen und wie Sprechangst überwunden werden kann. Sie hat ein praktisches Trainingsprogramm entwickelt, das jeder leicht lernen kann. Ein solches Training bietet die Gelegenheit, die eigenen Sprechgewohnheiten zu verbessern, eine effektive Stressbewältigung für den Alltag zu entwickeln und wichtige Sprechsituationen sicher zu meistern. Eine effektive Anleitung zur Selbsthilfe.

ℰ𝒱 **reinhardt**
www.reinhardt-verlag.de

Claudia Hammann
Übungsprogramm für eine gesunde Stimme

Mit einem Vorwort von Manfred Grohnfeldt
3. Auflage 2005. 93 Seiten. 2 Tab. 36 Zeichnungen
(978-3-497-01765-2) kt

Dieses Buch zeigt, wie man die Stimme pflegen kann: Einfache, illustrierte Übungen veranschaulichen die Arbeit mit der Stimme. Körperhaltung und richtige Atmung, Entspannungs- und Kräftigungsübungen sind wichtige Bestandteile. Ein Buch, das konkrete Tipps für eine gesunde und ausdrucksvolle Stimme bietet.

Kristin Linklater
Die persönliche Stimme entwickeln

Ein ganzheitliches Übungsprogramm zur Befreiung der Stimme
Aus dem Englischen von Thea M. Mertz
3. Auflage 2005. 280 Seiten. 40 Abb.
Mit Audio-CD
(978-3-497-01743-0) kt

Verspannungen und ein mangelndes Gefühl für den Körper können die Ursache für Stimmstörungen sein. Mit dem Linklaterprogramm wird mit Entspannungs-, Ton-, Stimm- und Sprechübungen die individuelle natürliche Stimme aus dem Körper, aus der Person heraus entwickelt.

ℝ reinhardt
www.reinhardt-verlag.de